民國文化與文學_{研究}_{文叢}

民國文化與文學 研究文叢

五 編

李 怡 主編

第 15 冊

樸學方法與民國文學研究

金 宏 宇 著

國家圖書館出版品預行編目資料

樸學方法與民國文學研究／金宏宇 著 -- 初版 -- 新北市：花木
蘭文化出版社，2015〔民 104〕
目 2+212 面；19×26 公分
（民國文化與文學研究文叢 五編；第 15 冊）
ISBN 978-986-404-257-9（精裝）
1. 中國當代文學 2. 文學評論
541.26208   104012151

特邀編委（以姓氏筆畫為序）：

ISBN- 978-986-404-257-9

9 789864 042579

丁　帆　　　王德威　　　宋如珊
岩佐昌暲　　奚　密　　　張中良
張堂錡　　　張福貴　　　須文蔚
馮　鐵　　　劉秀美

民國文化與文學研究文叢
五　編　第十五冊　　　　　　ISBN：978-986-404-257-9

樸學方法與民國文學研究

作　　者　金宏宇
主　　編　李怡
企　　劃　四川大學現代中國文化與文學研究中心
　　　　　北京師範大學民國歷史文化與文學研究中心
總 編 輯　杜潔祥
副總編輯　楊嘉樂
編　　輯　許郁翎
出　　版　花木蘭文化出版社
社　　長　高小娟
聯絡地址　235 新北市中和區中安街七二號十三樓
　　　　　電話：02-2923-1455／傳眞：02-2923-1452
網　　址　http://www.huamulan.tw 信箱 hml810518@gmail.com
印　　刷　普羅文化出版廣告事業
初　　版　2015 年 9 月
全書字數　188767 字
定　　價　五編 24 冊（精裝）新台幣 45,000 元

樸學方法與民國文學研究

金宏宇　著

作者簡介

金宏宇，字本釗，湖北省英山縣人，文學博士，現任國立武漢大學文學院教授、博士生導師、現當代文學教研室主任。教育部「新世紀優秀人才支持計劃」入選者、中國現代文學研究會理事、中華文學史料學會理事、中國郭沫若研究會理事。主要從事中國現當代文學史、新文學版本批評等課程的教學，側重現代文學與歷史關係研究、現代文學文本與版本關係研究、現代小說研究等。出版著作《中國現代長篇小說名著版本校評》、《新文學版本批評》、《文本周邊——中國現代文學副文本研究》、《文本與版本的疊合》等，編著《〈邊城〉彙校本》等。已在《中國社會科學》《文學評論》《文藝研究》等刊物上發表系列學術論文，其中多篇被《新華文摘》《人大複印報刊資料中國現當代文學研究》《中國文學年鑒》等書刊轉載。論著已被國內外學者用中文、英文、日文、德文多次評論和引用，專著已被國內某些高校列為研究生相關專業課程閱讀書目。已主持完成多項國家社科基金項目。曾獲全國優秀博士學位論文提名獎、教育部高等學校科學研究優秀成果獎等多種獎項。

提　　要

　　本書圍繞樸學方法與民國文學研究的關係來選取相關論文。其研究對象主要是 1920 年代至 1940 年代的民國現代文學，但由於此期某些文學傳播和生產的延異性，時間上又自然延伸至 1950 年代以後。本書的內容主要涉及以下方面：一是經典作品的修改現象及版本問題研究，論及作品版本變異帶來的版本譜系、文本闡釋、作品經典化、文學史敘述等的複雜性話題。二是文本周邊的副文本因素研究，論及副文本因素如序跋、廣告、圖象等的版本構成和文本構成價值及其在現代文學研究中充分「打開文本」的意義。三是經典作品的改編研究，這既涉及文學的傳播和接受問題，又與副文本一起同屬於跨文本關係的研究。四是非虛構文學的研究，論及長期被「純文學」觀所忽略的影射文本、作家自傳、作家書信等的文學、歷史和批評價值。以上內容又皆可總歸於論證「文本」多維性和「文學」豐富性的問題。在研究方法上，本書雖有西方文學研究的理論資源，但更側重於對中國傳統的樸學方法的借鑒。企望在研究民國文學時能將版本學、校勘學、考索學等方法與現代批評方法整合起來，以糾望空而談或遊談無根式治學方法之偏。

民國文學：闡釋優先，史著緩行
——第五輯引言

李 怡

中國學界提出「民國文學」的概念已經超過十五年了，﹝註1﹞在新一波的文學史寫作的潮流之中，人們對民國文學的研究也出現了一種期待，就是希望盡快見到一部《民國文學史》，似乎只有完整的文學通史才足以證明「民國文學」研究的合理性，或者說在當前林林總總的文學史寫作意見裏，證明自己作為新的學術範式的存在。在我看來，受各種主客觀條件的限制，目前最需要開展的工作還不是撰寫一部體大慮深的文學史著，而是努力從不同的角度深入勘探、考察，對這一段歷史提出新的解釋。

一

眾所周知，中國文化具有悠久漫長的「治史」傳統。在一個宗教裁決權並沒有獲得普遍認可的國度，人們傾向於相信，通過歷史框架的確立可以達到某種裁決與審判的高度，所謂「名刊史冊，自古攸難，事列春秋，哲人所重。」﹝註2﹞中國最早的史官除了司職記事，還負責主持祭祀，占卜吉凶，溝通神靈。史不僅可以成為「資治通鑑」，甚至還具有某種道德的高度，所謂「孔子成《春秋》，亂臣賊子懼」，﹝註3﹞史家如司馬遷等也是以「究天人之際，通古今之變」自我期許。

﹝註1﹞ 中國大陸最早的「民國文學」設想出現在 1997 年（陳福康），最早的理論倡導出現在 2000 年代早期（張福貴）。

﹝註2﹞ 劉知幾撰，浦起龍釋：《史通通釋·人物》第 240 頁，上海：上海古籍出版社 1978 年版。

﹝註3﹞ 《孟子·滕文公章句下》，見楊伯峻《孟子譯注》上冊 155 頁，中華書局 1960 年版。

　　文學史的出現原本是現代的事物，它顯然不同於古代的史官治史，這種來自西方的學術方式更屬於學院派知識份子的個體行為。但是，歷史的因襲依然存在，尤其是在一些世代交替的時節，無論是政治家還是知識份子本身，都自覺不自覺地認定「著史」可以樹立某種新的「標準」，完成對過往事物的「清算」。於是，如下一些史著的意義是可以被我們津津樂道的：

　　奠定中國現代文學學科的基礎是王瑤先生的《中國新文學史稿》。集中代表了撥亂反正過渡時期的文學史觀的是唐弢、嚴家炎先生主編的《中國現代文學史》。

　　體現了新時期的現代文學視野、集中展示研究新成果的是錢理群、陳平原、溫儒敏等人的《中國現代文學三十年》。

　　生動體現著「重寫文學史」意義的是陳思和的《中國當代文學史》。

　　展示 1990 年代以降學術研究的「歷史化」傾向的是洪子誠的《中國當代文學史》。

　　揭示「文學周邊」豐富景觀的是吳福輝獨撰的插圖本《中國現代文學史》。

　　錢理群主編的最新三卷本《中國現代文學編年史》展示了以「廣告為中心」的文學生產、流通、接受及其他社會文化環節，讓文學敘述的圖景再一次豐富而生動。

　　今天，隨著「民國文學」研究的呼聲漸起，在一系列命名和概念的討論之後，應該展示更多的文學史研究實績，只有充分的實績才能說明「民國社會歷史框架」的確具有特殊的文學視野價值，如何集中展示這些實績呢？目前容易想到的似乎就是編寫一部紮實厚重的《民國文學史》。

　　但是，在我看來，文學史編寫的工作固然重要卻又不可操之過急。因為，今天所倡導的「民國文學」，並不僅僅是一個名稱的改變（以「民國」替代「現代」），更重要的是一些研究視角和方法的調整。這些重要的改變至少包括：

　　正視民國歷史的特殊性，而不是簡單流於「半封建半殖民地」等等的簡略判斷。據史學界的知識考古，「半封建」一詞曾經出現在馬克思、恩格斯筆下，列寧第一次分別以「半封建」「半殖民地」指稱中國，以後共產國際以此描述中國現實，「半殖民地」一說並先後為中國國民黨人與中國共產黨人所接受，又經過蘇聯內部的理論爭鳴及共產國際的理論演繹，「半

封建半殖民地」的並稱出現在 1926 年以後，〔註4〕又經過 1930 年代初的「中國社會性質問題論戰」，逐步成爲中共領導的馬克思主義史學的基本概括。到延安時期，毛澤東最爲完整清晰地論述了這一學說，從此形成了對中國知識份子歷史認知的主導性影響，直到今天應該說都有其獨到的深刻的一面。但是作爲一種總體的社會性質的認定，是不是就完全揭示了民國歷史的特點呢？就不需要我們具體的歷史問題的研究了呢？當然不是。例如對「封建」一詞的定義在史學界一直爭議不已，民國時代的經濟已經明顯走上了資本主義的發展道路，忽略這一現實就無法解釋中國近現代工商業文化對於文學市場的重要作用，辛亥革命之後的中國儘管軍閥混戰，也難掩其專制獨裁的性質，但是卻也不是「帝國主義買辦與走狗」這樣的情感宣泄就能「一言以蔽之」的。對於民國史，國外史學界同樣多有研究，有自己的性質認定，這也需要我們加以研讀和借鑒。之所以強調這一點，乃是因爲在此之前的《中國現代文學史》，幾乎都是以主流史學界的社會性質概括作爲文學發展的前提，從舊民主主義革命到新民主主義革命就是中國現代文學發生發展的基礎，文學的偉大和深刻就在於如何更加深刻地反映了這一歷史過程，1980 年代以後，爲了急於從這些政治判斷中脫身，我們的文學史又試圖在「回到文學自身」的訴求中另闢蹊徑，所謂「審美的文學史」成爲了口號，但是關於中國現代文學在民國時代的諸多歷史基礎的辨析卻被擱置了起來，今天，如果不能正視民國歷史的特殊性，也就不能在文學的歷史前提方面有真正的突破。

發掘民國社會的若干細節，揭示中國現代文學生存發展的具體語境。無論是政治、經濟、社會文化等方面，民國社會的種種特徵都直接影響了現代中國文學的生產、傳播和接受，決定著文學的根本生存環境。關於這方面的研究，最近幾年已經在「文化研究」的推動下頗有收穫，不過，鑒於文化研究在來源上的異質性，實際上我們的考察也還較多地襲用外來的文化

〔註4〕 一般認爲，1926 年上半年，蔡和森在莫斯科中共旅俄支部會上作《中國共產黨的發展（提綱）》，已經提到「半殖民地和半封建的中國」和「半封建半殖民地的國家」（《聯共（布）、共產國際與中國國民革命運動（1926～1927）》，下冊第 408 頁，北京圖書館出版社，1998 年），另據李洪岩考證，最早的「半殖民地半封建」字樣，則是 1926 年 9 月 23 日莫斯科中山大學國際評論社編譯出版的中文周刊《國際評論》創刊號上的發刊詞，見《半殖民地半封建理論的來龍去脈》（《中國社會科學院近代史研究所青年學術論壇 2003 年卷》，社會科學文獻出版社，2005 年）。

理論，沒有更充分地回到民國自己的歷史環境。例如性別研究、後殖民批判、大眾文化理論等等的運用，迄今仍有生吞活剝之嫌。要真正揭示這些歷史細節，就還需要完成大量紮實的工作，例如民國經濟在各階段的發展與營運情況，各階層的經濟收入及其演變，社會分化與社會矛盾的基本情形，經濟與政治權利的區域差異問題，法制的發展及對私人權利（包括著作、言論權利）的保護與限制，軍閥政治對輿論及思想的控制方式，國民黨政權對輿論及思想的控制方式，國民政府時期的「黨政關係」及其內在的間隙，國民黨內部各派系的矛盾及其對思想控制的影響，民國各時期書報檢查制度的制定與實施情況，民國時期出版人、新聞人、著作人各自對抗言論控制的方式及效果，主流倫理的演變及民間道德文化的基本特點，文學出版機構的經營情況與文學傳播情況，民國時期作家結社及其他社會交往的細節等等，所有這些龐雜的內容倉促之間，也很難為「文學史」所容納，在一個相當長的時間裏都將成為文學研究的具體話題。

解剖民國精神的獨特性、民國文本的獨特性，凸顯而不是模糊這一段文學歷史的的形態。文學史究竟是什麼史？這個問題討論過很多年，至今也可能存在不同的意見，在我看來，儘管我們今天一再強調歷史研究與文化研究的重要性，但是所有這些討論最終還都應該落實到對於文學作品的解釋中來，否則文學學科的獨立性就不復存在了。最近幾年，民國文學研究的倡導與質疑並存，但更多的時候還都停留在口號的辨析和概念的爭論當中，就文學研究本身而論，這樣並不是對學術發展的真正推進。如果民國文學研究的提倡不能以大量的具體文學作品的闡釋為基礎，或者說民國文學的理念不能落實為一系列新的文學闡釋的出現，那麼這一文學史框架的價值就是相當可疑的；如果我們尚不能對若干文學作品的獨特性提出新的認識，那麼又何以能夠撰寫一部全新的《民國文學史》呢？

以上幾個方面的工作都是一部新的文學史寫作的必須的前提。我們的文學史的新著，從大的歷史框架的設立與理解到局部事件的認定和把握，乃至作為歷史事件呈現的文本的闡釋都與應該此前我們熟悉的一套方式——革命史話語、現代性話語——有所不同，如果只是抓住名稱大做文章，幾乎可以肯定的是，其結果必然很快陷入到業已成熟的那一套知識和語言中去，所謂「民國文學史」也就名不副實了。早在 1994 年，人民出版社就出版過《中國民國文學史》，這個奇特的書名——不是「中華民國文學史」而是「中國民國

文學史」——顯然反映出了當時的某種政治禁忌，平心而論，在 10 年前，能夠涉及「民國」二字，已屬不易，對於其中所承受的禁忌，我們深表理解；但是也的確因爲這一禁忌的存在，所謂「民國」的諸多歷史細節都未能成爲文學史觀察和分析的對象，所以最終的成果還是普遍性的「現代化」歷史框架，「中國民國文學史」的主體還是不折不扣的「現代文學三十年」，對歷史性質、文學意義的描述都依然如故，對作家的認定、作品的解釋一如既往，只不過增加了一點補充：民國建立到五四新文化運動發生的幾年。這樣的文學史著，自然還不是我們理想中的「民國文學史」。

二

　　當然，能夠標舉「民國」概念的文學史論已經出現了，這就是臺灣學者尹雪曼主編的《中華民國文藝史》及周錦主編的《中國現代文學研究叢刊》系列叢書，也包括最近兩岸學者的最新努力。

　　尹雪曼（1918～2008），本名尹光榮，河南汲縣（今衛輝市）人。抗戰時期西北聯合大學畢業，美國密西里大學新聞學院文學碩士。曾主編重慶《新蜀夜報》副刊，在上海、天津、西安等地擔任報社記者，1949 年去臺灣。曾任臺灣中國作家藝術家聯盟會長，《中華文藝》月刊社社長，在成功大學、中國文化大學等校任教。自 1934 年起，創作發表了小說、散文及文學評論多種。是很有代表性的遷臺作家。周錦（1928～1992），江蘇東臺人，1949 年赴臺，曾經就讀於臺灣師範大學、淡江大學等，後創辦燕智出版社，擔任臺北中國現代文學研究中心主任。兩人的最大貢獻便是撰寫、主編或者參與編撰了一系列的中國現代文學研究論著，在新文學記憶幾近中斷的臺灣，第一次系統地總結了五四以來的中國文學發展歷史，尹雪曼撰寫有《現代文學與新存在主義》、《五四時代的小說作家和作品》、《鼎盛時期的新小說》、《抗戰時期的現代小說》、《中國新文學史論》、《現代文學的桃花源》，總纂了《中華民國文藝史》。〔註 5〕其中，《中華民國文藝史》大約是第一部以「民國」命名的大規模的系統化的文學史著作，民國歷史第一次成爲文學史「正視」的對象；周錦著有《中國新文學史》、《朱自清作品評述》、《朱自清研究》、《〈圍城〉研究》、《論呼蘭河傳》、《中國新文學大事記》、《中國現代小說編目》、《中國現代文學作家本名筆名索引》、《中國現代文學作品書名大辭典》、《中國現

〔註 5〕　《中華民國文藝史》由臺北正中書局 1975 年初版。

代文學鄉土語彙大辭典》等，此外還主編了《中國現代文學研究叢刊》三輯共 30 本，於 1980 年由成文出版社有限公司印行出版。《中國現代文學研究叢刊》的史論也具有比較鮮明的「民國意識」。《中國現代文學研究叢刊編印緣起》這樣表達了他的「民國意識」：

> 中國新文學運動，是隨著中華民國的誕生而來。儘管後來有各種文藝思潮的激盪以及少數作家思想的變遷，但中國現代文學卻都是在國民政府的呵護下成長茁壯的……〔註6〕

這樣的表述，固然洋溢著大陸文學史少有的「民國意識」，不過，認真品讀，卻又明顯充滿了對國民黨政權形態的皈依和維護，這種主動向黨派意識傾斜，視「民國」為「黨國」的立場並不是我們所追求的學術客觀，也不利於真正的「民國」的發現，因為，眾所周知的事實是，疲於內政外交的「國民政府」似乎在「呵護」民國文學方面並無傑出的築造之功，嚴苛的書報檢查制度與思想輿論控制也絕不是現代文學「成長茁壯」的理由。民國文學的真實境遇難以在這樣的意識形態偏好中得以呈現。

同樣基於這樣的偏好，民國文學的優劣也難以在文學史的書寫中獲得准確的評判，例如尹雪曼《中華民國文藝史·導論》作出了這樣概括：「中華民國的文藝發展，雖然波瀾壯闊，變幻無常；但始終有民族主義和人文主義作主流；因而，才有今日輝煌的成就。」「至於所謂『三十年代』文藝，則不過是中華民國文藝發展史中的一個小小的浪花。當時間的巨輪向前邁進，千百年後，再看這股小小的浪花，只覺得它是一滴泡沫而已。其不值得重視，是很顯然的。」〔註7〕

民國時期的現代文學是不是以「民族主義」為主流，這個問題本身就值得討論，至少肯定不會以國民政府支持下的「民族主義文藝運動」為主導，這是顯而易見的；至於所謂的「三十年代文藝」當指 1930 年代的左翼文學，事實上，無論就左翼文學所彰顯的反叛精神還是就當時的社會影響而言，這一類文學選擇都不可能是「一個小小的浪花」、「是一滴泡沫而已」，漠視和掩蓋左翼文學的存在，也就很難講述完整的民國文學了。

由此看來，20 世紀下半葉的冷戰不僅影響了大陸中國的學術視野，同樣扭曲了海峽對岸的學術認知。受制於此的文學史家，雖然不忘「民國」，但他

〔註6〕周錦：《中國新文學簡史》1 頁，臺北成文出版社 1980 年。
〔註7〕尹雪曼總纂：《中華民國文藝史》1 頁，臺北正中書局 1975 年。

們自覺不自覺地要維護的中華民國依然是以國民黨統治為唯一合法性的「黨國」，民國社會歷史的真正的豐富與複雜並不是「黨國」意識關心的對象。以民國歷史的豐富性為基礎構建現代中國的文學敘述，始終是一個難題，對大陸如此，對臺灣也是如此。

當然，考慮到臺灣歷史與文學的種種情形，《民國文學史》的寫作可能還會再添一個難度：如何描述海峽對岸當今的文學狀況，是排除於我們的「民國文學史」還是繼續延伸囊括，〔註8〕排除於現實不符，從「民國」敘述轉向「臺灣」敘述，恐怕也正是「獨派」的願望，相反，努力將「臺灣」敘述納入「民國」敘述才能體現中華統一的「政治正確」；不過，納入卻也同樣問題重重，「民國」與「人民共和國」並行，不僅有悖於「一個中國」的基本政治理念，就是在當下的臺灣也糾纏不清。我們知道，在今日，繼續奉「民國」之名的臺灣目前正大張旗鼓地推進「臺灣文學」甚至「臺語文學」，所謂「民國文學」至少也不再是他們天然認同的一個概念，學術考察如何才能反映出研究對象本身的思想追求，這個問題也必須面對。也就是說，在今日臺灣，「民國」之說反倒曖昧而混沌。

2011 年，臺灣學者陳芳明、林惺嶽等著的《中華民國發展史‧文學與藝術》出版，較之於此前冷戰時期的文學史，這一著作終於跳出了「黨國」意識的束縛，體現出了開闊的學術視野，〔註9〕但是由於歷史的阻隔，關於民國文學的豐富細節都未能在這一史著中獲得挖掘，我們看到的章節就是：百年來文學批評的開展與轉折，百年女性文學，百年現代詩發展與自我身份的探求，故事萬花筒——百年小說圖志，美學與時代的交鋒——中華民國散文史的視野，百年翻譯文學史，從啟蒙救亡開始：中華民國現代戲劇百年發展史等等。從根本上說，《中華民國發展史‧文學與藝術》由多位學者合作，各自綜述一個獨立的文學藝術領域，在整體上更像是一部各種文學藝術現象的概觀彙集，而不是完整的連續的歷史敘述。

也是在 2011 年，大陸學者湯溢澤、廖廣莉出版了《民國文學史研究》

〔註8〕 丁帆先生試圖繼續延伸民國文學的概念，他區分了政治意義的「民國」和作為文化遺產的「民國」，試圖以此作為破解難題的基礎，不過這一延伸也不得不面對與臺灣作家及臺灣學者對話、溝通的問題（見《關於建構民國文學史過程中難以迴避的幾個問題》，《當代作家評論》2012 年 5 期）。

〔註9〕 陳芳明、林惺嶽等著：《中華民國發展史‧文學與藝術》，臺灣政治大學、聯經出版公司 2011 年。

（1912-1949）。〔註10〕湯先生是中國大陸較早呼籲「民國文學史」研究的學者，在這一部近 40 萬字的著作中，他較好地體現了先前的文學史設想：回歸政治形態命名的歷史記事，上溯民國建立的文學發端意義，恢復民國時期文學發展的多元生態。可以說這都觸及到了「民國文學史」的若干關鍵性環節，《民國文學史研究》由「史觀建設」與「編史嘗試」兩大部分組成，前者討論了民國文學史寫作的必要性，後者草擬了「民國文學史綱」，嚴格說來，「史綱」更像是民國時期文學的「大事記」，似乎是湯先生進一步研究的材料準備，尚不能全面體現他的「民國文學史」面貌。

　　海峽兩岸的學者都開始彙集到「民國文學」的概念下追述歷史，這令人鼓舞，但目前的成果也再次說明，書寫一部完整的《民國文學史》，無論是史觀還是史料，都還有相當的欠缺，時機尚未成熟，同志仍需努力。

三

　　民國文學史，在沒有解決自己的史觀與史料的時候，實在不必匆忙上陣。在我看來，民國文學研究在今天的主要任務還是對民國社會歷史中影響文學的因素展開詳盡的梳理和分析，對現代文學歷史演變中的一些關鍵環節與民國社會各方面的關係加以解剖，如民國建立與新文學出現的關係、民國社群的出現與現代文學流派的形成、民國政黨文化影響下的思想控制與文學控制、民國戰爭狀態下的區域分割與文學資源再分配等等，至於文學自身力量也不能解決的文學史寫作難題當然更可以暫時擱置（如當代臺灣文學進入民國文學史的問題）。只要我們並不急於完成一部完整系統的民國文學史，就完全可以將更多的精力放在民國文學一個一個的具體問題之上，可供我們研究範圍也完全可以集中於民國建立至人民共和國建立這一段，我想，海峽兩岸的學者都可以認定這就是「民國歷史」的「典型」時期，這同樣可以為我們的雙邊交流營造共同的基礎。在民國文學史誕生之前，我們應該著力於歷史更多更豐富的細節，對細節的了悟有助於我們歷史智慧的增長，而歷史智慧則可以幫助我們最終解決這樣或那樣的歷史書寫的難題。

　　那麼，在一部成熟的《民國文學史》誕生之前，還有哪些課題需要我們清理和辨析呢？

〔註10〕湯溢澤、廖廣莉：《民國文學史研究》（1912～1949），吉林大學出版社 2011 年。

　　我覺得在下列幾個方面，還有必要進一步研討。

　　一是「民國文學」研究究竟能夠做什麼。隨著近幾年來學界的倡導，對於「民國文學」研究的優勢大約已經獲得了基本的認識，但是也有學者提出了自己的疑慮：研討民國文學，對於那些反抗民國政府的文學該如何敘述？例如左翼文學、延安文學。或者說，民國文學是不是就是國統區追求民主、自由這類「普世價值」的文學，「民國機制」是不是與「延安道路」分道揚鑣？在我看來，「民國文學」就是一種近現代中國進入「民國時期」以後所有文學現象的總稱，既包括國統區的文學，也包括解放區的文學，因為「民國」不等於「黨國」，也代表了某種「革命者」共同的「新中國」的夢想，左翼文化、解放區反抗的是一黨專制的「黨國」，而不是民主自由均富的「新中國」，尤其在抗戰時期，當解放區轉型為民國的特區之後，更是恰到好處地利用了民國的憲政理想為自己開闢生存空間，為自己贏得道義與精神上的優勢，只有在作為「新中國」的「民國」場域中，左翼文學與延安文學才體現出了自己空前的力量，「延安道路」才得以實現。「民國文學」也不是歌頌民國的文學，相反，反思、批判才是民國時期知識份子的主流價值取向，所以，我們可以發現，「民國批判」往往是民國文學中引人矚目的主題，左翼文學精神恰恰是民國時代一道奪目的風景，儘管它的文學成就需要實事求是地估價。在這個意義上，民國文學史的研究肯定是中國近現代史學的組成部分，而不是大眾時尚潮流（如所謂「民國熱」）的結果。

　　民國文學研究更深入的理論問題還在於，這樣一種新的文學史研究範式的出現究竟有什麼深刻的學術意義？對整個文學史研究的進行有何啟發？我認為，相對於過去強調「現代性」時間意義的「中國現代文學史」而言，「民國文學史」更側重提醒我們一種「空間」的獨特性，也就是說，從過去的關注世界性共同歷史進程的「時間的文學史」轉向挖掘不同地域與空間獨特涵義的「空間的文學史」，以空間中人的獨特體驗補充時間流變中的人類共同追求，這就賦予了所謂「民族性」問題、「本土性」問題與「中國性」問題更切實的內涵，從此出發，中國文學研究的新範式也許可以誕生？

　　二是「民國文學」研究當以大量的具體文學現象的剖析為基礎。這一方面是繼續考察各類民國文化現象對於文學發展的重要影響，包括經濟、政治、法律、教育、宗教之於文學發展的動力與阻力，也包括各區域文化現象對於文學生長的有形無形的影響，包括民國時期一些重要的歷史事件對於文學的

特殊作用，例如國民革命。過去我們梳理中國現代的「革命文學」，一般都從
1927 年大革命失敗之後的無產階級文學倡導開始，其實「革命」是晚清以來
就一直影響思想與現實的重要理念，中國現代文學的「革命意識」受到了多
重社會事件的推動，從晚清種族革命到國民革命再到無產階級革命等等都在
各自增添新的內容，仔細追溯起來，「革命文學」一說早在國民革命之中就產
生了，國民革命也裏挾了一大批的中國現代作家，爲他們打上了深刻的「革
命」意識，不清理這一民國的重要現象，就無法辨析文學發展的內在脈絡。
大量現代文學現象（特別是文學作品）的再發現、再闡釋是民國新視野得以
確立的根據。如果我們無法借助新的視野發現文學文本的新價值，或者新的
文學細節，就無法證明「民國視野」的確是過去的「現代文學視野」能夠代
替的。所幸的是，最近幾年，一些年輕的學者已經在「民國機制」的視野下，
發掘了中國現代文學的新的內涵。這裡僅以《文學評論》雜誌爲例：顏同林
從「法外權勢的失落與村落秩序的重建」這一角度提出對趙樹理小說的嶄新
認識〔註 11〕，周維東結合延安文化，剖析了解放區文學「窮人樂」主題的意
味〔註 12〕，李哲發現了茅盾小說中沉澱的民國經濟體驗〔註 13〕，鄔冬梅結合
1930 年代的民國經濟危機重新解讀了左翼文學〔註 14〕，羅維斯發現了民國士
紳文化對茅盾小說的影響〔註 15〕，張武軍透過「民國結社機制」挖掘了從南
社到新青年同仁的作家群體聚散規律，賦予社團流派研究全新的方向〔註
16〕。在重新研討新文學發生過程的時候，李哲發現了北京大學教育「分科」
的特殊意義〔註 17〕，王永祥則解剖了民國初年的國家文化所形成的語境與氛
圍〔註 18〕。這樣的研究都在很大程度上突破了過去的「現代文學」研究視域，
通過自覺引入民國歷史視角而推動了文學史研究的發展。

〔註 11〕 顏同林：《法外權勢的失落與村落秩序的重建——以趙樹理四十年代小説爲
例》，《文學評論》2012 年 6 期。
〔註 12〕 周維東：《解放區的天是明朗的天——延安時期的移民運動與「窮人樂」敘
事》，《文學評論》2013 年 4 期。
〔註 13〕 李哲：《經濟・文學・歷史——〈春蠶〉文本的三個維度》，《文學評論》2012
年 3 期。
〔註 14〕 鄔冬梅：《民國經濟危機與 30 年代經濟題材小説》，《文學評論》2012 年 3 期。
〔註 15〕 羅維斯：《「紳」的嬗變——《動搖》的一種解讀》，《文學評論》2014 年 2 期。
〔註 16〕 張武軍：《民國結社機制與文學的演進》，《文學評論》2014 年 1 期。
〔註 17〕 李哲：《分科視域中的北京大學與「新文化運動」》，《文學評論》2013 年 3 期。
〔註 18〕 王永祥：《〈新青年〉前期國家文化的建構與新文學的發生》，《文學評論》2013
年 5 期。

當然，類似的文本再解釋、歷史再發現工作還遠遠不夠，我們期待更多的研究者加入。

三是對於從歷史文化的角度闡釋現代文學的這一思路本身也要不斷反思和調整。在相當多的情況下，民國文學研究與現代文學研究都擁有相似的研究對象，相近的研究方法，不過，相對而言，「民國」一詞突出的國家歷史的具體情態，「現代」一詞連接的則是世界歷史的共同進程。所以，所謂的民國文學研究理所當然就更加突出民國歷史文化的視角，更自覺地從歷史文化的角度來分析解剖文學的現象，倡導文學與歷史的對話。鑒於民國歷史至今仍然存在諸多的晦暗不明之處，對於歷史的澄清和發現往往就意味著主體精神的某種解放，所以澄清外在歷史真相總是能夠讓我們比較方便地進入到人的內在精神世界之中，因而作為精神現象組成部分的文學也就得到了全新的認識。最近幾年，中國現代文學研究中較有收穫的一部分就是善於從民國史研究中汲取養分，詩史互證，為學術另闢蹊徑，文學研究主動與歷史研究對話，歷史研究的啟發能夠激活文學研究的靈感，「民國文學」的概念賦予「現代文學」研究以新機。雖然如此，我們也應該不斷反思和調整，因為，隨著歷史研究、文化研究在文學考察中的廣泛運用，新的問題也已經出現，那就是，我們的文學闡述因此而不時滑入到了純粹的歷史學、社會學之中，「忘情」的歷史考察有時竟令我們在遠離文學的他鄉流連忘返，遺忘了文學學科的根本其實還是文學作品的解釋。捨棄了這一根本，模糊了學科的界限，我們其實就面臨著巨大的自我挑戰：面向文學的聽眾談歷史是容易的，就像面對歷史的聽眾談文學一樣；但是，如果真的成了面對歷史的聽眾談歷史，那麼無疑就是學科的冒險！對此，每一位文學學科出身的學人都應該反覆提醒自己：我準備好了嗎？

在這個意義上，我們應該始終牢記，從歷史文化的角度研究文學，最終也需要回到「大文學本身」，民國文學研究對民國時期文學現象的研究，而不是以文學為材料的民國研究。將來我們可能要完成的也不是信馬由韁的《民國史》而是不折不扣的《民國文學史》。

沒有對這些研究前提、研究方法的反思，就不會有紮實的研究，當然最終的文學史是什麼樣子，也就難以預期了。闡釋優先，史著緩行，民國文學史的寫作，當穩步推進。

目

次

樸學方法與現代文學研究

　　樸學是清代尤其是乾嘉時期興盛的一種新的學術話語、學術範式或學術主潮，得名於其文字、學風的樸實。樸學又叫漢學，是清儒對宋學的不滿而對漢學的復興，是漢學對宋學的學術話語革命。樸學學術話語生成於清代特殊的歷史語境，它針對的是宋明理學的義理玄談，目的是清除佛學道學對儒學的污染，掙脫理學對儒學的羈絆而重構古典儒學。樸學還有實學、名物典制之學、考據學等不同的稱謂。樸學學術話語主要植根於傳統經學而推廣至史學、金石學、天文學、地理學等領域，使中國古代文化典籍的研究取得了輝煌的成就。談論樸學學術話語離不開其歷史語境、特定對象乃至權力關係等。談樸學方法卻可以懸置這些內容。那麼，樸學方法與現代文學研究是否有密切的關係？能否將樸學方法剝離出來挪用於現代文學的研究呢？答案是肯定的。

一

　　什麼是樸學方法？自命為清代學術蛻分期代表人物的梁啓超和被梁啓超認為有清代學術正統派遺風的胡適有過類似的總結。梁啓超在《清代學術概論》中總結說：「清儒之治學，純用歸納法，純用科學。此法此精神，採用何種程序始能表現耶？第一步，必先留心觀察事物，覷出某點某點有應特別注意之價值。第二步，既注意於一事項，則凡與此事項同類者或相關係者，皆羅列比較以研究之。第三步，比較研究的結果，立出自己一種意見。第四步，根據此意見，更從正面旁面反面博求證據，證據備則泐為定說，遇有力之反證則棄之。凡今世一切科學之成立，皆循此步驟，而清考證家每立一說，亦

必循此步驟也。」〔註1〕梁啓超認爲這是歸納法，所以「最喜羅列事項之同類者」〔註2〕。梁啓超將樸學方法概括爲四步，而胡適則在《清代學者的治學方法》一文中概括爲四點：「（1）……每立一種新見解，必須有物觀的證據。（2）漢學家的『證據』完全是『例證』。例證就是舉例爲證。（3）舉例作證是歸納的方法。舉的例不多，便是類推（Analogy）的證法。舉的例多了，便是正當的歸納法（Induction）了。類推與歸納，不過是程度的區別，其實他們的性質是根本相同的。（4）漢學家的歸納手續不是完全被動的，是很能『假設』的。……他們所以能舉例爲證，正因爲他們觀察了一些個體的例之後，腦中先已有了一種假設的通則。然後用這通則所包含的例來證同類的例。他們實際上是用個體的例來證個體的例，精神上實在是把這些個體的例所代表的通則，演繹出來。故他們的方法是歸納與演繹同時並用的科學方法。」〔註3〕最後胡適進一步說：「他們用的方法，總括起來，只是兩點。（1）大膽的假設，（2）小心的求證。假設不大膽，不能有新發明。證據不充足，不能使人信仰。」〔註4〕胡適認爲他們的方法是歸納法與演繹法並用，「求證」之中有「假設」。但是在樸學方法中歸納比演繹更重要，假設也必須落腳於求證。所以，胡適晚年又將樸學方法再概括爲「有證據的探討」（evidential investigation）。〔註5〕

在今天看來，歸納法、演繹法是一種古老的方法了，但它們是一切科學的元方法。胡適甚至在介紹實驗主義時也把它概括爲歸納法和演繹法。樸學因爲使用了歸納法和演繹法而被梁啓超、胡適等認爲具有科學精神。如胡適說：「中國舊有的學術，只有清代的『樸學』確有『科學』的精神」〔註6〕。樸學方法所體現的科學精神首先是一種實證精神。樸學是一種實證性研究而不是闡釋性研究，強調的是客觀主義而不是主觀臆斷，任何見解和立論都必須有事實、事例作證據，即要求「實事求是」。汪中、阮元、錢大昕等樸學家講治學宗旨和方法時都說過唯「實事求是」而已。梁啓超引樸學家淩廷堪的話說：「昔河間獻王實事求是。夫實事在前，吾所謂是者，人不能強辭而非之

〔註1〕梁啓超：《清代學術概論》，東方出版社1996年版，第56～57頁。
〔註2〕梁啓超：《清代學術概論》，東方出版社1996年版，第44頁。
〔註3〕胡適：《胡適文集》第2卷，北京大學出版社1998年版，第290頁。
〔註4〕胡適：《胡適文集》第2卷，北京大學出版社1998年版，第302頁。
〔註5〕胡適：《胡適口述自傳》（胡適口述，唐德剛譯注），廣西師範大學出版社2005年版，第102頁。
〔註6〕胡適：《胡適文集》第2卷，北京大學出版社1998年版，第288頁。

也；吾所謂非者，人不能強辭而是之也；……虛理在前，吾所謂是者，人既可別持一說以爲非；吾所謂非者，人亦可別持一說以爲是也。」（《校禮堂集》）梁啓超說：上引的這段話「絕似實證哲學派之口吻」，「清學派之精神見焉」。〔註7〕曹聚仁說：「錢大昕推許戴東原『實事求是，不主一家』，儼然是科學家的頭腦了。」〔註8〕同時，樸學方法的科學精神還表現爲一種懷疑與批判精神。樸學強調「無徵不信」，沒有證據的東西就值得懷疑。樸學正是建構在對理學的懷疑與批判之上的。樸學家正是不滿宋儒隨意改古書文字、硬改古音爲「?音」、增字改經、望文生義等不嚴謹的治學方法才致力於實證性研究的。戴東原甚至還強調樸學家要有自我懷疑、自我批判的精神。他提出不僅要破「人蔽」，還要破「己蔽」。只有破「人蔽」才能空所依傍，只有破「己蔽」，才能至「十分之見」。要求治學應「傳其信、不傳其疑」（《東原集·與姚姬傳書》）。要言之，樸學方法體現的正是一種科學精神或樸學精神。

不過，這種樸學方法和精神不只是體現在使用了歸納法、演繹法這種元方法方面，還與其他一些學術特點緊密相關。如「喜專治一業，爲『窄而深』的研究」。即多爲專題性的卻鉅細畢究的研究。又如樸學追求的是博證，爲考證一個問題而搜求證據多達百餘則的不乏其例。在文體上，「貴樸實簡潔，最忌『言有枝葉』」。而在著述形式上，樸學家喜歡用札記體。他們用札記記下讀書心得。「推原札記之性質，本非著書，不過儲著書之資料，然清儒最戒輕率著書，非得有極滿意之資料，不肯沖爲定本，故往往有終其身在預備資料中者。」結果是「寧以札記體存之而已」〔註9〕。顧炎武的《日知錄》就是這樣成書的，結果札記體成爲樸學家重要的著述形式，不同於理學家的問答體、語錄體等。

現代文學研究對樸學方法的借鑒，並不是要我們只去簡單地重複那種元方法及相關方法，而首先是要推崇其樸學精神或科學精神。一直以來，現代文學研究缺乏的正是這種精神而主要是爲義理（主義與理論）所掌控，如革命的義理、階級的義理、啓蒙的義理、現代性的義理，等等。現代文學研究要麽成爲某種義理的例證，要麽從具體的文本分析中昇華出義理。溫儒敏先生的《談談困擾現代文學研究的幾個問題》（《文學評論》2007年第2期）一

〔註7〕梁啓超：《清代學術概論》，東方出版社1996年版，第34～35頁。
〔註8〕曹聚仁：《中國學術思想史隨筆》，三聯書店1986年版，第267頁。
〔註9〕梁啓超：《清代學術概論》，東方出版社1996年版，第44、56頁。

文已作過很具體的批評。現代文學研究中有很多大敘述，但其實很多文章的理論資源和學術觀點幾乎都是雷同的。我們往往先是爲人所蔽，然後又爲己所蔽。實際上全是代別人立言，重複某種義理。我們缺乏的正是樸學的懷疑與批判勇氣和實證的精神。我們的研究也許達到了某種理論深度，但卻是空洞化的深度；我們引入許多「嚇人而迷人」（錢理群語）的知識譜系，但卻可能由越界而導致過度詮釋；我們沉湎於思考和思辨的快樂，但卻缺少發現和考證的愉悅。我們的研究成果缺乏的是豐富的第一手材料、綿密的實證、肌質感和細節。比如談新中國文學規範的建構，我們一般都會從民族國家的創建、主流意識形態的影響，一體化等大敘述的角度進入。能否找一些更實證性的史料去論述呢？比如新華書店在 1948～1949 年出現過一套「中國人民文藝叢書」，收集了 1942 年以來解放區文學中的代表作如《白毛女》、《桑乾河上》、《王貴與李香香》等共 50 多種。參加第一次文代會的代表每人都得到一套。如果說《在延安文藝座談會上的講話》是新中國文學的理論範本，這套叢書實際上就是指定給新中國作家的創作樣本。我們能否從這套叢書的編輯、發行、傳播和作家的接受等細節進入去談這個大問題呢？完全可以，而且肯定會有新發現。所以，現代文學研究如果能發揚樸學精神，多考據，多歸納，不大言自壯，忌言有枝葉，肯定會產生更紮實更厚實的成果。

二

樸學方法和樸學精神更具體化在其學科分支之中。胡適認爲「樸學」一詞包括甚廣，大致可分爲四個部分：文字學、訓詁學、校勘學和考據學。實際上，其中還包括音韻學、目錄學、版本學、輯佚學，等等。這些分支學科之間可能相互含有，繚繞不清。這些分支學科也各有各的治學方法和範疇。有些已不適合於現代文學研究，有些則可以轉換性地挪用。一般來說，樸學的這些分支學科的方法是從對古籍發掘和整理中總結出來的，大體上也是適合於現代文學研究的發掘、整理層面。用韋勒克‧沃倫《文學理論》一書中的分類來說，這個層面是文學研究中的「初步工作」。也就是說，現代文學研究的「初步工作」是需要挪用這些方法的。現代文學研究者正是用輯佚學的方法鈎沈、發掘作家遺稿、佚文的。如楊霽雲和唐弢對魯迅集外佚文的搜集、陳子善對張愛玲佚文的發掘等。現代文學輯佚與古典文學輯佚的最重要區別是應把重點放在發掘報紙與期刊上，而不僅僅是關注單行本、選本、總集、

別集等。文字學、音韻學或訓詁學的方法並非現代文學研究的「初步工作」中的主體方法，但有時也用得上。「隨著現代文學專科研究的定型化，注釋工作加強了……對於樸學在文學、音韻、訓詁方面的治學方法和經驗，我們在注釋工作中是加以繼承的。」〔註10〕如作家全集的注釋、名作普及本的注釋，尤其是那些舊學功底很深的作家的作品以及舊體詩詞等需要文字、音韻、訓詁的知識去注釋。一般這種注釋只限於弄懂文句的原意。但有時候，對文意的闡釋也會有幫助。如吳祖光的《風雪夜歸人》，從訓詁學的角度看，這其中的「歸人」可訓爲「死人」，這就可加深對劇本意義的理解。不僅在注釋方面，許多文學史的故實的考據也離不開訓詁。如魯迅用過一個筆名「宴之敖者」（小說《鑄劍》中亦有「宴之敖者」）。這裡，「宴從 宀（家），從日，從女；敖從出，從放」。魯迅的意思是說：「我是被家裏的日本女人逐出的」〔註11〕。表達了對弟媳的不滿。這就用上了訓詁學的知識。另外，一些現代作家的筆名也需要訓詁，如沈雁冰的筆名「逃墨館主」、「蒲牢」等。至於校勘學、目錄學、版本學，它們在樸學中的地位，葉德輝認爲是「三者爲之根柢」（《書林清話》）。所以其方法更是現代文學研究可以繼承和轉化的。

校勘學是樸學中的重要分支，它可以涵蓋版本學、目錄學等。胡適只提校勘學，不提版本學、目錄學，蓋出此因。校勘又稱爲校讎。校即挍，敲擊之意。勘，校也，覆定之意。讎，李善《文選・魏都賦注》引劉向《別錄》云：「一人持本，一人讀書，若怨家相對，故曰讎也。」指校對時如讎家相對也。引申一下，可以說一本書的不同版本有「讎」（仇）性。校勘或校讎，就是拿兩種或兩種以上的版本校出異同。古籍在傳抄、刻印時有錯誤的，或原書內容闕失、著錄遺缺的，或在傳播過程中被人妄改的，都需要校勘時校正過來。在校勘實踐中產生了傳統的校勘學，總結了許多校勘的經驗和方法。如王引之的三勇改和三不改，後來陳垣總結的四種校勘法等。這些方法是可以挪用於現代文學作品的校勘的。而現代文學作品的校勘主要出現於兩個層面。一是重印舊作並恢復原貌時需要校勘，一是作品不同版本彙校或比較時需要校勘。校勘學的方法在這兩個層面上的運用應該是有區別的。

第一個層面的校勘屬於現代文學作品的重新整理層面。現代文學作品在發表、出版時出現錯誤或因手民的誤植、編輯的誤改等，在作品重印時需要

〔註10〕 朱金順：《現代文學考據舉隅》，中國文史出版社1990年版，第276～277頁。
〔註11〕 許廣平：《許廣平文集》第2卷，江蘇文藝出版社1998年版，第46頁。

校正過來；因查禁而造成刪改的作品，在重印時需要補足缺文；經作者親屬或他人修改過的作品，在重印時需要恢復原貌。這些都屬於作品的重新整理層面，都需要校勘。而傳統校勘學的方法在這個層面上有很多都用得上。許多現代文學作家出文集、全集或一些名著的重版等都會使用傳統的校勘方法，如魯迅編《且介亭雜文》就做了細緻校勘。經過細緻校勘，這些文學作品才可能有恢復歷史原貌的精校本。但是，因為缺乏校勘學的基本常識，使現代文學作品至今仍未恢復歷史原貌的情況依然存在。如收入《曹禺文集》和《曹禺全集》中的《雷雨》，據編者說是依據初版本校勘的。但正是由於編者的校勘，反而出現了一些與初版本不同的文字，如人物表中魯大海的身份由「煤礦工頭」改為「煤礦工人」。這種改動原是曹禺自己在《雷雨》收入開明書店的《曹禺選集》時改的。也許編者校勘時又依據了開明選集本或以後的版本。這就更導致了校勘的混亂。又如《駱駝祥子》收入《老舍文集》時是由老舍長女舒濟校勘的。據說也是依據初版本校勘的，但實際又參考了《駱駝祥子》1955 年人民文學出版社出版的修訂本。結果文集本《駱駝祥子》漏掉了初版本的四處文字，其中有一處就是關於「白麵口袋」的描敘。所以其文集所收的並非真正意義上的《駱駝祥子》的初版本。《茅盾全集》所收《子夜》本是《子夜》1954 年的修訂本，即茅盾弄出的定本，但全集編輯者卻將一些詞彙改回到初版本，如「女護士」改成「看護婦」等，使《茅盾全集》所收《子夜》既非其初版本又非其定本。所以，由於校勘不當或標準不統一，使得全集、文集這種本應是更可靠的整理成果反而不可信。在整理層面的校勘成果中，《中國新文學大系》應該是校勘做得較好的。

第二個層面的校勘是關於作品異文的彙校或不同版本的比較。許多現代文學作品出現的異文或異本主要是作者自己修改導致的，我們要對這些內容進行研究也需要校勘，不過這時只需要用對校法或死校法，即只需要將一部作品的不同版本兩兩互校。不是定是非，而是校異同；不是勘誤，而是存異。已出版的《女神》彙校本、《圍城》彙校本等都使用這種校勘法。現代文學作品異本的研究和比較一般只需用這種校勘法。

從治學的程序來看，應該是先查目錄。因為，目錄學是指點門經之學。「治學之士，無不先窺目錄以為津逮，較其他學術，尤為重要。」〔註 12〕王鳴盛《十七史商榷》卷一亦云：「目錄之學，學中第一緊要事，必從此問

〔註12〕余嘉錫：《目錄學發微》，中國人民大學出版社 2004 年版，第 3 頁。

途，方能得其門而入。」目錄學的內容何指，有不同的界定。目錄學家汪國垣在《目錄學研究》中綜集古今目錄學的界定，認爲目錄學家、史家、藏書家、讀書家各有各的目錄學，其側重點不一樣。但目錄學的要旨正如章學誠所說是「辨章學術，考鏡源流」（《校讎通義‧敘》）。正因爲目錄學著作有這樣的功能和價值，它也就成爲後人進行學術研究的憑藉。後人憑藉前人的目錄著錄能瞭解圖書的分類、學術的源流，從而考辨著述的眞僞、分合和闕佚。傳統的目錄學著作主要體現爲兩種形式：一爲簡明目錄，只對書名、著者、冊數等進行簡要著錄。一爲提要目錄，對所著錄各項都有扼要的敘錄，能鉤玄提要、交代因由並評價優勝短長。這種目錄更能體現學術功底，也更有用於學人。現代文學的研究者也吸收了傳統目錄學的方法，編製了大量有益於現代文學研究的目錄。如阿英在《中國新文學大系》《史料‧索引》卷中的《創作編目》、現代文學期刊聯合調查小組編的《中國現代文學期刊目錄》及其他學者編製的大量作家的著譯繫年目錄、作家研究資料目錄、文學報刊目錄等，都能爲現代文學研究的資料查找指點門徑。只是這些成果多半是簡要目錄，而缺少提要目錄，即有「目」無「錄」的現象普遍存在（這也許是人們對「目錄」這個概念的理解日益窄化的緣故）。另外，羅列式的目錄多，精於考證和辨析的目錄少。這使得現代文學的目錄學研究還有廣闊的空間。如現代文學作品有大量因修改而產生的異本，如能借鑒傳統目錄學方法編出一部關於現代文學作品版（文）本譜系的目錄，即在目錄中敘述清楚一部作品的版本譜系關係，那將對現代文學版本的研究和現代文學史的重寫具有無量的價值。

　　清代學者的治學宗旨和方法，使得他們重視典籍的校勘，而言校勘則必講究版本，於是帶來了版本研究的繁榮從而使之成爲樸學的重要分支。清代學者在版本研究上形成了一套實用的方法，即如何根據字體、紙張、印刻、裝幀等不同的歷史特點來鑒定版本、辨別僞書等。這些方法只有經過大量的實踐才能掌握，所以古代版本學家寫書往往愛用「經眼」、「知見」等字眼，即看了大量的版本實物，就自然掌握了這些方法。現代文學版本的鑒定也必經大量「經眼」、「知見」版本實物。如20～40年代初的文學作品基本上都是繁體字豎排，書背在右邊。封面上的書名多半豎排，或者從右向左橫排，如《喊吶》（魯迅）。但也有少數書名從左向右橫排的，如《女神》（郭沫若）、《爲幸福而歌》（李金髮）等，更早地體現了新書裝幀的現代化。50年代，白皮書、

綠皮書作品集的裝訂、排版一如建國前，但封面書名改為從左向右橫排，如《倪煥之》、《駱駝祥子》等。作品裝幀的徹底現代化或西化是 50 年代中期以後的事。但裝幀的現代化也伴著政治化、單調化，如越來越少了作家個人的書法封面和藝術化的封面畫。這些不同時代的作品版本特徵只有像研究古籍版本一樣有大量的「經眼」、「知見」實踐才能把握。樸學家還總結了評價版本的一些方法和標準，如張之洞的「足」、「精」、「舊」三種「善本」標準，對現代文學「新善本」標準的確立也有借鑒意義。只是由於現代文學作品不同於古代由於傳播造成異本的情況，而主要由於作家自己修改造成異本，所以「新善本」的選擇應更注重文本內容的歷史價值和美學價值。樸學家的版本研究成果往往體現為目錄和題跋識語的形式。現代文學版本研究成果在目錄形式方面並沒有很厚重的成果，但卻由題跋識語發展出大量的書話形式的成果，如唐弢的《晦庵書話》、姜德明的《余時書話》等。還產生了孫用的《魯迅全集》校讀記、王得後的《兩地書研究》、龔明德的《〈太陽照在桑乾河上〉修改箋評》等校讀記形式的成果及四川文藝出版社、湖南人民出版社出版的《女神》彙校本、《圍城》彙校本等版本研究成果。這些形式的版本研究成果也都是樸學方法的挪用，體現了樸學精神。

樸學的各個領域如文字、音韻、訓詁、輯佚、辨偽、目錄、校勘、版本等都離不開考據，所以樸學又稱為考據學。稱樸學側重的是其質樸求實的學風，稱考據學則強調它的治學方法和手段。在清代，學者從這種意義上的命名也有些不一致。孫星衍、江藩等稱「考據學」，而戴震、段玉裁等稱「考覈學」，《四庫全書總目》稱「考證學」。現在，一般都叫「考據學」或「考證學」。這裡，考是考覈、考查的意思，沒有什麼歧義。而「據」和「證」則會導致不同的理解。據，是依據、證據，是名詞；證，是證明、辯證，是動詞。胡適早年日記中甚至有一則《「證」與「據」之別》的札記來談它們的區別。認為「據」乃「據經典之言明其說也」；「證」重在以歸納、演繹之法以證其說。以為「吾國舊論理，但有據無證。證者，乃科學的方法，雖在歐美，亦為近代新產兒。〔註13〕」胡適注意到了考據學內部的差異及考據學的發展傾向。可以說，古代的考據學重「據」，近現代的考證學重「證」。但總體而言，「據」和「證」是緊密相關的。不管是重「據」或是重「證」都說明了考據學以事實、史料說話的特徵。但考據學畢竟是一種「述」學。這

〔註13〕 胡適：《胡適留學日記》，海南出版社 1994 年版，第 167 頁。

又涉及「述」和「作」的關係問題，這又使我們能從外部的比較中，凸顯考據學的特徵。袁枚告誡孫星衍：「形上謂之道，著作是也；形下謂之器，考據是也。」〔註14〕強調了「著作」的知性、超越的價值，而貶抑考據之學。他還說：「古文之道形而上，純以神行，雖多讀書，不得妄有摭拾，韓柳所言功苦盡之矣。考據之學形而下，專引載籍，非博不詳，非雜不備，辭達而已，無所為文，更無所為古也。」「六經三傳，古文之祖也，皆作者也。鄭箋孔疏，考據之祖也，皆述者也。」〔註15〕所謂「述」而不「作」，「述」正是考據學的重要特性。考據與哲學、文學的寫作有本質的區別。章學誠所謂「義理存乎識，辭章存乎才，徵實存乎學」（《文史通義・說林》），說明了這種區別。徵實即考據，不逞於思辨和才情，而在於以寬厚的學識對實事與真相進行敘「述」。

考據的方法在現代文學研究中也得到了廣泛的應用。現代文學的考據雖不像古典文學研究那樣多，但由於戰亂的頻繁造成了史料的銷毀，意識形態的對立造成了書刊的查禁等原因，使得考據成為現代文學研究中必不可少的工作。只是由於現代文學用淺近白話寫作，使得考據的重點不在文字、音韻、訓詁上而在其他方面。如版本研究需要考據。由於盜印、查禁及作家修改等原因，現代文學作品出現了許多異本，所以需要考據來辨出版本真偽、梳理版本源流、弄清版本譜系，使之有助於文學史的精確敘述。輯佚需要考據。由於現代文學作家的許多作品最初往往發表於報刊，結集出版時不免有所選擇和遺漏。或由於某種原因而被抽掉、刪掉，或由於未署名（如廣告文字、編者按等）及署筆名，造成許多佚文。現代文學研究或編作家全集需要求全，就需要輯佚，而輯佚離不開考據的確證。如孫玉石、方錫德發現魯迅最早的七篇散文詩《自言自語》，就是通過對筆名、所發刊物編輯及文章內容等方面的考據來確定的。對張愛珍等作家佚文的發現也有考據的參與。研究現代文學中的假面文學或隱射文學，研究作品原型或本事，同樣需要考據。如沈從文的《八駿圖》、徐志摩和邵洵美的《璫女士》、戴望舒的《我用殘損的手掌》等作品的研究，考據是其中必不可少的環節。其他如社團的組織、思潮的發生、論爭的內幕、刊物的創辦、作家的身世等等真相的揭示無不需要考據。

〔註14〕（清）孫星衍：《問字堂集》卷四《答袁簡齋前輩書》，四部叢刊本，第3頁。
〔註15〕（清）袁枚：《與程蕺園書》，見《小倉山房文集》。

三

　　樸學的治學方法延續下來已不純是乾嘉之風了。晚清以來，廣闊的中西文化視野使一代代學者爲樸學融進了新的基因，完成了其現代化的轉換。乾嘉樸學只重視典籍文獻層面的考據，而忽視金石學中的史料。而到了王國維則極重視考古學的發現，從而發明了文史研究的「二重證據法」，即取地下的文物材料補證地上（紙上）的文獻材料。陳寅恪又將「二重證據法」推演爲「三參證法」，即「一曰取地下之實物與紙上之遺文互相釋證」；「二曰取異族之故書與吾國之舊籍互相補正」；「三曰取外來之觀念與固有之材料互相參證」。〔註16〕這爲考據學補充了「異族之故書」和「外來之觀念」兩個層面的證據。到了梁啓超和胡適，他們明顯受外來科學、邏輯學的影響，從而總結出樸學的歸納法和演繹法，發現樸學的科學精神。尤其是胡適，他甚至是在受到杜威哲學及西方樸學的洗禮之後才對中國樸學有了新的認知的。他說是杜威「幫助了我對我國近千年來——尤其是近三百年來——古典學術和史學家治學的方法，諸如『考據學』、『考證學』等等」的瞭解。〔註17〕同時他也受惠於浦斯格（John P. Postgate）和布爾（G. Lincoln Burr）兩位教授。他節譯過前者的關於版本學方面的文章，他選修過後者開設的「輔助歷史的科學」（包括語言學、校勘學、考古學等）課程。胡適試圖融合中西樸學。他完成了名稱上的對譯，如文字學即 Philology，校勘學即 Textual Criticism，考訂學即 Higher Criticism。他總結了中西樸學的共同點，如他說：「中西校勘學的殊途同歸的研究方法，頗使我驚異。」「第一點相同之處便是在所校勘的材料上發現錯誤；第二點便是把這個錯誤改正；第三點要證明所改不誤。上述三個步驟便是中西校勘學的基本相同之處。其中最重要的一點也是根據最早的版本來校對。」但他又認爲西方樸學在方法上比中國樸學更徹底更科學化。正是融合了中西樸學，他才提出了「大膽的假設，小心的求證」的觀點。認爲「『但宜推求，勿爲株守』八個字是清學的眞精神」。甚至認爲站在很充分的理由上面的假設，有了充分的旁證，「便升上去變成一個眞理了」〔註18〕。中國傳統樸學重視歸納，而胡適則把演繹與歸納並重。後來錢鍾書對樸學的研究方法

〔註16〕陳寅恪：《王觀堂先生紀念碑銘》、《王靜安先生遺書序》，均收入《金明館叢稿二編》，上海古籍出版社 1980 年版。
〔註17〕胡適：《胡適口述自傳》，廣西師範大學出版社 2005 年版，第 102 頁。
〔註18〕胡適：《胡適文集》，北京大學出版社 1998 年版，第 304 頁。

也注入了一些新的內容。如乾嘉樸學只進行單向闡釋：「必知字之詁，而後識句之意，識句之意，而後通全篇之義，進而窺全書之指。」錢鍾書認為這只是偏枯的初級層次的闡釋，更應該「積小以明大，而又舉大以貫小；推末以至本，而又探本以窮末」，以致達成「闡釋之循環」。〔註 19〕這既使闡釋增加了「交互往復」的過程，又使這種「交互往復」擴展至文本之外的因素，融入了西方闡釋學觀點。其他如馮友蘭、翦伯贊等哲學家、史學家處理史料的方法也豐富了樸學的研究方法。

在今天，樸學已脫離了誕生它的歷史語境，已不是學者們反抗朝廷的一種話語策略，已不表現為為考據而考據的學術癖好，已是一種純粹的研究方法。正是經過晚清以來一代代學者的學術實踐，樸學的方法在文史研究中承傳下來。人們從考據這種「支離」之學中發現了科學的精神，使樸學完成了現代化、科學化的轉換，使樸學在一種世界性的學術融會中煥發生機，成為一種新樸學。新樸學已成為實證性研究方法的代名並保持著它的開放性特點。凡是有助於提高學術研究科學性和有效性的方法都可以吸納其中。如，我們還可以吸收西方的「淵源批評」或文本發生學等方法到新樸學之中。

這種已發展和豐富的新樸學將避免舊樸學繁瑣的考據，更提升實證性研究的科學性。因而也更適宜於現代文學的研究，使現代文學研究在研究方法上得以借鑒，在研究範圍上得以擴展。如受「二重證據法」的啟發，我們在研究現代文學作品版本時，既要關注作家的創作談、序跋、書信、回憶錄及研究者弄出的著譯年表、著譯目錄等文獻材料，也要尋找、觀察、考辨版本實物。在研究作家生平思想時，我們既要依照大量文獻材料，也要勘察作家的故居、舊物、影像等現存實物。如周海嬰考證魯迅不能夠看弟媳沐浴一事，就用了八道院故居的實地考察材料。「三參證法」提到的互證、補正、參證等方法把文史考據的方法總結得更全面，尤其提醒我們注意對現代文學外來影響的縱橫研究。胡適強調西方樸學更具科學性，他的歸納法和演繹法並重甚至把「假設」擺在「求證」之前的觀點更體現了一種現代科學的品質，提醒我們進行現代文學研究時要靈活地運用前人總結的方法。錢鍾書將樸學的單向闡釋上昇到「闡釋之循環」的層面，他側重的是文本闡釋學的問題。實際上對現代文學史料和史實的考據也有啟示意義。即史料史實的考覈也應該放置於「闡釋之循環」的過程和背景之中，以免成為孤立的史料。有歷史學家

〔註19〕錢鍾書：《管錐編》，中華書局 1999 年版，第 171 頁。

就引用錢鍾書提到的「闡釋之循環」，認為史料、史實與理論、通則應該保持互動的、循環的關係。﹝註20﹞而研究範圍的擴展是說考據既可以在文本之內，也可以在文本之外。如果加上熱奈特所說的「副文本」，考據的內容就更多、更具體了。如高長虹的《走到出版界》一書的扉頁上有一段引自《莊子》的「卷頭語」。寫惠子怕莊子奪其相位，莊子以鵷鶵與鴟相喻。孤立地看，高長虹引這個典故只是說明他自視甚高，以莊子自喻。惠子比喻誰呢？不知所指。但是如果考察高長虹寫《走到出版界》的動因，聯繫韋素園、魯迅及高長虹所寫的一些文學廣告，分析高與魯迅交惡的始末，再來看這個「卷頭語」，那麼，以惠子影射魯迅、韋素園等的寓意就非常明顯了。同時，這個副文本也更有助於對正文本的闡釋。而「淵源批評」、「文本發生學」則又使現代文學的考據延伸至「前文本」即手稿之中。

四

樸學方法的使用，會使現代文學研究在方法上更具科學性，更重要的是在史料學上奠定紮實的根基。如目錄學解決了現代文學史料的來源問題，辨偽學、版本學解決了史料的真偽、變異問題，考據學則涉及史料的對錯、全面與否等問題。現代文學研究如果經過了這一番史料工作的準備，才有可能得出相對正確的結論，發現可信的文學史規律。如果用戴東原的話來說就是求得「十分之見」。「所謂十分之見，必征諸古而靡不條貫，合諸道而不留餘議，鉅細畢究，本末兼察。若夫依於傳聞以擬其是，擇於眾說以裁其優，出於空言以定其論，據以孤證以信其通……皆未至十分之見也。」（《東原集‧與姚姬傳書》）「十分之見」不是「成見」、「偏見」，甚至不是「不見」基礎上的「洞見」，不是一、二分之見，七、八分之見。梁啓超把這個「十分之見」解釋為「定理」。這「十分之見」或「定理」的獲得，首先是史料的處理問題。一個十分重要的條件，就是搜集和佔有史料的「全」，即所謂竭澤而漁，而不是隨意選例或簡單抽樣。這樣才可以博證和實證。實際上，樸學求得「十分之見」的材料不僅是一個「全」的問題，這其中已包含了馮友蘭所說的審查史料求「真」，瞭解史料求「透」和選擇史料求「精」等幾個原則。﹝註21﹞也應包括翦伯贊所謂的運用統計學、邏輯學、辯證法對史料進行比較、分析、

﹝註20﹞ 汪榮祖：《史學九章》，三聯書店 2006 年版，第 192 頁。
﹝註21﹞ 馮友蘭：《中國哲學史史料學》，江蘇教育出版社 2006 年版，第 2 頁。

綜合、整理等步驟。〔註22〕經過這樣一番樸學的或科學的處理，「論」即可從史料中出來，而這「論」就可能是「十分之見」。比如我們研究現代文學作品的版本問題，我們必須用中西樸學、新舊樸學的方法去大量搜集、對校版本實物，必須全面考證每一版本中的正文本和副文本的特點，必須完整考察版本的生成過程、修改程度及其語言規範、歷史語境、意識形態等內容，最終才可能從中看到現代文學作品的版本特性、譜系模式並總結出現代文學研究應遵從的版本意識和版本原則。這樣得出的結論才可謂「十分之見」。

也有許多中外學者從科學研究的過程和步驟來談這個問題。如，卡西爾指出：「在我們對一個給定對象的科學描述中，我們是以大量的觀察資料開始，這些觀察資料初看起來只是各種孤立事實的鬆散聚集而已。但是我們越是繼續進行下去，這些個別的現象也就越是趨向於呈現一種明確的形態並成為一個系統的整體。」〔註23〕即是說，我們只有用樸學的具體方法對這些材料進行處理，它們才能形成明確的形態和系統的整體，才可能從中出「十分之見」。而馬克思則把「說明」與「研究」區別開。「研究必須搜集豐富的材料，分析它的不同的發展形態，並探尋出這各種形態的內部聯繫。不先完成這種工作，便不能對於現實的運動，有適當的說明。不過，這層一經做到，材料的生命一經觀念地反映出來，看起來我們就好像是先驗地處理一個結構了。」〔註24〕即通過對材料的佔有的研究之後，才能形成看法和體系，才能作出適當的「說明」。這「說明」正是我們通常講的「論」或「十分之見」。也有學者從思維方式的角度說這種過程或步驟是收劍性思維。「收斂性思維在文學史研究中最重要的功用在於，搜求、集聚、梳理、規整、融會史料或史實。」收斂性思維或輻集思維的特點「是從若干不同或相同的信息源中獲取一種共識或引出一種結論」〔註25〕。收斂性思維收集和處理史料的最終後果和目的正是求「十分之見」。

樸學家所求的「十分之見」可能永遠是一種學術烏托邦，沒有永遠不變和永遠正確的概括、通則和理論。波普爾說得更絕對：任何知識都是猜想性

〔註22〕翦伯贊：《史料與史學》，北京出版社2005年版，第105～113頁。
〔註23〕（德）卡西爾：《人論》，上海譯文出版社1985年版，第183頁。
〔註24〕（德）馬克思：《資本論》（中譯本）第一卷第17頁，轉引自馮友蘭：《中國哲學史史料學》，江蘇教育出版社2006年版，第1頁。
〔註25〕朱德發、賈振勇：《評判與建構》，山東大學出版社2002年版，第121～122頁。

的，都是不能證實而只能證偽的，人類知識的進化正在這不斷的猜想和證偽的過程中。而樸學的方法是從證實的層面或正面積極地追求一種學術烏托邦，通過全面地合理地處理史料與史實，不斷地類比、歸納，達成通則，泐爲定說。然後又用新的證據去檢驗、補充或推翻通則和定說。樸學的長處不在宏大的理論建構和抽象思辨，而是細節的眞實的考證。現代文學研究首先必須經過樸學方法的處理，才能有相對可信的史料和史實。學習樸學的求實精神而避免其支離、殘碎，才能在紮實根基上求「十分之見」並進而進行創新性的理論建構。否則我們的研究成果就會成爲朱自清所嘲弄的「架子書」。當然，另一方面，如何用史識或理論去激活史料、史實，也同樣重要。

（原載《中山大學學報》2009 年第 3 期）

中國現代文學彙校本問題

　　現代文學作品的整理可分爲復原性整理和彙校性整理兩類，前者包括輯佚和一般性的校勘等，後者主要指出彙校本，現代文學作品出彙校本，是 20 世紀 80 年代初開始的。截止到 1991 年，共出有 5 種，即《〈女神〉彙校本》（郭沫若著，桑逢康彙校，湖南人民出版社 1983 年版）、《〈文藝論集〉彙校本》（郭沫若著，黃淳浩彙校，湖南人民出版社 1984 年版）、《〈棠棣之花〉彙校本》（郭沫若著，王錦厚彙校，湖南人民出版社 1985 年版）、《〈死水微瀾〉彙校本》（李劼人著，龔明德彙校，四川文藝出版社 1987 年版）、《〈圍城〉彙校本》（錢鍾書著，胥智芬彙校，四川文藝出版社 1991 年版）等。2008 年之後又出了《女神》校釋本（彙校本兼注釋本，陳永志校釋，華東師範大學出版社 2008 年版）、《邊城》彙校本（沈從文著，金宏宇、曹青山彙校，長江文藝出版社 2009 年版）等兩種。而從 1991 年到 2008 年的 17 年間，沒有出過彙校本。爲何中斷了 17 年？有一個原因就是《圍城》彙校本引出了 1993 年的一場官司和一場論爭，之後沒有出版社敢出了。

　　從 80 年代至今，國內總共出了 7 種彙校本（涉及 6 種著作），還惹出一場官司和論爭，這說明了出彙校本的困難。彙校簡單地說只是彙校異文的活動，實際上卻彙聚了多方面的矛盾和異見；不同於一般的文學作品出版事件，它是一種由作家及其親屬、出版社、彙校者和其他學者幾方博弈的出版事件和學術事件。歸納起來講，作家及其親屬在這種事件中，考慮的是著作權、修改權和最終意圖等問題；出版社則顧慮版權、銷量及這種工作方式的定性問題；一般學者會認爲它只是普通的校對工作而不是學術研究。只有少數彙校者和一些深諳學術之道的學者眞正認可它的學術價值。其實，這幾方的博弈可以出現共贏的結果。版權、利益等問題是可以協商解決的，關鍵是讓各

方對彙校本有一種價值認同。筆者花了十年時間研究現代文學的版本問題，其中一個重要的學術動機就是想從學理上證明彙校本的價值。就是想回答人們爲何要做彙校本，其價值如何等問題。筆者在《邊城》彙校本封底上曾寫過三句廣告詞：「踏勘名著歷史，演繹版本風雲，領略異文奧妙。」這三句話大概可以簡括地回答這些問題。

一

　　談到爲何要出現代文學彙校本的問題，我們應重提一下 1993 年的那場官司和討論。官司的結局是出《圍城》彙校本的四川文藝出版社敗訴，但這主要是版權官司，法律上並沒有禁止出彙校本。在那場討論中，支持錢鍾書的黃裳，其實並不反對彙校本，而是認爲出彙校本要等作家作古之後。而施蟄存反對出彙校本，主要是基於維護作者版權的考慮。其他如陳思和、朱金順、何滿子等都支持出彙校本。但爲何要出彙校本，他們並沒有從學理上深入地去闡發，這正是筆者要談的第一個問題。

　　現代文學作品要出彙校本首先是由這些作品本身具有的版本和文本演變史所決定的。現代文學作品尤其是那些名著往往具有初刊本、初版本、修訂本、定本等各種版本，如果手稿本還保存著，也應算上。許多名著都有好幾種版本，《家》甚至有 10 個版本。這些版本絕不是圖書版本學意義上的版本，而是由大量異文構成的異本。所以我有一個基本判斷是：這些不同版本其實就是不同的文本或同一文本的不同的變體。這些異文有的是由編輯、手民（排字工）、作家親屬或其他人造成的，但更主要的是由作家本人的修改造成的。而這些修改既有藝術性的考慮，更有思想性或內容性的修改，其中尤其是跨時代的、與時俱進的修改。新舊中國的政權更替帶來了國家意識形態、文學規範以至語言規範的改變，更有一系列思想改造運動、漢語規範化運動乃至政治運動的發動，這些都深刻地影響了現代文學作品的修改和重版。解放後出現的多次普遍性的舊作新改、舊作新選浪潮，正是對這種時代變革的具體回應。所以說，現代文學作品的異文無不隱含著作家靈魂搏鬥的信息，現代文學作品版本的變遷必然折射著時代的風雲變幻。這樣一來，現代文學的一部（篇）作品可能就有一個版本譜系或是一個文本叢，形成了一種複雜的版（文）本演變史，而且是有著深刻蘊涵的演變史。這是歷史事實，要把這樣的歷史事實集中呈現出來，就必須出作品彙校本。

　　另一方面，出彙校本也是現代文學研究的需要。很長一段時間，現代文學研究是不重視版本的，版本學成為現代文學研究界的一個知識盲點。即便是有唐弢等少數學者瞭解和重視，但他們的觀念往往受制於古籍版本學或圖書版本學，缺乏深入的批判性的思考。比如概念上就不能精確化和細化。在這方面，西方版本學和校勘學值得我們借鑒。在英語中表示「版本」概念的有兩個詞："edlition"和"version"，"edlition"表示因編排、刻版、裝訂、傳抄等不同而產生的不同本子，"version"可指因作家修改而造成的同一個文本的不同變體，可譯為「變本」，相當於不同的「text」（文本）。而英語中的「校勘學」正是"textual criticism"，《大英百科全書》將它解釋為「將文本盡可能接近地恢復其原始形式的一門技藝」，漢譯為「校勘學」。但其中的"criticism"含有「鑒別」、「考據」、「批判」的意思，又可譯為「文本鑒別學」、「文本考據學」或「文本批判學」。英語中的「校勘（學）」（textual criticism）又分為"lower criticism"和"higher criticism"。前者可譯為「初級校勘」，後者可譯為「高級考據」，胡適將後者譯為「考據學」。所以英語的「校勘學」（textual criticism）比漢語的「校勘學」在內涵上多了一層「考據」、「批判」的意義。〔註1〕這些概念的細化和區分其實是不必從西方版本學和校勘學著作中獲知的，只要我們去認真讀一下一個彙校本就可能會引發這些思考的。一個彙校本就彙聚了不同「版本」中的異文，彙聚了一部作品的不同「變本」或不同的「文本」。彙校的工作雖是一種「初級校勘」，但其實已包含了版本譜系等內容的「考據」和「批判」。一個彙校本會啟發現代文學研究者去探究作品版本與文本的關係，還有校勘、考據與闡釋之間的關係，等等。可以說，出彙校本是促使現代文學研究走向深入的需要。

　　反過來說，現代文學的研究也需要憑藉彙校本。一個完整的彙校本，不斷讓我們知道一部作品的版本演變情況，而且是眾本備具。讓研究者省去到處搜尋版本之苦和多次對校異文之累。彙校本幫我們完成了韋勒克《文學理論》中所說的文學研究的「初步工作」。為我們的深入研究提供了便利和準備。許多嚴謹的現代文學研究者堅持「一定要以初刊本為起點，再兼顧以後的各種版本。〔註2〕」這說明他們已具有彙校意識。事實上，每出一個現代文學彙

〔註1〕參考蘇傑編譯《西方校勘學論著選·編譯前言》，上海人民出版社2009年版，第1頁。
〔註2〕陳思和：《為新文學校勘工作說幾句》，《文匯報》1993年9月18日。

校本都得到許多研究者的認同和利用。這也說明了彙校本對研究工作的裨益。

出彙校本還是現代文學文本整理工作的必然結果。現代文學作品的整理除了輯佚、考據、復原性校勘等工作之外，一個重要的方面是作品異文的彙校，或者說彙校是校勘的一種特殊方式，是更完備的校勘。既然作品存在異文、異本，既然這是文學史的事實，研究者必然會把它發掘和呈現出來。儘管有少數作家反對這樣做，反對出彙校本，但無論如何是不可能阻止研究者出校讀記的。只是校讀記不可能像彙校本那樣完備、客觀地呈現異文和異本。目前還在版權期限的作品出彙校本是可以通過協商來實現的。一旦作品過了版權期限，誰也不能阻止出彙校本。所以現代文學作品出彙校本是時間的問題，遲早會有人來做這樣的整理工作。有人甚至把出彙校本說成是研究者的義務和權利。「彙校是研究者的本分工作，是公民勞動權利中的一種權利。作者有修改自己作品的權利，但修改過的作品一經出版……已經是社會公器……研究者就有進行比較、校讀和彙校的權利」〔註3〕。

在現代文學的研究實踐中，人們逐漸發現了彙校本這種形式。唐弢的《晦庵書話》談到很多版本、校勘等方面的問題，就是沒有談彙校本。彙校的問題是 20 世紀 80 年代才提出來的，是魯迅研究、郭沫若研究的副產品。人們在研究這兩位大作家的時候，發現了他們的作品存在修改和異文，而這對於研究他們的思想發展、寫作藝術等是有益的。這才做起了彙校工作。最早出現的是關於魯迅作品的兩種校讀記，即同在 1982 年 6 月出版的孫用的《〈魯迅全集〉校讀記》、王得後的《〈兩地書〉研究》。真正的彙校本出現在郭沫若研究領域，也就是論文開頭提到的三種彙校本。這說明中國現代文學彙校及彙校本問題的出現一開始是不自覺的，是從屬於作家研究的。真正有意識地把彙校本當作一項文本整理工作，當作一種特殊的版本來做的是龔明德。他出過《〈太陽照在桑乾河上〉修改箋評》及《死水微瀾》、《圍城》的彙校本。《八十一夢》的彙校他也基本完成，只因《圍城》彙校本那場官司，這個彙校本至今未出版。不管怎樣，現代文學的彙校本終於出現了。英國古典學家豪斯曼曾說：「校勘家是天生的，不是教會的。」〔註4〕我要說，中國現代文

〔註3〕王得後：《中國現代文學作品的彙校和校記問題》，《中國現代文學研究叢刊》
　　　　2005 年第 2 期。

〔註4〕（英）A.E.豪斯曼：《用思考校勘》，見蘇傑編譯《西方校勘學論著選》，上海
　　　　人民出版社 2009 年版，第 26 頁。

學的彙校本遲早會被上面以及後來的校勘家弄出來，因爲「天生的」他們必然要做這項工作，他們有依靠「本子」，善用「腦子」，坐得住「凳子」（有人嘲笑古籍整理者是「不用腦袋做學問，用屁股做學問」）等「天生的」品質。

從作家或作家親屬的角度看，其實也應該支持出彙校本。既然一部作品有異本，有版（文）本演變史，我們就不能忽略、掩埋或閹割這種歷史，彙校本恰恰可以完備地呈現和保存這種歷史。這對完整、公正、歷史地評價作品及作家是有益而無害的。同時，彙校本彙聚眾本，應該是一部作品真正的「善本」，甚至可以說它促成了作品的經典化，能提高作品的文學史地位，能避免研究者只依據某一個版（文）本片面地評價和敘述作品。從經濟角度說，它也可以使作品成爲長銷書，更重要的是它具有研究價值。

二

勒內・韋勒克等在其《文學理論》中說：「一個版本幾乎包括了每一項文學研究工作……每一版本，都可算是一個滿載學識的倉庫，可作爲有關一個作家的所有知識的手冊……」〔註5〕這是說版本研究的價值，這更適用於評論彙校本。彙校本備具眾本，是作品的異文大全，是作品版本史、文本史的濃縮，具有多方面的研究價值。

首先，彙校本是綜合的動態的史料載體，是豐富的文獻文本。可以說，校勘整理其實就是歷史整理，彙校尤其是如此。西方校勘學家說：「校勘整理與其說是要複製某個特定的過去的文本，不如說是要用一個文本爲讀者重新構建作品的全部歷史。」〔註6〕彙校本複製的是一部作品的眾多文本，更是在構建它的全部歷史。一個正確的彙校本必然弄清了作品的版（文）本譜系，考證出了版（文）本之間的遞進、逆轉，並列、合併等源流關係，所以它提供了作品版本史、文本史的史料。一個完備的彙校本不僅會彙校其所有版本中正文本的異文，還會彙聚其不同版本中的序跋、扉頁引語等副文本及其異文。所以它能提供作家思想、美學觀點以至人格、心態方面的研究史料。如從《女神》彙校本裏，我們能弄清郭沫若是何時把《匪徒頌》中所歌頌的哲學家「羅石爾」（「羅素」）、遺傳學家「哥爾恫」（「哥爾棟」）改成了「馬克思」

〔註5〕　（美）勒內・韋勒克等：《文學理論》（劉象愚等譯），江蘇教育出版社 2005 年版，第 56 頁。

〔註6〕　（美）傑羅姆・麥根：《現代校勘學批判》，見蘇傑編譯《西方校勘學論著選》，上海人民出版社 2009 年版，第 315 頁。

和「恩格爾斯」(「恩格斯」)以及人物譯名的變化。如何把馬克思對「階級鬥爭」學說的「發現」改爲「鼓動」。這對研究郭沫若的思想發展至關重要。如果我們彙校《家》，我們也會發現巴金在《家》的不同版本的序跋中對高家定性問題的說法不同，即從「資產階級家庭」改成了「封建地主家庭」。這些內容都是作家研究的具體史料。同時，彙校本更會提供作品與時代的關係、作品的成長史或衰退史、作品的分合、調整及具體內容的修改、潤色等等史料。如《棠棣之花》彙校本就揭示了郭沫若在二十多年間對該劇的整合、增刪過程及其與時代的應和關係等豐富的作品研究史料。

　　彙校本還是促進作品闡釋和理解的比較文本。異文的彙聚爲作品的深入闡釋提供了比較材料和不同的角度。如從《女神》彙校本中我們看到《鳳凰涅槃》一詩有大量異文，其中詩作的副標題「菲尼克司的科美體」，有些版本有，有些版本刪去。「科美體」是英文 comdey 的音譯，是「喜劇」的意思。有此副標題我們會將詩作往「喜劇」或「喜慶的戲劇」方向闡釋，無此副標題我們可能關注詩作的悲劇或悲壯的一面。這涉及詩作的種類(genre)問題。作品的種類或類型是闡釋的基點，有了種類或類型的框架(如喜劇或悲劇)，作品所有的細節材料就會紛紛歸就。這正是異文帶來的闡釋差異。《〈太陽照在桑乾河上〉修改箋評》一書將原著的異文匯校比較，我們看到第三十三章張裕民評價農民的「敗陣」事件時說了一句話，初版本是「莊戶主還沒有翻身啦」，後來的版本皆把其中的「翻身」一詞改爲「翻心」。這一處異文雖小，卻影響讀者對作品思想深度的理解。從「翻心」(或「翻身」與「翻心」的關係)的角度無疑能更深刻更完整地把握這部土改小說的主題。「翻身」只是農民在經濟上獲得土地、農具等生活和生產資料，政治上獲得當家做主的權利等。「翻心」才是其思想上、精神上眞正的解放、覺悟和更新。「翻心」意味著克服奴才心理、宿命論觀念、小農意識、變天思想等精神弱點。不「翻心」，農民只能在地主面前「敗陣」，幹部們無法擺脫個人顧慮和自私心；不「翻心」，富裕中農顧湧們只能「顧慮如湧泉」，貧農侯全忠們依然會把分到的地契還給舊主子。所以土改運動不只是土地、財產的重新分配和權力、地位重新變易，更是一場農民階級心靈深處的「翻心」革命。〔註7〕「翻心」是對作品主旨的凝練概括，「翻身」與「翻心」的異文比較引發了對作品的深入闡釋。甚至副

〔註7〕金宏宇：《中國現代長篇小說名著版本校評》，人民文學出版社 2004 年版，第231～233 頁。

文本中的異文也會導致對作品的不同理解和不同闡釋。如《日出》的扉頁引語，有的版本有 8 則（其中 7 則引自《聖經》），有的版本只有《道德經》那 1 則，這種異文會使我們對作品的意蘊作出差異很大的闡發。總之，異文不僅會引發作品文類、題旨的解讀差異，也會導致作品人物、結構、敘事技巧等的全面改變。存在有機關聯的異文或重大增刪的異文自然會使作品面目煥然翻新，一處很小的異文也可能「牽一髮而動全身」，使全書改觀。異文會使作品不同的版本變成不同的文本，在相互比較和對比中，加深我們對作品的理解。從理論上講，這些可以作比較闡釋的異文和文本，爲「闡釋的循環」提供了新的案例。

彙校本更是一種統合文本。一個彙校本是文本叢，它以一個版本或文本爲底本，把其他版（文）本的異文匯聚其中，實際是把幾個版（文）本統合爲一體了，故可稱之爲統合文本。我們固然可以從中看出從一個版（文）本到另一個版（文）本的演變，比較不同版（文）本之間的優劣，但是作爲一種統合文本，它整合了不同的優劣異文，讓我們可以有從中根據自己的好惡，根據特定的標準來選擇的可能。如果從藝術性的標準來看，作家弄出的每一個版本或文本都不可能盡善盡美。一個細節在甲版本中可能處理不當，在乙版本中可能處理得當；而另一個細節則可能反之。這樣我們就有選優的可能了。彙校本保全了這種選優的可能。所以，從這個意義上說，彙校本也是一種「善本」，「善本」就是一種辨優標準，是在眾多版本裏選優，選的是優版本。彙校本則可以在同一個細節、同一處描寫、同一處語言等的異文中選優。如《雷雨》有初刊本、初版本、開明選集本、「劇本選」本、「戲劇二版」本等眾多版本。在這眾多版本中，相對而言，其初版本是最好的版（文）本，但它並不是處處完美，也存在失誤、矛盾、生硬等問題。其他版（文）本的修改，有的可能整體上是失敗的，但也並不是一無可取，有的甚至修復了初版本的「硬傷」。如初版本中，警察鎮壓工人時掉了一支槍，大海把它帶回家，又把這支槍交給周萍，後來周萍用這支槍自殺，這種安排過於巧合。「劇本選」本弄出兩支槍。周萍自殺的那支槍是他要去礦上時周樸園送給他用來自我保護的，與大海所持的那支槍沒關係。又如「戲劇二版」本中魯大海這個人物修改得比較得體，曹禺認爲總算把自己心中的一個「疙瘩」去掉了。其他版（文）本還有許多從藝術性角度看是較好的修改。我們不可能把這些更好的藝術處理文字整理到初版本中去。但彙校本這種統合文本能把這些異文保

全，既展示了曹禺精益求精的修改過程，也滿足了讀者追求藝術完美的閱讀心理。

從另一個角度說，彙校本這種統合文本為多重閱讀或多義性的闡釋提供了可能。通常我們對一個文本的多重閱讀或多義性闡釋是需要我們用不同角度或更新研究方法去進入的，而彙校本卻能通過自身的異文給我們以啓發和引線。甚至可以通過異文完成解構性的閱讀。西方校勘學就提供過類似的文本「1984 年加布勒對喬伊斯《尤利西斯》的整理，採用了『對觀本』（synopticedition）的形式：右邊是正文，左邊是作為『對觀文本』的『前文本』……其對複數文本、文本的不確定性的強調，被認為是『後結構主義挑戰英美文本整理模式』的一次重要的嘗試。〔註8〕」應該說，彙校本比這種「對觀本」彙聚了更多的複數文本，更適合於後結構主義的閱讀。比如，如果《屈原》有彙校本，從異文中我們會發現屈原的不同形象。在一個版本中，有屈原「撫琴」、「佩陸麗之長劍」的描繪，是一個「劍膽琴心」的詩人形象。而另一版本中，屈原依然佩劍，但不是撫琴，而是抱一條黃狗（金猊）。〔註9〕佩劍而抱狗，這就成了無釐頭版的屈原形象了。這正是異文帶來的顛覆效果。作家當年對作品的「修改」與今天人們對原著的「重寫」、「戲仿」等在某些方面是相通的。

最後，彙校本是多種人文學科分支學科共享的研究資源，為它們提供了材料、證據等方面的便利和啓發。彙校本本是版本學、校勘學的研究成果，也與目錄學、考據學有關聯。同時更是現代文學版本研究和文本研究的一種形式，拓展了現代文學研究的歷史空間。它對異文的彙聚將使現代文學作品研究以及作家研究等更具有科學性和有效性。彙校本對其他學科如語言學、修辭學、觀念史學、傳播學和接受學等學科也都有研究價值。彙校本提供的異文是語言學的直接材料。不同的版本異文保存了不同時代的語言特色，也顯示了方言向普通話的轉變過程。這對研究語言的時代性、現代漢語的規範化以及詞彙、語法、句法等的演變都是很好的例證。通過對異文的考察，修辭學則可以從中展開比較修辭的研究、修辭格的變化研究等。如《圍城》彙校本就有助於用典、比喻等方面的研究。有些修改涉及一些核心觀念的「革

〔註8〕蘇傑編譯：《西方校勘學論著選‧編譯前言》，上海人民出版社 2009 年版，第
　　　1 頁。
〔註9〕金宏宇：《新文學的版本批評》，武漢大學出版社 2007 年版，第 124 頁。

命」、「天命」、「性」、「愛情」等，這些關鍵詞在不同時期的意義滑變及產生的相關異文，正是觀念史學的研究對象。作品版本的演變、異文的產生也與出版機構、傳播體制、把關人（編輯）、接受者（讀者、評論家等）等有關聯，所以，彙校本也可以成爲傳播學、接受學研究借助的材料。而魯迅在《不應該那麼寫》一文中引惠列賽耶夫的那段話則可以說明彙校本對於創作學研究的價值。20 世紀後期在西方興起的文本發生學或淵源批評、演進批評也關注作品異文，這些方法如果引進用來研究中國現代文學，彙校本也能派上用場，爲其提供研究的便利。

三

出什麼樣的彙校本也是應該討論的問題。1993 年那場討論只涉及要不要出彙校本的問題，出怎樣的彙校本還不在討論之列。這方面的實踐經驗還缺乏總結，其技術和理論問題也還沒有進行認眞研究。目前出的幾個彙校本都是一種嘗試，因此各自的形式與做法都有些差異。如《〈女神〉彙校本》和《〈棠棣之花〉彙校本》都採用在每首詩末或每一幕結尾作尾註的形式，閱讀時不便對觀。而且它們都存在版本不全的問題。前者沒有把初刊本納入，後者彙校至《棠棣之花》的第一個全本爲止，此後的版本也未納入。《〈死水微瀾〉彙校本》和《〈圍城〉彙校本》用每頁腳註的形式，注意到了標點符號的修改且版本齊全，但底本的選擇還值得商榷。《〈女神〉校釋》和《〈邊城〉彙校本》都採用正文、異文左對觀的形式，且版本齊全。但以上所有彙校本都沒有把手稿納入（當然許多手稿已不存在了）。

所以彙校本的規範問題還值得研究，理想的彙校本是什麼樣子也值得討論。目前已出的彙校本還沒有達到理想狀態。理想的彙校本也許並沒有統一的模式，但我以爲至少具備幾個因素：一是有彙校者的說明文字，其中包括作品版本譜系的考察、底本的交代以及彙校凡例的說明等。二是彙校的版（文）本齊全，如果手稿本存世，也應納入。除正文本內容齊全外，還應包括序跋、扉頁引語和題詞、附錄等副文本，因爲它們也有異文。三是底本選擇的合理，底本的選擇應就具體情況而定，初刊本、初版本、定本或某個中間的版本都可能作爲底本，這主要取決於這個版本的內在品質，但有一個前提，底本應該是一個全本。四是異文呈現方式得當。異文的呈現有多種方式，如，眉注、腳註、尾註、夾註等，日本株式會社出的《毛澤東集》也是彙校本，採用眉注，但刪去的異文直接用「×」號在

正文行下標出。以上方式各有優劣。如果從閱讀便利的角度看，我以爲正文、異文左右分列的方式最好，既無礙閱讀正文之流暢，亦可使正文、異文對觀。另外，理想的彙校本應包括彙校和復原性整理兩方面，彙校自然是對異文的完整彙聚。復原性整理則是對他人對文本污染的清除，如誤植、妄改等。以上方面有許多是技術問題，但彙校本的整理其實涉及一些中國古籍校勘學不太關注的理論問題。下面想結合西方校勘學提到的一些理論問題來分析一下彙校本應注意的方面。

　　第一是兩種異文問題。這是西方學者提出的問題。格雷格說：「我們必須區分兩種異文：一種是重要的，或者我稱之爲『實質性』的，即會影響作者的意圖或者其表達實質的文本異文；另一種一般是諸如拼寫、標點、詞形分合等等，主要影響其形式上的呈現，可以看作是次要的，或者我稱之爲『非實質的』文本異文。」〔註10〕之所以要作這種區分主要是抄寫者或手民（排字工）對這兩種文本要素反應不同。對於前者，他們會嚴格認眞地複製它們；對於後者，他們可能會遵循自己的習慣與風格去對待。實際上，一般讀者或編輯的態度也是這樣的。這是針對西方著作文本提出的問題，同樣適用於中國現代文學文本。所以現代文學版（文）本的彙校也應該有兩種異文的區分。我們可以借用這樣一對概念，賦予不同的內涵。實質性異文主要是指作者修改所導致的異文，但也可能包括他人修改或誤植的異文。非實質性異文在現代漢語裏不會涉及西文那種字母拼寫、詞形分合等內容，主要應該是標點符號、段落銜接等問題。中國古籍幾乎沒有標點符號，標點符號是與白話文、新文學共生的，具有語法和修辭的功能，能起表情達意、調整章節和音趣等作用，有人甚至認爲是另一種形式的虛字。新詩裏感歎號、括號都有特殊的效用，拋詞法也離不開標點符號的使用。所以標點符號在現代文學作品中有時甚至起到了實質性文字的作用。但由於編輯、手民對它採取的自主性態度，以及作家自己的修改，在不同的版本裏可能產生「異文」，如《創業史》的初版本就比初刊本增加了更多的感歎號。段落銜接包括段落的重新劃分、段落的合併等，在出新版本時也可能產生變化。這些非實質性異文在彙校時是比較容易被忽視的。有了兩類異文的區分，彙校時對兩者就會有同等的重視。另外，在對作品進行復原性整理和彙校性整理時，我們對兩類異文應採用不同的處理方法。

〔註10〕（英）W.W.格雷格：《底本原理》，見蘇傑編譯《西方校勘學論著選》，上海人民出版社 2009 年版，第 161 頁。

　　第二是底本問題。「所謂底本，是指校勘時被採爲主要依據的那個本子。」即作爲整理基礎的那個版本。在中國古籍整理中，「底本，原指稿本，或據以刊印的原本。〔註11〕」由於年代久遠，選擇底本不易，而定底本之是非被段玉裁認爲是校勘中最難的事情之一。現代文學文本整理選擇底本則較容易。復原性的整理一般可採用初版本、訂正本或作者手校本爲底本。如20世紀80年代中期人民文學出版社出版的《中國現代文學作品原本選印》基本以原作的初版本爲底本，在此基礎上訂正訛誤。彙校性整理主要不是定是非，而是校異同，更確切地說是彙聚異文。所以底本的選擇則不必拘泥於初版本等。西方校勘學家在面對「變本」（version）時的態度是：「當『存在不止一個權威性不相上下的實質性文本』，或者如我們所說，當有不止一個變本時，格雷格承認這時的選擇是任意的，是一個何者更爲方便的問題。」〔註12〕這不是針對彙校問題，但現代文學的彙校性整理在選擇底本時卻可以這樣做。爲了彙校的方便，底本的選擇首先必須滿足全本這樣一個條件。然後我們可以以初刊本爲底本來依次彙校後面的變本，以便顯示作品版（文）本的演變過程，如《〈圍城〉彙校本》。可以以初版本爲底本，往前後校，《〈女神〉校釋》即如此。因初版本逼近歷史原貌，又比初刊本精良，也可以尊重作者的最終意志，以他選定的版本爲底本往前後校，如《〈邊城〉彙校本》。如果想突出增刪內容之多，也可以以最後的定本爲底本逆行而校。《圍城》如果以定本爲底本彙校，給人的感覺就不會僅僅是字、詞的修改了。所以，彙校本的底本的選擇可以以方便、全本或突出某種研究目的爲原則。彙校本不必懼怕「底本專制」。「底本專制」是西方校勘學家在復原性整理中面臨的問題。格雷格在談到底本原理時說：「選擇某一特定原本作爲我們的底本，我認爲，只有在非實質性文本要素的問題上，我們才有義務（在合理範圍內）遵從它，而在實質性文字方面，我們則有選擇的自由（和義務）……」「如果不進行這樣的區分，不使用這樣的理論，必然導致對底本過於緊密，過於廣泛的依賴，並由此產生所謂的底本專制。」〔註13〕現代文學的彙校整理完全可以從「底本專制」中解放出來。因爲它是彙校異文而不是取捨異文。但如果其中涉及復原性整理，其非實質性異文的選擇當以手稿爲準。

〔註11〕　朱金順：《新文學資料引論》，北京語言學院出版社1986年版，第132頁。
〔註12〕　（美）傑羅姆・麥根：《現代校勘學批判》，見蘇傑編譯《西方校勘學論著選》，上海人民出版社2009年版，第261頁。
〔註13〕　（英）格雷格：《底本原理》，見蘇傑編譯《西方校勘學論著選》，上海人民出版社2009年版，第161、165頁。

　　第三是作者意圖問題。文學批評和文學欣賞可以棄作者意圖於不顧，校勘整理則必須重視作者意圖。這種對立，在 20 世紀西方的文學研究中，形成了兩種派別，即新批評派和新目錄學派。前者無視作者意圖，將之斥爲「意圖謬誤」；後者則看重作者意圖，以此作爲校勘的歸依和理論的核心。新目錄學派正是英美校勘學的代表。〔註 14〕他們對作者意圖問題有許多研究和論述。如認爲一部作品可能存在兩個或更多的意圖文本，整理者必須決定聚集於哪一個意圖文本。又如認爲手稿或初版本能代表作者的最終意圖。對最終意圖與理想文本的關係、最終意圖的意識形態等問題也有深入的思考。但這些研究似乎針對的都是復原性整理而不是彙校性整理。中國現代作家在跨時代的語境中寫作和修改作品，創作意圖不斷在變，有最初意圖、修改時的意圖、最終意圖等。一部作品的不同版本正是他們不同的意圖的實現。我們在彙校這些意圖文本其實無須聚焦於某一個意圖文本，也許只有在選擇底本時才會注意這個問題。彙校本正是對作者的不同意圖文本的融彙處理，藉此可以知曉作者不同的意圖以及意圖的變化。西方校勘學者也發現了最終意圖法則的方便操作短路失效的問題：「因爲有多個變本，而所有變本都顯示出同等的地位和競爭力，所以我們無法確定作者最終意圖。」這時，「對照本（facing pages）是標準的解決辦法。〔註 15〕」這種對照本已接近我們所說的彙校本了。他們還發現最終意圖理論的廣泛應用阻礙了校勘學理論的發展。所以，無論是在技術操作上，還是理論發展上，彙校本都爲最終意圖問題找到了某種解決途徑。在這裡，我們應著重提到作品序跋問題。中國現代作家通常會在作品的序跋中談到創作意圖，所以我們出彙校本一定要收全其不同版本中的不同序跋以及同一序跋在不同版本中的異文，從而弄清作者意圖的蛻變問題。

　　最後是作者權威問題。這是說作品及作品的解釋權、修改權等歸於作者。英文「權威」（authority）一詞正包含「作者」（author）一詞。某些文學批評特別是「新批評」可以宣佈作者已死，把作品當作自主自足的實體（作品本體論）。但「作者」對於某些文學批評（如傳記式批評）具有誘惑力，無作者或作者生平不詳會讓他們感到無所憑依。對校勘學來說，作者更爲重要。文

〔註14〕　蘇傑編譯：《西方校勘學論著選‧編譯前言》，上海人民出版社 2009 年版，第 1 頁。
〔註15〕　（美）傑羅姆‧麥根：《現代校勘學批判》，見蘇傑編譯《西方校勘學論著選》，上海人民出版社 2009 年版，第 295 頁。

本污染的清除、底本的選擇、作者意圖的確定等「都是以文學作品作者權威歸屬（以及歸屬的可能性）的假定為前提的。」〔註16〕所以，可以說校勘、整理的目的正是為了使作品的權威最終歸於作者。而「作者權威」理論的背後潛藏著西方學者所謂的作者自治權的觀念，即作者完全自主地創作一個文本，是文本自治的權威。西方現代校勘學者則對作者權威及其自治觀念進行了批判。如他們關注作品的生產和傳播過程。這樣，作品就是作者與出版機構、編輯或其他人合作的結果，因此作者權威具有相對性，更不可能對文本擁有絕對的自治權，文本的權威是多種力量合力所致。那麼，對作者權威問題的研究會給中國現代文學彙校性整理帶來什麼啟發呢？一方面，我們應維護作者權威，尊重作者最終意圖、解釋權等，更重要的是盡量不將他人弄出的異文納入彙校本中。如《駱駝祥子》收入《老舍文集》時，老舍女兒舒濟稱「根據初版本校勘」，其實，它在勘誤的工作之外，還漏掉了初版本的四處文字，其中包括「白麵口袋」撩奶那一段。所以，這個「文集本」不應納入彙校本，更不能作底本。實際上，許多作家全集在整理之中造成了新的污染、新的異文，整個《老舍全集》未能幸免，張桂興的《〈老舍全集〉補正》正是對《老舍文集》的指謬。收入《茅盾全集》中的《子夜》也是校注者弄出的新的版本，同樣不能進入彙校本。總之，我們應有「作者權威」意識，彙校時只收作者的異文，他人的修改、整理或誤植出的異文不能納入。另一方面，也應看到在文本的社會化生產過程中，作者不可能完全自治，所以作品中可能已有了許多他人參與或他人假作者之手弄出的異文，如《子夜》1954 年的修訂本的許多異文就是作者茅盾根據編輯龍世輝的標示而修改的，這類異文在彙校時當然應該收入。

以上談到關於彙校本的三個大的方面的問題，雖然許多問題都還值得深入地去研究，但彙校本的存在和它的價值是不容置疑的。我甚至以為如果復原性整理能有彙校的意識，我們的整理工作就會具有更完備的歷史觀念，更容易在比較中避免校勘的錯誤。另外，我們談彙校本主要以單部（篇）作品為主，實際上作家的全集或文集也可以彙校，如能對全集進行彙校，那才是真正的全集，還可以在對校中讓上面提到的《老舍文集》、《茅盾全集》等避免新的校勘錯誤，或者至少讓全集中的代表作品有彙校本。現在已出的全集

〔註16〕 （美）傑羅姆·麥根：《現代校勘學批判》，見蘇傑編譯《西方校勘學論著選》，上海人民出版社 2009 年版，第 305 頁。

中，只有《戴望舒全集》（王文彬、金石主編）詩歌卷的創作部分有彙校。《馮
至全集》中的兩卷詩歌（劉福春主編）沒有異文匯校，但編者對詩作的版本、
修改情況有交代，這說明編者還是有彙校意識的。中國現代文學作品的整理
如果都能出彙校本，那將是文學史研究的理想狀態，這項工作的全面展開也
許要等到作者去世五十年之後。那時人們會對彙校本有普遍的認同，也無版
權之擾了。

（原載《中國現代文學研究叢刊》2010 年第 6 期，此文原爲 2009 年 9 月
北京大學中文系「現代作家全集（文集）整理編纂學術研討會」演講）

中國現代長篇小說修改現象

中國現代長篇小說的版本變遷除了連載、盜印等原因之外，主要表現為兩種情況：一是由於作品被禁而出現偽裝本、刪節本等。如，《咆哮了的土地》改名為《田野的風》出版，《子夜》、《山雨》等出過刪節本。這類版本是版本學的研究對象，更是現代文網史或文禍史的實物例證。二是由於作家自己的修改而出現的刪節本或修改本。這類版本牽涉到對作品的重新闡釋，是新文學版（文）本批評的重要內容，是筆者重點考察的對象。

一、修改現象

中國大陸現代長篇小說的修改情況，可以 1950 年為分界線來看。此前，為數不多的修改本往往是從初刊本變成初版本的那種修改本 。如，《倪煥之》從《教育雜誌》本變成開明（書店）本，《圍城》從《文藝復興》本變成晨光（出版公司）本。那種修改往往是對初刊本的疏忽和粗糙的補充、改進。如語言文字的潤色、段落章序的調整、表現效果的強化，等等。1950 年以後，20～40 年代的長篇小說名作幾乎都進行了跨歷史語境的修改，出了眾多的修改本。這時的修改已不只是文字上的藝術上的完善問題了。筆者輯錄了 50 年代以後出現的較重要的現代長篇小說修改本，發現這些修改本密集出現在三個時段：50 年代初期，計有《倪煥之》、《家》、《蝕》、《子夜》、《山雨》、《駱駝祥子》、《八月的鄉村》、《死水微瀾》、《暴風雨前》、《太陽照在桑乾河上》等。其中《駱駝祥子》在此時段有 3 個（次）修改本，《太陽照在桑乾河上》有 2 個（次）修改本。50 年代後期至 60 年代初期，計有《棘心》、《倪煥之》、《家》、《春》、《秋》、《離婚》、《大波》等。70 年代末至 80 年代初期，計有《家》、

《八月的鄉村》、《圍城》、《長夜》、《山洪》、《呂梁英雄傳》、《暴風驟雨》等。其中《家》在此時段有 2 個（次）修改本，《圍城》也大改一次小改三次。在這三個時段中，如果再加上 50 年代以後誕生的新作的修改本，那數目就更可觀了。它們一起形成了「當代」三次長篇小說的修改浪潮。

如此眾多的長篇小說修改本的出現，自有複雜的動因。在 50 年代新的歷史語境中，那些業已成名尤其是長期生活於國統區的長篇小說作家都有些手足無措。為誰寫、寫什麼、怎麼寫都成了問題。他們寫不出新的長篇，只好不惜代價去修改舊作。這就形成了 50 年代初的長篇小說修改浪潮。具體說，小說家們修改舊作的動因是多方面的。比如說因為新的出版體例或編輯的要求，但這並不是主要的動因。又比如說是為了使小說藝術上更加完善。然而，考察這些修改本具體的修改情況，會看到這些修改主要不是在原來的藝術體系中去精益求精。所以，所謂完善小說藝術的動因也不是主要的。在這個時段，小說家們修改舊作的主要動因，是為了與新的文學規範接軌，表現新的國家意識形態。50 年代初，在毛澤東的《在延安文藝座談會上的講話》和一些國家文件指引下，文學形成統一的規範，如，為政治服務、寫工農兵人物、樂觀取向、讚歌格調，等等。許多長篇小說舊作為此都作了一種迎合性的修改。同時，這些舊作的修改，又是作家通過舊作新寫的方式來證明自己思想上的改造。按當時的主流話語所說，許多作家都屬於小資產階級知識分子，「他們是站在小資產階級的立場，他們是把自己的作品當作小資產階級的自我表現來創作的」〔註 1〕。進入 50 年代以後，作家們為這樣的寫作感到愧疚，所以一旦舊作有了重印的機會，他們就會認真修改。老舍在修改《駱駝祥子》時說得非常明確，就是為了「自我檢討」。「檢討」當然是為了更好地改造自己。可見，50 年代初長篇小說的修改浪潮是有知識分子的改造運動作為背景的。大量修改本的出現從某種意義上說，正是知識分子改造運動的一種結果。

50 年代後期和 60 年代初期，現代長篇小說的修改本繼續湧現，但數量不及當時的新作的修改本。修改動因又有了變化，除了某些類似於第一個時段的修改動因之外，主要的修改動因來自現代漢語規範化運動。1955 年 10 月，全國現代漢語規範化問題學術會議召開，接著《人民日報》發表社論號召作家們注意語言的規範化。社論指出：「語言的規範化必須寄託在有形的東西上，這首先是一切作品，特別重要的是文學作品，因為語言的規範主要是通

〔註 1〕毛澤東：《毛澤東選集》第 3 卷，人民出版社 1966 年版，第 813 頁。

過作品傳播開來的。作家們和翻譯工作者們重視或不重視語言的規範，影響所及是難以估計的，我們不能不對他們提出特別嚴格的要求。」〔註2〕這得到了許多作家尤其是資深作家的響應。在長篇小說的修改方面，葉聖陶出文集本《倪煥之》是最典型的例子。他幾乎逐字逐句修改《倪煥之》，用 50 年代的規範漢語取代了 20 年代的書寫語言。他的修改動因很明顯，他說主要就是為了推廣普通話和漢語規範化。又如，巴金 1958 年的文集本《家》也用「的」字代替了三四十年代常用的「底」字等。

「文化大革命」結束以後，百廢待興。許多文學作品也如同重放的鮮花，獲得重印的機會，形成一次作品重印的高潮，於是又有了一批現代長篇小說修改本。這些作品的修改動因也並不單純，但主要是一種定型動因。此時，許多健在的長篇小說作家都進入老年之境，往往拿定對作品修改最後一次的主意，所以這些修改本幾乎都是定本。此外，由於體力和精力方面的問題，他們在修改作品時幾乎沒有大增大刪大改的情況，多數作品只在字句上略作潤色，不過是為了少留瑕疵而已。

我們分析了各個時段中現代長篇小說修改本的主要修改動因。實際上，就一部具體作品來說，其修改動因往往不是單一的，可能是多種動因攪合在一起；它的每一次修改，動因也可能是不一樣的。這就導致修改內容的複雜性。每一部長篇都有複雜的修改內容，也體現著不同的修改特點。這只有通過對一部作品不同版本的細緻對校才能呈示，在此無法一一陳述。但是有一些重要的修改內容卻是許多修改本共有的，那就是對性、革命、政治等問題的修改。

許多現代長篇小說名作，其修改本往往對作品中的性的內容大加修改。有人曾對解放後的革命長篇小說發問：「革命的成功使人們『翻了身』，也許翻過來了的身體應是『無性的身體』？革命的成功也許極大地擴展了人們的視野，在新的社會全景中『性』所佔的比例縮小到近乎無有？革命的成功也許強制人們集中注意力到更迫切的目標，使『性』悄然沒入文學創作的盲區？也許革命的成功要求重寫一個更適宜青少年閱讀的歷史教材，擔負起將革命先輩聖賢化的使命？」〔註3〕這些發問實際是在陳述一種普遍性的問題。新社

〔註2〕《為促進漢字改革、推廣普通話、實現漢語規範化而努力》，《人民日報》1955年 10 月 26 日社論。

〔註3〕黃子平：《「灰闌」中的敘述》，上海文藝出版社，2001 年版，第 63～64 頁。

會的到來，的確讓廣大人民翻身解放。然而，「翻身」又彷彿使人失去了肉身的本能，「解放」又似乎招來了新的禁慾。這至少是 50－70 年代長篇小說的一種敘事傾向。　這個時期的長篇小說眞正是恥於寫性，少數作品即便寫到性，那也多半只是反面或落後人物身上才有的特「性」。而 50 年代初的那批現代長篇名著修改本無疑又是最早開始淨「性」的樣本。作家們對原作中的涉性內容盡力刪削或潔化處理。《家》、《子夜》、《駱駝祥子》、《圍城》、《死水微瀾》、《八月的鄉村》等都作了這樣的修改。《太陽照在桑乾河上》甚至把原來刻意模仿農民口頭禪的那些性器官修辭差不多刪乾淨了。這些修改本助成了新中國文學潔化敘事規範的建立，以致那些新的長篇小說後來的修改本（除了《創業史》等少數作品）無性可刪，只好大量刪削愛情文字了。

　　其次是關於革命（者）或政治問題的修改。初版本《倪煥之》、《子夜》、《駱駝祥子》都敘述過革命（者），這些作品在 50 年代初的修改本卻都對這個問題進行了很大程度的修改，當然是按照新社會對革命（者）的理解去修改的。《駱駝祥子》初版本的確對革命者作了歪曲的描敘，修改本乾脆刪去那個所謂的「革命者」阮明。《子夜》初版本本來眞實地描寫了一些忙於性和革命「兩邊的工作」的革命者，修改本則更突出他們忙於革命工作。《倪煥之》初版本裏主人公因革命的失敗孤苦而死，刪節本卻止於他投身革命群眾而生。《家》的文集本則通過對覺慧的修改，強化了他反封建的革命性。至於提高正面人物的政治覺悟、突出反面人物的階級本質、增添作品的政治修辭也是許多修改本共有的傾向。如，《子夜》的修改本減少了關於工農階級的貶損修辭，突出了資產階級的反動性。《太陽照在桑乾河上》的修改本不僅強化了人物的階級身份特徵，還按照新的土改政策作了相應的修改。這些修改本同樣和新中國成立後誕生的長篇小說一起形成了意識形態化的寫作趨勢。

　　通過這些重要內容的修改，許多長篇小說完成了與新的文學規範的接軌，共同制訂和圈定了新的敘事成規和文學禁忌。現實人生被敘述成無性的人生，人的自然屬性被抽空，作品越來越潔化。同時作品也或濃或淡地意識形態化了。修改以後，作品更清晰地表達了階級觀念，更有效地服務於當時的政治路線，有的甚至更突出地將人抽象爲殘缺的政治主體。總之，關於性和革命或政治問題的修改最終都可以歸因於新的國家意識形態對文學的影響。因爲這種意識形態強調階級觀念和政治歸屬，提倡新道德並批判人性論。在文學寫作中要求突出史詩性和宏偉敘事，要求表現人物的革命激情和神

性。如果按照馬克思、恩格斯的觀點來說，意識形態是一種階級話語，往往表達了某一階級的願望；是一種「虛假意識」，往往對現實歪曲、顛倒、掩蓋和神秘化；是革命的武器，卻是反科學的偏見。那麼，這些修改越來越嚴重地遮蔽了生活的真實，越來越無法表現人性的深度，越來越損耗了作品內涵的豐富性、整體構成的有機性、人物的複雜性。最終，這些修改導致了作品人物的乾癟化和藝術上的退化。

對現代長篇小說的修改自然也會帶來一些技術上和藝術上的改進。如，誤植、脫字、語病的修改，段落、章節的調整，語言、修辭方面的潤色，表現手段的豐富和藝術效果的強化，等等。但是，當這種改進以損耗作品內涵的豐富和人性的深度為代價，對作品又有何補益呢？從總體上說，這些長篇小說通過修改，只有少數完成了藝術的進化，多數作品是越來越偽飾越來越退化。修改自然也會使作品語言規範化，但當這種語言的規範化以反歷史為代價，這只會影響作品的真實性和歷史價值。如，將 30 年代的習慣叫法換成後來的新名詞。《子夜》用「女護士」代替「看護婦」、《圍城》用「北京」代替「北平」等都是反歷史的改法。還有些語言的修改雖然規範化了，但可能有損於作品的地方色彩。如，《家》用「少女」代替「女兒」、用「知道」代替「曉得」等。

二、釋義變異

現代長篇小說的修改不只是一部作品的進化或退化的問題。大量的修改帶來的是作品釋義的變異，微調或改變了作品原來的語義系統和藝術系統，新的版本（修改本）會形成新的有機性和整體性，往往就是一個新的文本。

在此，我們首先有必要釐定、區分「版本」和「文本」的概念內涵。「版本」（edition）主要是一個圖書學的概念，所含甚廣，既含圖書的製作或印刷、載體材料（竹、紙等）特點，也指圖書的圖象、文字（正文、序跋、牌記等）內容。「文本」（text）是一個解釋學或符號學的概念。它指一套代碼或一種符號體系，主要指用文字語言表現出來的語義交往形式。版本和文本一樣指向著作內容，但我們用版本一詞時注意的是圖書內容的歷史差異。而文本則是一種有待解釋的存在，是閱讀真正面對的對象。一般說來，版本內容的優劣取決於刊印者、校勘者，而文本內容的優劣取決於寫作者。因此，一部著作可能有源自不同時代、不同刊印者的版本，但真正可信的文本卻只有作者原

初的那一個。然而，這些異同是就一般意義而言的，或者主要是針對古代著作。隨著現代印刷技術的發展，版本和文本的關係有了改變。現代小說家們可以在有生之年通過修改的方式使一部作品弄出幾個版本，這不同於古代作品由於傳抄、誤刊、脫落文字等造成異本而實乃一個文本的情況，或者說不同於古代作品版本數量多於文本數量的情況。因此，從中國現代長篇小說的版本變遷實際看，一部作品的版本數量幾乎等同於文本數量，那些文字內容不同（有改動）的版本就是不同的文本。

現代長篇小說版本和文本的關係，如果從「闡釋的循環」的觀點去看，我們也許會認識得更深刻些。在闡釋的循環中有一種主要的相互依賴關係，就是作品的個別部分與整體之間的關係。個別部分只有通過整體，反過來整體只有通過個別部分才能夠被理解。那麼，當一部作品的修改本的個別部分（字、詞、句、段、章節等或細節、情節等）尤其是一些重要內容被修改時，經過闡釋的循環，文本的釋義應該有變，這個新的版本應該就是一個新的文本了。這種相互依賴關係還包括作品與作者心態、宗尚等的關係，作品與它所屬的種類、類型甚至流行文風、歷史語境的關係。所以，一部修改過的作品還應該放在這種眾多的相互依賴關係中作闡釋的循環。而許多中國現代長篇小說從原初版本到後來的修改本之間的修改正是在解放前後不同的歷史語境、流行文風之中，在解放後不同的歷史時段之中，在作者盛年和衰年不同的體態、心態之中。經過闡釋的循環，釋義會產生重大差異，原初版本和修改本之間更會體現出不同的文本本性。總之，作品發表或出版後的重要修改，不簡單只是關乎原作語義系統和藝術系統的損益的問題，不只是新舊版本關係的問題，而是新舊文本關係的問題。

在現代長篇小說版本變遷過程中，性、革命或政治等重要內容的修改，經過闡釋的循環，對文本意義和文本本性的改變是最明顯的。「性」對這些長篇名著的原初版本往往具有重要意義。性在《駱駝祥子》初版本中是祥子墮落的重要誘因，對其他許多人物的塑造也起重要作用。性對《死水微瀾》初版本來說，具有反禮教反封建的意義。《圍城》初刊本和初版本中的性戲說則是其製造喜劇效果的手段之一（所謂「不褻不笑」）。性是這些作品原初版本藝術的有機構成，是體現人性深度的一個重要層面。淨「性」或潔化處理以後，使許多長篇小說的修改本尤其是定本成了潔本。性在原作中所具有的意義也隨之被塗抹，文本的釋義發生了變異，其藝術完整性也有所破壞。如，《駱

駝祥子》1955 年的修改本，通過修改固然使祥子變得更純潔，但其人性的弱點和生理的需求卻被遮蔽，人物的真實性也打了折扣。性內容被刪削以後，甚至原來許多情節中所含有的性象徵意義也消失了（如原作中祥子與虎妞發生性關係後，經常出現的掃地情節顯示著祥子潔身自好的意願或潛意識），我們再也不可能從其修改本中的同一情節讀出原初版本具有的這方面的象徵意味來。又如，《子夜》初版本借寫性顯示出豐富的社會人生內涵，如寫忙於「兩邊的工作」，「性的要求和革命的要求，同時緊張」的革命者。寫瑪金因為與蘇倫有不同的政治立場而拒絕了他進一步的性要求。而 1954 年的修改本只突出革命者忙於革命工作，在革命者身上體現出的性的政治內涵也消失了。茅盾在《子夜》初版本中證明了寫性說欲的合法性，而在其修改本中，只讓性成為生活腐朽、道德墮落的見證，成為反面人物身上才有的敘事特權。關於革命問題的修改也會影響文本。老舍早期對革命有一種獨特的理解，他認為理想的革命應該是學真本領幹實際事業，〔註 4〕而不是暴力革命、政黨的革命。為此在《駱駝祥子》初版本中設計了阮明這類革命青年作為嘲諷的對象。而 1955 年的修改本在刪去這個人物及其相關情節後，既避免了錯寫「革命」的嫌疑，又擡高了勞動者祥子（因為祥子在初版本中出賣了「革命」青年阮明）。加上老舍在這個修改本的《後記》中重新賦予《駱駝祥子》對革命所具有的價值和意義，我們再不會從這個版本中讀出與真正的「革命」相悖的意義了。

其他一些次要內容的修改，一些純藝術上的修改甚至是純語言的修改也會改變文本本性。有些修改看似無足輕重，但經過闡釋的循環，也會使文本產生新的釋義和新的價值。如《太陽照在桑乾河上》1950 年的修改本將張裕民談話中的「翻身」一詞改為「翻心」，這一改卻關涉到對作品主題的重新理解。「翻身」只是農民在經濟上、政治上獲得土地、農具，獲得當家做主的權利等，「翻心」才是思想上、精神上真正的覺醒、解放和提升。「翻心」一詞重新照亮了修改本中的許多人物和細節，成為對文本主題的最經濟的概括。而關於錢文貴的一些微調細改看似只是對人物性格的一種修辭上的潤色，經過闡釋的循環，也可以發現對整個作品敘事的影響。錢文貴原就是小說故事展開中的最大的一個謎。只有破解這個謎，找到誰是真正屬害的地主（暖水屯的第一尖），才能真正破除地主階級的威勢，解除農民的顧忌，開展土改。

〔註 4〕老舍：《老舍全集》第 1 卷，人民文學出版社 1980 年版，第 306 頁。

誰是第一尖？能否揪出第一尖？這是懸念。作品中尋找了四次（個）：第一次（個）是侯殿奎，第二次（個）是李子俊老婆，第三次（個）是江世榮，最後才揪出了錢文貴。這是釋念。這就構成了一種解謎式的敘事結構。在這種結構中，錢文貴掩蓋得越深越巧妙，作者對他的敘述越不露聲色，越能增加故事的懸念性。但《太陽照在桑乾河上》的修改本對錢文貴的修飾詞用得更顯露、更明確，這種修改無疑使新的文本減少了懸念性。這類不起眼的修改，實際是能牽一髮而動全身的。一些純技術或純藝術的修改，如，《家》對鳴鳳出嫁時間的修改、《倪煥之》段落的合併等對重新解讀作品和人物也都有影響。即便是純語言的修改，如《倪煥之》文集本是一種漢語規範化方面的修改，對文本的釋義沒有什麼影響。但這也會使讀者感到新舊版本在語感、文風等方面的不同文本本性。

副文本因素的修改也會導致釋義的變異。熱奈特在談跨文本關係類型時提到「副文本」〔註5〕。副文本是相對於一部作品整體構成中的「正文」而言的，它包括標題、副標題、扉頁引言、序跋、插圖、封面，等等。副文本因素爲文本提供一種氛圍，爲閱讀文本提供一種導引，參與文本意義的構成，是版本和文本的重要本性，也是闡釋的循環不可忽略的內容。中國現代長篇小說修改本中副文本因素的修改也會改變文本本性。如標題，《桑乾河上》易名爲《太陽照在桑乾河上》不僅使整本書首先就給人一種明朗的感覺，還強化了文本裏「太陽」的象徵意義。又如序跋，許多長篇小說的作者在修改本的序跋中解釋創作意圖、作品主旨、人物形象等，與在原初版本序跋中的解釋往往有相當大的出入。《家》的《十版改訂本代序》說高家是「資產階級家庭」，文集本「附錄」中《關於〈家〉》（十版代序）則說是「封建大家庭」，全集本「附錄」羅馬尼亞文譯本《序》又說是「封建地主家庭」。這些不同的說法會影響我們對作品主題、人物等的理解。又如封面，修改本的封面往往不同於原初版本，當這個封面在圖解作品主旨時，當這個封面是作者自己設計或認可時，它就顯得重要了。如《圍城》初版本的封面是一對背對背的男女半身圖象，而 90 年代版本的封面是城牆磚的圖象。前一封面只喻示婚姻的圍城性質，後一個封面能突出作品中人生萬事皆圍城的寓意。總之，副文本因素的修改，從一個特殊的層面證明了修改本與原初版本的不同版（文）本本性。

〔註 5〕（法）熱奈特著：《熱奈特論文集》（史忠義譯），百花文藝出版社 2001 年版，第 71 頁。

三、評述的尷尬

　　作家對長篇小說的反覆修改，使許多作品都有了眾多的而且是有釋義差異的版（文）本。那麼，文學批評和文學史敘述又應如何從中選擇和確定版（文）本呢？韋勒克和沃倫在他們的《文學原理》一書中曾強調文學研究的第一步是要選擇一個精校本。而一部中國現代長篇小說的許多版（文）本可能都是精校本。沃爾夫岡‧凱塞爾在其論著《語言的藝術作品》中認為文學研究應依據一個能夠代表作家意志的版本。而一部中國現代長篇小說的不同版（文）本可能是作家在不同時期意志的體現。中國古典文學研究往往去找一個「善本」。但在現代長篇小說的眾多版（文）本中，我們卻難以簡單地去確定一個「新善本」。這正是我們的文學批評和文學史敘述面臨的一種尷尬。

　　很久以來，我們的許多文學批評文章都缺乏一種版本意識。當一部長篇小說剛剛出版，文學批評的版本所指自然很明確。但當這部作品又有了眾多修改本（包括定本）時，問題就來了。這時，文學批評便有以下傾向：首先是版本籠統所指。這要麼是從眾多版本中任選一個版本以此統指作品，這種現象最普遍。要麼是以修改本或定本統指作品。如，50 年代的許多文學批評文章談論現代長篇小說時依據的就是當時那些新出的修改本。在後來的文學批評中，版本籠統所指的現象依然非常嚴重。如，90 年代許多人貶低《子夜》，所依據的往往是它的修改本或定本。那些統指性的結論實在有點委屈《子夜》了。其次是版本互串。就是將一部作品的一個版本的閱讀印象強加於另一個版本，或者將一部作品不同版本序跋中的文字混同引用，或者引用人們評說舊版本的文字來論析新版本。這類版本互串現象可以說隨處可見。

　　這些現象都影響了文學批評的嚴謹性。就中國現代長篇小說中那些版本與文本具有一致性的作品而言，版（文）本籠統所指會妨礙批評的具體化。這些作品的不同版（文）本各有不同的特點，藝術價值也有高低之分。籠統所指很難準確地把握它們各自的版（文）本「本」性和特有價值；統指性的結論對另一些版（文）本多少有些不合轍。而版（文）本互串會帶來闡釋的混亂。這有可能將對一個版（文）本的闡釋用於另一版（文）本，造成張冠李戴。因此，我們的文學批評應有一個最基本的原則：版（文）本精確所指，就是當我們批評具有眾多版本的長篇小說時，應對所依據的版本作一個精確的注釋或說明，同時我們的批評也應指向這個版（文）本。嚴格地說，沒有

版（文）本精確所指的批評，其內部已經在自行解構。在許多批評文章中，我們都能隱隱聽到一種裂帛之聲。

同樣，中國新文學史或當代文學史也存在嚴重的版本選擇和確定方面的問題。這些文學史一般有兩種做法：一是用修改本或定本去評述小說。如，有的文學史用 1953 年的修改本去評述《家》。〔註6〕有的小說史用 1952 年的修改本去評述《桑乾河上》。〔註7〕有的文學史甚至用 1953 年的刪節本評述《倪煥之》，得出「作者就這樣完成了倪煥之性格的發展和思想認識的改變」的結論。〔註8〕這種做法沒有注意到作品誕生的歷史時刻，自然不嚴謹。二是只以初版本去評述小說，可以說大多數文學史都是如此。這種做法雖然得到公認，但也未免有些簡單化。這看似具有史的意識，但如果該作還有先於初版本的初刊本和後於初版本的修改本，所謂史的意識也就成問題了。

而影響文學史選定作品版本的主要是兩種觀念。其一是版本進化論思想。多數長篇小說作家尤其是那些「悔其少作」的作家，總認為他們作品的修改本肯定優於初刊本或初版本。如，巴金說：「我一直認為修改過的《家》比初版本少一些毛病」，絕不會「讓《家》恢復原來的面目」〔註9〕。有許多研究者也認定作品會越改越好。他們往往擇出改得好的詞、句作事例來論證，並引用魯迅《不應該那麼寫》一文及文中轉引的惠列賽耶夫的話來作理論依據（實際上，魯迅談的是手稿詩學的問題，並非指作品出版或發表後的修改）。我們當然能從一部現代長篇小說的版本變遷中找到修辭完善、技巧改進的例子，但這不足以證明修改本整體上一定比原初的版本好。中國現代長篇小說的修改過程往往是藝術退化的過程，更多的是藝術完善之外的修改。再說，作家以衰年的理智改青年或盛年的熱血之作也未必會改得更好。如果一部作品的底蘊在流失，有機性已破壞，那種雕蟲小技的修改又有何補益呢？所以，僅僅從創作學或修辭學來評價一部作品問世之後的修改，會以偏概全，會形成一種版本進化論思想。文學史的寫作如果依照這種觀念去選擇版本，自然很難對現代長篇小說作出公正的評價。

第二是「善本」的觀念。「善本」本是古籍版本學的版本辨優標準。善本

〔註6〕司馬長風：《中國新文學史》（中卷），昭明出版社 1978 年版，第 43 頁。
〔註7〕夏志清：《中國現代小說史》，臺北傳記文學出版社 1979 年版，第 492 頁。
〔註8〕吉林大學中文系：《中國現代文學史》第 1 冊，吉林人民出版社 1959 年版，第 212 頁。
〔註9〕巴金：《巴金全集》第 1 卷「附錄」《為香港新版寫的序》。

即版本中的優者。那些舊本、足本、精本才是善本。在新文學作品中，一般都認定初版本是「新善本」。如果一部長篇小說有初刊本，那麼與這個初刊本相比，經過校訂、修改的初版本也許要「善」。但令人難以擇「善」而從的是許多長篇小說不只是有初版本，還有修改本及作家最後搞定的定本。當《中國新文學大系》和許多中國現當代文學史都只認長篇小說的初版本時，許多作家的文集或全集收的卻是定本。這是否意味著「新善本」的多重標準呢？「善本」原來最本質的含義是一個「眞」字。善本首先是古書中最可信的版本。而許多現代長篇小說作品有不同的版（文）本，其每一個版（文）本都是作者的手筆，都可信。我們若從中求「善」，這個「善」首先應該善在文本的內容眞實性和美學價值上。所以，所謂「新善本」，對現代長篇小說來說不只應該是善版本，更應該是善文本。實際上，善本這個概念從歷史源頭上就值得商榷。版本學家常說到的「善本」概念來源的最早文獻《漢書・河間獻王傳》中所用的概念是「善書」。一般都認爲這「善書」即「善本」。這種理解可以存疑。善書應指圖書（文本）內容好，而善本是指版本內容好。善書不一定是好版本，而善本也不一定是好書（好文本）。這些具體的區別對現代長篇小說的文學史評述很重要。以《圍城》爲例，若要從其諸版（文）本中擇出眞正的善文本，那就不是其初刊本、初版本或其他版本，而是其定本。文學史若只拘泥於傳統「善本」的標準，只提初版本，同樣不可能公正地評述一部具有眾多版（文）本的現代長篇小說。

因此，文學史、小說史的寫作就應該有所改變。那就是至少在評價一部小說之前，應該敘述其版本變遷史。更科學的做法應該是從一部小說的不同版（文）本來作具體的論析。某些中國古代文學史在對古典小說名作進行敘述時往往會敘述其版本淵源，而中國新文學史卻很少敘述一部現代小說作品的版（文）本變遷。現代文學史由於囿於初版本，對小說的版本變遷幾乎不提。「當代」文學史對小說的修改本略有提及，也不完整。往往是小說曾引起爭論，文學史要敘述這場爭論，才提到修改問題，才涉及版本問題。筆者認爲，20世紀的中國文學史、小說史還必須重寫。20世紀80年代後期所謂「重寫文學史」的討論，強調重寫的只是「文學」而不是「史」。要眞正突出「史」的科學性，最根本的問題是應該關注作品的版本問題。因此，重寫文學史、小說史的一個重要方面，就是加進現代長篇小說的版本問題，對其不同的版（文）本進行具體的、歷史的、動態的評述。既要注意作品面世的

歷史時刻，也要述及作品面世後的修改史。對現代長篇小說作品的評述不可漏缺它的原初版本和各種修改本。中國現代文學史、小說史的寫作必須備眾本寫眾本！

（原載《文學評論》2003 年第 5 期）

中國現代文學中的影射文本

　　從語源學的角度看，影射的本義是傳說中的水怪「蜮」的「含沙射影」。到鮑照《苦熱行》詩云：「含沙射流影，吹蠱痛行暉。」白居易《讀史》詩云：「含沙射人影，雖病人不知；巧言構人罪，至死人不疑。」影射已被賦予了貶義，有使陰招之意，故影射又稱隱射。但作為一種修辭手段和敘事方式，影射則是敵我可公用的，不應以貶義修辭或貶義筆法視之。而影射自身秉持否定的價值取向，含有譏諷、批判、嘲弄之意的婉曲筆法才可稱之為影射。英文「諷刺」（satire）有人漢譯為「射他耳」，可謂巧妙地融合了諷刺與影射之義。影射正是幽他一默，射他一下。同時，影射具有特定的現實指向，無論借助於歷史抑或取材於現實，都多半指向當下的具體人事。

一、影射作為文學現象

　　影射在外國文學中常見，在中國文學中更成為傳統。人們在《詩經》中就發現有影射之作，如《邶風·新臺》影射衛宣公搶奪子妻，《大雅·瞻卬》影射幽王被褒姒所惑。可以說，從《詩經》到唐宋詩詞，從先秦寓言到唐代散文、傳奇皆不乏影射筆法。元代戲劇更借古諷今，明清小說常暗指現實。一大批影射名作傳世，成為中國封建專制時代文學史中一道特異的風景。

　　在 20 世紀以來中國現代文學發展過程中，影射作為一種文學現象依然存在。林紓的文言小說《荊生》、《妖夢》即用影射筆法攻擊胡適、蔡元培、錢玄同等新文化運動的先驅們。在後來的白話文學中，魯迅可謂是這種筆法的開先例者，他的《藥》即影射了許多晚清名人。《故事新編》中許多歷史小說更以影射敘事來體現其雜文精神。《奔月》中的逢蒙暗指的就是高長虹，《理

水》中的「鳥頭先生」、「一個拿拄杖的學者」分別影射的是考據學家顧頡剛、優生學家潘光旦。《補天》順帶影射了胡夢華，甚至《起死》寫莊子時還不忘以「上流的文章」來暗諷一下林語堂。20 年代的影射名篇還有郁達夫的《采石磯》，以戴震、黃仲則的故事暗指胡適與作者自己的矛盾。章克標的《銀蛇》（1928 年）則繼之影射了郁達夫的一段逸事。30 年代，冰心的《我們太太的客廳》影射了林徽因沙龍中的京派文人。沈從文的《八駿圖》暗諷了時在青島大學的聞一多、梁實秋等一批教授，徐志摩和邵洵美合寫的《璫女士》摹寫了丁玲一段特殊經歷。40 年代，錢鍾書的《貓》繼續影射京派文人，《圍城》也有對當時知識名流的影射。而此期的一大批歷史劇則在借古諷今的原則中影射了時局和政治。如郭沫若的《屈原》《虎符》等、陽翰笙的《天國春秋》等、阿英的《碧血花》等。50 年代以後，有意影射之作減少，但一些有干預生活傾向的作品往往被認定為影射文學。如王蒙的《組織部新來的青年人》被認為是影射黨的領導幹部和黨的機關生活。一些歷史文學寫作，如陳翔鶴的歷史小說《陶淵明寫輓歌》被認為是影射 1959 年的廬山會議。吳晗的歷史劇《海瑞罷官》同樣被認為是影射廬山會議和人民公社。此期以「四人幫」為首的激進派的影射史學盛行，他們的陰謀文學中也利用了影射筆法。同樣，1976 年的天安門四五詩歌運動中也有不少詩作影射了激進派。新時期以後，牽涉進影射事件中的較著名的作品有王蒙的《堅硬的稀粥》和格非的《欲望的旗幟》，前者被認為暗諷了社會主義改革，後者被認為影射了華東師範大學中文系。進入新世紀以後，影射之作竟又多了起來。宗璞的《東藏記》中有影射錢鍾書、楊絳夫婦的內容。閻連科的《風雅頌》中的「清燕大學」被認為是對北京大學的影射。張者的《桃李》坐實為對北京大學某經濟學家的影射。甚至許多作品因影射問題而引發官司，如虹影的《k》、涂懷章的《人殃》、王開林的《文人秀》等。

　　影射之作在近百年來的中國現代文學中不絕如縷。影射現象的存在，有外在的政治、歷史、法律原因，也是內在的文學規約所致。首先，影射現象多興盛於一種專制或不民主的時代。這種時代才生成了影射這種借明寫暗、借古諷今、藉此說彼的彎曲筆法。中國古代文學中，影射之所以能形成一種文學傳統，正因為那是一個專制時代。在此時代，作家既想對現實發言，又想遠禍保身，只有用影射之法。所以影射既是文學手法又是政治策略。或者說，影射正是一種政治專制時代的文人政治。中國現代文學的發展也常遭遇

專制和民主匱乏的阻礙。而具有自由精神和濟世情懷甚至干政意願的作家們也常用影射策略來經營創作。現代歷史文學的高潮就常與時局有關，與影射現象有關。40 年代，尤其是皖南事變之後，國民黨的獨裁統治，使作家們失去了公開抨擊時弊的自由，於是他們只好借古喻今、借古諷今，創作了大量歷史劇。有人統計 40 年代的多幕歷史劇在創作中的總數由前此的百分之十四上昇到百分之三十一〔註 1〕。許多歷史劇取材於三個歷史時期：戰國時代，如郭沫若的「戰國史劇」；明末清初，如阿英的「南明史劇」；太平天國時期，如陽翰笙的《天國春秋》、歐陽予倩的《忠王李秀成》等太平天國史劇。以這幾個歷史時期的人、事影射抗戰的現實，隱喻民族的出路。這是現代中國文人第一次大規模地以影射策略介入政治的表現，它促使了現代影射文學的繁榮。50 年代末和 60 年代初，在一系列批判運動和政治高壓之下，作家們無法駕馭現實題材，只好轉入歷史文學，出現了歷史文學創作熱，生產了一大批歷史小說和歷史劇。甚至當時許多雜文、隨筆也取材於歷史。這些作品雖不像當時的一些文學批評那樣過於坐實地指出其影射了現實中的具體人事，但它們借歷史評價現實乃至政治的傾向是不可否認的。後來的文學史也是這樣定位的：「這種創作現象，從一種寬泛的意義上，可以稱之為象徵性的，或『影射性』的敘述。」〔註 2〕實際上，有些作品還的確留下了影射現實的把柄，如當時就有人發現田漢的「《謝瑤環》裏寫出了反對徵發銅鐵的事情，那是針對一九五八年的情況說的。」即反對 1958 年的大辦鋼鐵。又如《海瑞罷官》裏寫了退田，「《李慧娘》也要退田，《謝瑤環》也是退田，男海瑞，女海瑞，鬼海瑞都圍繞著退田問題。」〔註 3〕「退田」問題的敘述反映了作家們對急於推進合作化運動的不滿和憂慮。所以，即便是有遭受批判甚至迫害的壓力，作家們仍然以文人特有的方式介入了當時的政治和現實。

其次，現代文學中影射現象的出現還與我們固有的一種歷史觀念和歷史研究方法有關。我們有一種實用主義的歷史觀念是古為今用，它被極端化就催生了影射史學。影射史學往往被說成是「文革」激進派的專利，通常認為姚文元評《海瑞罷官》開了影射史學先例。但影射史學其實在 40 年代就已出現。正如

〔註 1〕田進：《抗戰八年來的戲劇創作》，《新華日報》1946 年 1 月 16 日。
〔註 2〕洪子誠：《中國當代文學史》，北京大學出版社 2010 年版，第 160 頁。
〔註 3〕《上海學術界部分人士談吳晗的〈關於海瑞罷官的自我批評〉》，《文匯報》1966 年 1 月 7 日。

有論者所說：「抗戰時期郭沫若先生的《甲申三百年祭》、翦伯贊先生的《桃花扇底看南朝》、吳晗先生的《從僧缽到皇權》，更是影射蔣介石的名文。」〔註4〕所以，40年代歷史劇高潮的出現，看來也是與當時史學界中的史觀派的歷史研究互動的結果。50年代末至60年代初的歷史文學熱，從一定程度看，也與古為今用的歷史研究觀念有聯繫，當時重要的歷史劇作家郭沫若、吳晗等依然是史觀派的代表人物。「文革」時期，更為激進的姚文元等實際上只是把史觀派的歷史研究方法推向了極端，於是產生了影射史學，也就有了影射式的文學批評和影射式的陰謀文學。新世紀以來，大量影射之作的重現，可能與影射史學有瓜葛，據說「影射史學又有翻身的迹象」。〔註5〕但更多的是與新時期以來，克羅齊那句「一切歷史都是當代史」的名言的廣為流傳有關，與海登・懷特的《元史學》或新歷史主義思潮有關，因為這些觀點與古為今用的觀點混合後，走向極端也容易產生影射史學和影射文學。

　　影射文學的興衰也與法律不無關係。封建專制時代因影射而導致文字獄的雖不少，但在政治開明時期因影射獲罪的並不多，至少文人間的相互影射不會獲罪。所以相對來說，古代影射文學發達。進入現代以後，由於知識分子崇尚自由精神，加上法制的不健全，除了一些政治性影射之外，一般的影射也不致獲罪。80年代以後，人們的法制觀念漸強，因影射而引起的官司多了起來，甚至有一些作家因誹謗罪、影射罪而獲刑，如《人殃》、《文人秀》等作品都牽涉了官司。當然，也有人拿法律為作品辯護的，如《堅硬的稀粥》被妄解為影射之作後，王蒙就拿起法律的武器，狀告《文藝報》及批評者侵害了他的名譽權。所以，法制時代，影射作品會遇到更多的麻煩。但是只要不過於自然主義，不過於坐實化敘事，不觸犯法律，法律依然奈影射作品不何。其次，作家和批評家要盡量引導普通讀者區分生活世界與文學世界的關係。更重要的是建立一種「詩性正義」的觀念。美國當代學者努斯鮑姆就認為文學能提供「詩性正義」。「這種詩性正義要求裁判者應該盡量站在『中立的旁觀者』的位置，盡量同情地去瞭解每一個獨特的人所處的獨特環境，盡量以『暢想』（fancy）和文學想像去擴展一個人的經驗邊界，從而建構一種中立的旁觀者的『中立性』」。「這一詩性正義和詩性裁判無疑比經濟學功利主義的正義標準具有更多的人性關懷，無疑能夠為正義和司法提供更加可靠的中

〔註4〕王春瑜：《讀〈思辨錄〉隨筆》，《文匯讀書周報》2004年11月19日。
〔註5〕劉緒源：《如何看待影射史學》，《文匯報》2005年4月16日。

立性標準。」〔註6〕也就是說，影射文學能以它具有的移情和想像能力衝破法律的拘束去行使正義。所以「詩性正義」的觀念能軟化法律的僵硬，保護影射文學。

二、影射的文史價值

　　自《詩經》以來，有許多優秀的作家、詩人皆以正義之名經營其影射之作，影射在中國文學史上應具有其獨特的價值。但是，自上世紀60至70年代激進派大搞影射批評和影射史學以來，影射作為藝術方法的價值也被許多人否定了。有人認為它是激進派的一種深文周納的「誅心」之法，也有學者認為它「不是一個美學概念」，是「非歷史反藝術的」，「合目的卻不合規律」的寫作方法。〔註7〕這就使「影射」過於污名化，這種價值評判也是反歷史主義的。

　　影射作為一種文學手法，其獨特價值是值得肯定的。影射可看成是隱喻或暗喻的一種，是貶義化的隱喻和暗喻，影射中含有對所指的對象的譏諷、嘲弄等否定意向。如屈原在《離騷》中用「眾芳」隱喻群賢，而用「眾女」影射群小或眾臣。不過，影射比隱喻有更多的敘事內涵。劉禹錫《戲贈看花諸君子》裏用「桃千樹」、「看花人」影射當朝新貴和趨迎小人，但背後有參與王叔文政治改革失敗、仕途坎坷、今昔之慨等更豐富的寓意和故事。影射和象徵一樣藉此說彼，但不及象徵那樣蘊含更多的「複意」和更深的哲義。影射作品的那層「複意」往往確指具體人事，較為淺近平直。同象徵比較，影射的審美距離較近，美學內涵較窄。但它終究是一種合特定目的合一定規律的美學概念和藝術方法。英國經驗主義美學家洛克在《論人的知解力》中把影射與隱喻都看成一種「巧智」，並把巧智與想像等同，認為「巧智主要見於觀念的撮合。只要各種觀念之間稍有一點類似或符合時，它就能很快地而且變化多方地把它們結合在一起，從而在想像中形成一些愉快的圖景。」「而隱喻與影射在大多數場合下正是巧智使人逗趣取樂的地方，它們很生動地打動想像，受人歡迎，因為它的美令人不假思考就可以見到。」〔註8〕可見，影射具有較高的藝術價值。

〔註6〕（美）瑪莎・努斯鮑姆：《詩性正義》（丁曉東譯），北京大學出版社2010年版，第5頁。

〔註7〕吳秀明：《論歷史文學創作的「影射」問題》，《社會科學研究》1994年第5期。

〔註8〕轉引自朱光潛《西方美學史》上卷，人民文學出版社1979年版，第210頁。

　　影射首先是一種巧智的敘事，它一般是通過暗喻、隱喻的方式完成敘事，也使用一些較爲特殊的編碼技巧，如同音、諧音、同義、拆字、類比、對應等。「四五」詩歌中有詩句「江橋搖，是拆還是燒」，江橋搖即指江青、張春橋、姚文元。《瑢女士》通過「玎瑢」或「丁零噹啷」的象聲詞把「瑢女士」與「丁玲女士」聯繫起來。《銀蛇》以「邵逸人」暗指郁達夫，以「伍昭雪」暗指王映霞。這些技巧幫助我們把文本中的形象、事件與影射對象撮合、聯想起來，從而完成其巧智敘事。同時，在巧智敘事中也包含有抒情和藏否，所以它同時也就達成一種巧智的諷刺。影射作爲巧智的諷刺藝術，還含有一層「隱」的意涵。「影射」又可稱爲「隱射」，隱即婉曲，射即諷刺。「隱」是中國古代文論和修辭範疇之一，通常是「隱秀」合稱對舉。《文心雕龍》云：「隱也者，文外之重旨也。」周振甫注「文外重旨」是：「文辭中沒有說出的意思，說出的是一層，沒有說出的是一層，所以稱重旨，稱複意。」又說隱即婉曲，有兩種表現：「一是不說本意，用事物來烘託本意的；二是不說本意，用隱約閃爍的話來暗示本意的。」〔註9〕不管怎樣，隱是文學語言的基本要求。而影射可說是「隱」的一種特殊表現，它也是要求在文本表層意義中隱藏另一層意義。影射就是一種不直說不直接的諷刺，一種更文學化的諷刺，一種巧智的諷刺。當作者以巧智的編碼來經營影射文本，讀者在欣賞或閱讀時就有可能破解這些編碼。這樣，影射文本在給讀者帶來審美愉悅的同時，也會帶來發現的快樂，獲得一種智力上的優越感。40 年代，當人們觀看《天國春秋》時，聽到洪宣嬌說出：「大敵當前，我們不應該自相殘殺！」，立即報以雷鳴般的掌聲，那是因爲領悟了劇作的「醉翁之意」。《天國春秋》、《屈原》等作品因人們能及時發現其巧智的編碼而名動一時。更有許多作品是因爲其影射而豐富了其思想蘊涵，成爲名作，如《八駿圖》。

　　影射文本同時還具有歷史價值或史料價值。由於寫作者往往對所影射的人事非常熟悉或時空距離較近，所以儘管影射中含有潤飾、虛構的成分或否定、嘲諷的意向，其所寫內容終究有幾分眞實，有的甚至就是高於間接史料的直接史料，屬於梁啓超所謂的「當時、當地、當局之人所留下」的「第一等史料」。〔註10〕魯迅的《補天》在「油滑」的影射中隱藏了一則文壇論爭的

〔註 9〕周振甫：《文心雕龍注釋》，人民文學出版社 1981 年版，第 433 頁，第 436～437 頁。
〔註10〕梁啓超：《中國歷史研究法》，中華書局 2009 年版，第 93～94 頁。

史料。汪靜之的《蕙的風》出版後，東南大學學生胡夢華撰文攻擊詩作「墮
落輕薄」，「有不道德的嫌疑」。引起論爭，魯迅寫了雜文《反對「含淚」的批
評家》進行批評，又在《補天》中以「古衣冠的小丈夫」對其道學面孔進行
影射。章克標的《銀蛇》記錄了他與郁達夫的一段特殊交往以及郁達夫追求
王映霞的狂熱情態和細節。《璐女士》再現了胡也頻失蹤後丁玲的複雜情感，
璐女士說：「藟是我第一個男人，第一個追求我的男人，又是我的丈夫，我愛
他。黑是第一個我所追求的男人，我的情人，我愛他。云是我第一個敬畏的
男人……我愛他。廉楓是超然的，是詩人，我崇拜他，我感激他……」「要是
藟能有一些廉楓的溫柔，我也許就不會再對黑髮狂。要是黑能有一些廉楓的
熱烈，我也許早就跟了他跑了。要是雲能有一些廉楓的嫵媚……我也許會和
他更接近。可是廉楓雖然完備了一個男人要給一個女人的一切，我卻並沒有
想要從他那裡希望得到一些什麼。這四個好朋友，也許就是我一個完整的幸
福；有了這四個朋友，所有的愛我全有了。」〔註11〕這裡較眞實地反映了丁
玲與四位男作家的關係。許多影射文本在影射中還留下了一些不經意的文學
史料，可作爲作家研究的佐證。如《八駿圖》對聞一多等人病態一面的嘲諷，
《東藏記》對錢鍾書夫婦刻薄、長舌特點的影射，也許眞實摹寫了這些作家
性格的另一面，或者至少可以眞實地反映沈從文、宗璞兩位作家對上述作家
的映像和觀感。那些影射類的歷史文學固然是以古代史料爲依據寫成的，多
數寫作者本身就是歷史學家，他們影射現實的時候同時也折射出當代的歷史
狀況。那些取材於現實的影射文本更映像出當代的歷史樣相。所以，影射文
本不是純粹的文學文本而兼有歷史文本的特徵，都是一種特殊的歷史文本，
其中蘊藏著文學史甚至歷史寫作的特殊史料。

　　影射文學具有獨特的文史價值，但這種價值總體上是實用主義的。正如
影射史學都有現實的政治目的一樣，影射文學也具有它明確的功用。多數的
歷史劇和歷史小說都不是爲寫歷史而寫歷史，而是爲現實而寫歷史，是古爲
今用、借古諷今或借古喻今，甚至有更具體的影射目的。取材於現實的影射
文學也往往是爲我所用，有政治的、文學的甚至個人的用途。如宗璞影射錢
鍾書夫婦大概是想回擊一下錢訪美時罵其父馮友蘭無節操。總之，影射文學
由於其固有的實用特徵就容易歪曲或閹割歷史或現實，容易犧牲文本的美學
價值而使之成爲時代精神的傳聲筒或個人意願的宣泄物。歷史文學因爲影射

〔註11〕邵洵美：《貴族區》，上海書店出版社2008年版，第238～239頁。

可能會抹平歷史的差異性，現實題材的作品因為影射可能淪為罵人文章。所以一些只有單義指向或狹隘功用的影射文本雖然能名動一時卻往往不能成為傳世經典。當然，文學的功能和特性是多樣的。如德國理論家伊瑟爾所認為的那樣：文學文本除具有可鑒賞性之外，還具有交往性和應用性。〔註12〕影射也正是文學文本的交往性和應用性的一種體現。影射文本體現了古今歷史、不同文本之間穿越時空阻隔的交往，也體現了現實人事或文本之間以書面語進行的交往。如現代文人間的影射文本正是他們人事和文事交往的特殊方式。至於應用性，當然也是文學文本的應有之性，影射文本尤其如此。

三、影射批評與考索研究

按照「鏡子說」或「自傳說」的理論來理解，所有文學文本可能都是對生活的影射，都有其原型。這當然是從寬泛意義上來理解的。從狹義的角度說，嚴格意義的影射是寫作者有意使用特定的文學編碼嘲諷或牽涉了現實中的具體人、事。這類作品為索隱研究提供了場域和材料。但是更多的作品，其作者並無意要影射什麼或無意識中影射了什麼，卻被理解或曲解為影射之作。影射批評的泛濫正是如此。所以，影射批評與索隱研究因「影射」問題而有了相關性。它們都屬於政治批評，但有其差異性。

在中國古代就有影射批評的雛形，宋代以後尤其是清朝最甚。批評者往往在文章中尋章摘句、斷章取義、捕風捉影、穿鑿附會，讀出政治含義。這種批評的結果就是導致文字獄。如「清風不識字」案、「維民所止」案等皆影射批評的惡果。徐駿有詩句：「清風不識字，何事亂翻書。」有人從中讀出反清復明之意。查嗣庭有書引《詩經》「維民所止」句，雍正皇帝從「維止」二字中發現作者有意砍自己（「雍正」二字）的頭。從漢字的字形、字音中即能闡釋出政治影射之義，可謂荒謬，但這正是中國歷史的存在。影射批評在20世紀30、40年代的應用就是政府檢查官能從文學作品中發現影射本黨的嫌疑從而查禁作品或演出。《子夜》等作品的查禁就是如此。這一類批評的武斷、牽強、簡單是非常明顯的。到20世紀50、60年代，隨著影射史學的流行，影射批評真正成為當時的一種主導性的、意識形態色彩濃厚的批評方式。在對歷史文學的批評中，批評者往往著意揭示寫作者的階級立場，發現作品的

〔註12〕　（德）沃爾岡夫·伊瑟爾：《虛構與想像》（陳定家等譯），吉林人民出版社2011年版，第1頁。

政治內涵，如認為「像《陶淵明寫〈輓歌〉》這樣的小說，無異沒落階級的心聲的播音器，只能得到對社會主義不滿分子的共鳴。」〔註13〕而且能指出其具體影射對象是「攻擊黨的廬山會議」。是「射向黨和無產階級級專政的毒箭。」〔註14〕對反映現實生活的作品，影射批評也能挖掘作者的階級意識和影射所指，如認為《組織部新來的青年人》是作者站在小資產階級的立場「認識和看待生活的結果」。隱射「具體到北京的一個黨區委，甚至在它影射的鋒芒上還不止如此」。〔註15〕它隱射的鋒芒「一直涉及到從地方到中央所有黨的工作的各個環節的領導幹部……」〔註16〕最能體現影射批評特點的當然是姚文元的「姚文體」了。有人總結「姚文體」的批評方法是「尋章摘句大法」，是「拼接之法」，「只談政治原則，政治是非」。「政治是非中，他又基本不言『是』、只談『非』。每篇文章、每句話，皆由一連串否定構成。」認為「立足意識形態的文學批評，到姚文元這裡終於達到極端化，只剩下意識形態而根本沒有了文學。」〔註17〕在「文革」中，反對現代修正主義是政治和意識形態的中心問題，姚文元的批評包括對《海瑞罷官》的批評都直奔這一主題。伊格爾頓說：「某種依據與種種政治信仰和行動聯繫在一起的某些價值標準來閱讀文學作品」的批評是「政治批評」，「一切批評都在這麼做。」〔註18〕即一切文學批評最終必然是政治的。而姚文元的影射批評可謂是一種極端的政治批評。他的《評新編歷史劇〈海瑞罷官〉》是影射史學和影射批評的典型文本。在此文中有真假海瑞的歷史考證（據說姚文的寫作得到了明清史專家朱永嘉的合作），有階級鬥爭理論、列寧的國家理論的支撐，顯示了某種「雄辯」的氣勢，但文章最終從歷史回到現實，進入 1961 年國際和國內的政治語境，發掘《海瑞罷官》這張「大字報」的現實影射意義，將劇中「退田」「平冤案」曲解為「資產階級反對無產階級專政和社會主義革命的鬥爭焦點」。「《海瑞罷官》就是這種階級鬥爭的一種形式的反映。」「是一株毒草。」〔註19〕不過姚

〔註13〕 余冠英：《一篇有意的小說》，《文學評論》1965 年第 1 期。

〔註14〕 文戈：《揭穿陳翔鶴兩篇歷史小說的反動本質》，《人民文學》1966 年第 5 期。

〔註15〕 李希凡：《評〈組織部新來的青年人〉》，《文匯報》1957 年 2 月 9 日。

〔註16〕 徐凱：《關於〈組織部新來的青年人〉的討論》，《光明日報》1957 年 3 月 2 日。

〔註17〕 李潔非：《典型文壇》，湖北人民出版社 2008 年版，第 139～141 頁。

〔註18〕 （英）伊格爾頓：《二十世紀西方文學理論》，北京大學出版社 2007 年版，第 210～211 頁。

〔註19〕 姚文元：《評新編歷史劇〈海瑞罷官〉》，《文匯報》1965 年 11 月 10 日。

文還未將影射坐實爲彭德懷和廬山會議。到 1965 年 12 月 31 日，毛澤東評論姚文時則說：「……沒有打中要害，要害是『罷官』。嘉靖皇帝罷了海瑞的官，五九年我們罷了彭德懷的官。彭德懷也是『海瑞』」。〔註 20〕此後一段時間，批評界才開始將《海瑞罷官》的影射坐實化。

如果說影射批評也算是一種特殊的作品闡釋之法，那它就是一種含有明確的政治意圖的實用主義闡釋。按艾柯的說法，它就不是闡釋文本而是在使用或利用文本。艾柯說：「在《讀者的作用》一書中，我強調了『詮釋本文』（interpreting a text）與『使用本文』（using a text）之間的區別。我當然可以根據各種不同的目的自由地『使用』華茲華斯的詩歌本文：用於戲仿（parody），用來表明本文如何可以根據不同的文化參照系統而得到不同的解讀，或是直接用於個人的目的（我可以爲自我娛樂的目的到本文中去尋找靈感）；但是，如果我想『詮釋』華氏本文的話，我就必須尊重他那個時代的語言背景。」〔註 21〕如果說任何文學批評都最終都會烙上某種政治和意識形態價值標準印迹，也都難避免時代差異上的誤讀，那麼影射批評則是一種更直接更露骨的政治批評，它直奔這一目的，枉顧文本中所提供的時代、歷史因素，甚至文本自身的連貫性等，旨在爲我所「用」。正如有論者所言：「『古爲今用』與『洋爲中用』的法則突出了文本利用，忽略了文本闡釋」。〔註22〕這樣，許多歷史文學文本都可讀出「借古諷今」的旨向，許多現實題材的作品都可解出影射的意義。影射批評不是對文本的文學批評意義上的闡釋，而是一種旨在「使用」或「利用」的曲解。當然如果文學文本寫作者著意於「用」，自然更會爲影射批評留下口實，助長這種批評方式。

與影射批評相關的是索隱研究，索隱本是中國古代形成的一種文本解讀與闡釋方式，即通過文本的表面意義索解其隱指的意義尤其是索解出文本所潛藏的政治內涵或歷史眞相。所以，「影射」被認爲是索隱研究的關鍵詞，索隱派也被稱爲「政治索隱派」。由於中國人特有的歷史傳統和歷史癖好，經史子集皆可當作歷史來讀，小說中當然也可讀出其所影射的歷史人物和政治內涵。如《金瓶梅》被認爲是影射明武宗朱厚照，《西遊記》影射了嘉靖皇帝，《紅樓夢》被說成是爲清世祖與董鄂妃而作。一些近代小說也都可以讀出隱指的具體政治。前面所說的文字獄也可以說採用索隱之法的結果，但那種索

〔註20〕陳晉主編：《毛澤東讀書筆記》，廣東人民出版社 1994 年版，第 669 頁。
〔註21〕（意）艾柯等著：《詮釋與過度詮釋》，三聯書店 1997 年版，第 83 頁。
〔註22〕毛崇傑：《當代解釋學與青年詩人馬克思》，《文學評論》2012 年第 4 期。

隱是簡單、粗暴的語言暴力，真正的索隱則是一種精細甚至煩瑣的學術活動。上世紀興盛的影射批評是文字獄式的索隱的發展，是極端的實用主義的政治索隱而且也可以導致文字獄；而真正的索隱研究則有其學理性和學術價值，是一種對歷史真相的探尋。

在中國，索隱研究在紅學研究中最成氣候，舊紅學派即稱索隱派，此派至今香火猶旺，並未被新紅學派所取代。胡適認為自己的研究是科學的考證，而譏諷舊紅學的索隱法為「猜笨謎」的方法。後來的學者也有許多人附和這種評判，認為索隱法充滿主觀隨意性，具有非科學研究的性質。這固然都是索隱法的不足，但索隱法並非一無可取。實際上，索隱法與考證法，是方法上有所不同，而目的上則大同小異。就紅學而言，據說索隱派索歷史之隱、政治之隱，而考證派考作者之隱、家世之隱，都屬於「本事」研究。索隱派常利用相涉關係等，通過轉義法乃至射覆法去進行索隱，同時也會運用傳統考證學的某些方法去索隱。運用考證法去達索隱之目的，越來越成為索隱研究的一種趨勢。正因為在方法上的日益趨同，所以，已經有學者用「考索」一詞去融合考證派與索隱派的歧異。其實，學派的分立並非意味著研究方法的水火不融。這對中國現代文學影射文本的研究應該具有啟發意義。避免影射批評的硬解和曲解，揚棄索隱法中的主觀猜想，佐以客觀的考證，考索並用，闡釋有度。這才是研究中國現代影射文本的應有學術態度。

影射文本在一位俄國學者眼裏，是「假面文學」的一種。這種作品是「需要『鑰匙』解讀的書」，如「經典的密碼式書籍是拉伯雷的長篇巨著《巨人傳》；書中充滿隱射和隱喻」。「幾乎每一頁都需要加注，解釋巧妙隱藏的話語的真正含義，以及書中人物的真名實姓。」〔註23〕尤其是有意影射的文本，有作者精心的編碼，正需要用索隱加考證的方法去解碼。如《瑙女士》《銀蛇》就需要用索隱派常用的諧音法、拆字法去解碼。「瑙女士」周圍的四個男性好友也需要用索隱派的類比法來求證，即拿與丁玲關係密切的四位作家來類比，對號入座。當然僅靠這些方法還不夠，還必需找其他材料來印證。如研究《銀蛇》可查閱作者章克標回憶錄《世紀揮手》中提到與郁達夫、王映霞的真實交往材料。有時候，對後世人來說需要注釋才清楚的影射作品，作者同時代的朋友、作家甚至讀者都早已明白其影射指向。這些人的閱讀證詞也是較可

〔註23〕（俄）德米特里耶夫：《假面文學作品》（傅仲選譯），遼寧教育出版社 2005
年版，第 84～85 頁。

信的旁證，如蕭乾就認爲《我們太太的客廳》就是影射林徽因的。吳宓日記裏常有這類推測的記載，如 1946 年 8 月 3 日日記裏說《圍城》中褚慎明暗指許思玄，董斜川暗指冒景璠。接著在 8 月 5 日的日記中認爲錢鍾書的《貓》影射林語堂、沈從文。總之，對影射文本的考察研究全賴多種方法並用和對相關史料的熟悉。目前一些研究現代文學影射文本較紮實的論文都是如此。如，有論文考索《東藏記》影射錢鍾書夫婦，即通過諧音法、類比法等，甚至借助了地方志的一些史料。韓石山研究《我們太太的客廳》的論文更通過回憶錄、照片、實物及大量史料詳細考察了小說中的客廳、庭院、屋內設施及小說中的各類人物，探幽闡微，透過影射敘事逼近本事眞相。這類論文都展示出了考索研究的魅力和價值。

考索研究對於有意爲之的影射文本是一種必需的研究方法。對於一般作品，能考索其影射之意而且能自圓其說，也不失爲一種解讀路徑，畢竟絕大部分文學作品皆有現實和原型的投影。人們說有一千個讀者就有一千個哈姆雷特，但一千個哈姆雷特中肯定有一個是眞實的歷史上的王子。考索研究有其歷史的現實的乃至藝術的合理性和價值，可以作爲文學解釋方法中的一種而存在。透過文本的藝術眞實去發掘其歷史和現實的眞實，無可厚非。不過，既爲文學文本，哪怕它確實影射了歷史和現實中的人事，仍然有其想像和虛構的本體特性。所以現代文學的考索研究同樣不能過於坐實而陷於偏執之弊，否則就會爲法律戰勝文學提供學理依據並助長影射史學和影射批評的風氣。

（原載《貴州社會科學》2013 年第 9 期）

中國現代作家自傳價值衡估

在中國現代傳記文學的譜系中，自傳是非常重要的類別，而自傳中，除卻政治人物自傳、明星自傳等之外，作家自傳無疑是最富含文學史價值。但它們卻往往不被視爲文學寫作，所以中國現代文學史上誕生的大量作家自傳並沒有系統地整合到文學史的敘述之中。同時，作家自傳的史料價值和傳記批評價值等也沒有被正確地衡估和利用。雖有一些傳記文學研究關注作家自傳，但又將其視爲亞類而窄化爲一種寫作學價值。因此，全面衡估作家自傳的價值就成了一個事關中國現代文學研究知識結構合理性的問題。談及作家自傳，人們往往有廣義、中義和狹義幾種不同的規限傾向。廣義的說法是一切作品皆作家自傳，現代作家郁達夫等即持此說法。中義的界定是指有關作家個人經歷的所有非虛構類寫作，包括自傳（自傳詩）、回憶錄、日記、書信、遊記、自序、年譜及相關的散文、隨筆等，這相當於西方所謂的「私人文學」的範疇，其中許多只能算作亞自傳或準自傳。狹義的所指是作家所寫的關於自己的傳記，多半會標明「自傳」、「自述」之類文字。本文論及的作家自傳主要取其狹義，不過回憶錄和自傳有時難以區分，因此也會涉及此類作品。

一、作家自傳的興盛

從近百年中國現代作家自傳寫作史的時序上看，如果把魯迅的《朝花夕拾》（1928 年版）看作自傳的話，那它就是現代文學中最早問世的作家自傳，但這部作品嚴格地說，應該是自傳性質的散文。眞正意義上最早的現代作家自傳應當是郭沫若的《我的幼年》（1928 年版，後改名爲《幼年時代》、《我的童年》等）。20 世紀 30 年代，作家自傳寫作出現第一次高潮，先後出版有郭

沫若的《創造十年》（1932 年版）、歐陽予倩的《自我演戲以來》（1933 年版）、胡適的《四十自述》（1933 年版）和上海第一出版社 1934 年出版的《廬隱自傳》、《從文自傳》、《資平自傳》、《巴金自傳》、《欽文自傳》等。郁達夫則於 1934 至 1936 年期間在《人間世》等期刊連續發表了《悲劇的出生》等 9 篇作品連成的自傳。1935 年《逸經》半月刊刊出了《林語堂自傳》和瞿秋白的《多餘的話》。1936 年出版的有影響的作家自傳是謝冰瑩的《一個女兵的自傳》和白薇的《悲劇生涯》。其後還有鄒韜奮的《經歷》（1937 年版）、陳獨秀的《實庵自傳》（1938 年版）、郭沫若的《北伐途次》（1937 年版）、《創造十年續編》（1938 年版）等。40 年代，作家自傳數量驟減，代表性的作品有臧克家的《我的詩生活》（1943 年版）、柳亞子的《八年回憶》（1945 年版）、安娥、趙清閣等的《女作家自傳選集》（1945 年版）、艾蕪的《我的青年時代》（1948 年版）等。50 至 70 年代大陸的自傳寫作主要是革命回憶錄，作家自傳幾乎絕跡，僅有郭沫若寫作並發表於 40 年代末，初版於 1951 年的《洪波曲》（原名《抗戰回憶錄》及 1958 年一次性出全並修改整理過的《沫若自傳》。海外有李金髮的《浮生總記》（連載於 1964 至 1966 年）、周作人的《知堂回憶錄》（連載於 1967 至 1968 年）、包笑天的《釧影樓回憶錄》（1971 年版）等。80 年代至 90 年代，在傳記文學熱當中，作家自傳或回憶錄的寫作進入第二次高潮。一批健在的老作家開始發表和出版大量自傳和回憶錄。代表性的作品有陳學昭的《天涯歸客》（1980 年版）、茅盾的《我走過的道路》（1981 年版）、臧克家的《詩與生活：回憶錄》（1981 年版）、張恨水的《寫作生涯回憶》（1982 年版）、夏衍的《懶尋舊夢錄》（1985 年版）、趙清閣的《浮生若夢》（1989 年版）、蘇雪林的《浮生九四》（1991 年版）、胡風的《胡風回憶錄》（1993 年版）、季羨林的《牛棚雜憶》（1998 年版）、韋君宜的《思痛錄》（1998 年版）、李敖的《李敖回憶錄》（1998 年版）、章克標的《世紀揮手》（1999 年版）等。新世紀以來，賈平凹寫出了自傳性質的作品《我是農民》（2000 年版），時代文藝出版社則於 2006 至 2008 年推出了虹影、畢淑敏、徐坤、林白、葉永烈、蕭復興、陳忠實、葉辛、王小妮、葉兆言、海男、張抗抗、殘雪、王蒙等一大批作家的同題作品《我的人生筆記》，其中多屬於作家拼貼舊文的「類自傳」性作品。2008 年還出版了鄭實整理的《浩然口述自傳》。此期真正的自傳則有《王蒙自傳》三部（2006 至 2008 年版）。中國臺灣作家王鼎鈞陸續出版於 1992 至 2009 年的《回憶錄四部曲》也於 2013 年在大陸一次性推出。這兩部作品皆是可比

肩《沫若自傳》的超長篇自傳。

現代作家自傳的興盛有諸多隱含動因。其遠因是傳統文脈的承續。中國有源遠流長的史傳傳統,《史記》開創的紀傳體爲後世的人物傳記開創了範例。在正史傳記之外,還有大量雜傳(如劉向的《列女傳》、慧皎的《高僧傳》)、專傳(如慧立的《慈恩傳》)、散傳(含別傳、自傳、碑銘、自序等)。自傳的萌芽則可遠溯至屈原的《離騷》,司馬遷《史記》中的《太史公自序》已接近自傳。到陶淵明的《五柳先生傳》、王績的《五斗先生傳》等出現了以他傳形式存在的自傳。陶淵明、王績、張岱等人的自撰墓誌銘也是特殊類型的自傳。中國文學中甚至還有大量自傳詩如蔡琰的《悲憤詩》、庾信的《哀江南賦》等。而「自傳」這一用語正式出現在作品標題上,首見於唐代中葉陸羽(733?-824?)的《陸文學自傳》及劉禹錫(772-842)的《子劉子自傳》。「比西歐autobiography 要早了整整 1000 年之久」。〔註1〕至此中國眞正的「自傳」誕生。所有這些中國古代的自傳作品雖然與西方自傳特質有差異,有的甚至違反了自傳的非虛構敘事特性,如《非有先生傳》等,但終究形成了中國自傳文學的寫作路數和模式,對中國現代作家自傳的生產都會產生或多或少的潛在影響。如「史傳」傳統對胡適自傳的影響等。

眞正影響中國現代作家自傳生產的近因則是西方傳記觀念及自傳作品的引入。在現代作家中,胡適早在 1914 年 9 月 23 日題爲《傳記文學》的日記中,就簡略比較了中西傳記的差異,指出西方傳記突出「人格進化之歷史」的特點。他還在《四十自述》的自序中又認爲自傳應該「赤裸裸的敘述我們少年時代的瑣碎生活」。〔註2〕他還到處勸老輩朋友寫自傳。郁達夫也是新傳記文學的積極倡導者,在《什麼是傳記文學》中提出新傳記應將傳主「外面的起伏事實與內心的變革過程同時抒寫出來,長處短處,公生活與私生活,一顰一笑,一死一生,擇其要者,盡量來寫,才可以見得眞,說得像。」〔註3〕這些來自西方的傳記文學觀的提出無疑從理論上引導了作家自傳的創作。而西方的傳記作品尤其是自傳文學的經典作品,如盧梭的《懺悔錄》、歌德的《詩與眞》等對作家自傳的寫作有更具體的影響,托爾斯泰的《懺悔》在 1920 年就有中譯本、盧梭的《懺

〔註1〕(日)川合康三:《中國的自傳文學》(蔡毅譯),中國編譯出版社 1999 年版,第 172～173 頁。
〔註2〕胡適:《胡適全集》第 18 卷,安徽教育出版社 2003 年版,第 7 頁。
〔註3〕郁達夫:《郁達夫全集》第 11 卷,浙江大學出版社 2007 年版,第 205 頁。

悔錄》1929 年已有中譯本。即便沒有中譯本，作家們仍然可能接觸原文。如郭沫若留學日本時學習德語的教本便是歌德的自傳《詩與真》。郭沫若在寫《我的幼年》時便提到四位西方自傳作家：「我不是想學 Augustine 和 Rousseau 要表述甚麼懺悔，我也不是想學 Goethe 和 Tolstoy 要描寫甚麼天才。」〔註4〕他寫自傳時已知道西方存在奧古斯丁、盧梭的懺悔型自傳和歌德、托爾斯泰的天才型自傳。謝冰瑩寫《一個女兵的自傳》時也表示她在學習盧梭的《懺悔錄》。〔註5〕但是，現代作家自傳並不是完全模仿西方自傳，而是在中西自傳雙重影響下產生出的新型自傳。它不是中國古典自傳的短製，而像西方自傳一樣長篇化；雖有一定的自我省察，但不具備西方自傳的懺悔精神；不像西方自傳一樣突出個人，卻結合時代和社會寫出凡人性。

　　更直接促成作家自傳誕生的誘因則很多。胡適寫自傳是他倡導傳記文學之後的親自嘗試，是他「『傳記熱』的一個小小的表現。」是為了勸朋友寫自傳而現身說法，是為了「給史家做材料，給文學開生路。」〔註6〕郭沫若寫《我的幼年》是「革命今已成功，小民無處吃飯」。〔註7〕為了解決生計問題。瞿秋白寫自傳是想「說一說內心的話，徹底暴露內心的真相。」是最後的「談天」。〔註8〕徐懋庸寫回憶錄是文革中為了交代「罪行」。夏衍的《懶尋舊夢錄》也源自「文革」時的「自傳體的交代」。茅盾晚年寫回憶錄是為了「留下一個歷史的見證」。〔註9〕如此等等，不好概說。但作家自傳生產的一個最普遍的誘因則是現代傳媒載體的介入，即出自報刊和出版機構的邀約。從傳播學的角度看，名人乃「意見領袖」，作為名人的作家其自傳自然能吸引眼球，擴大報刊的銷量；同時作家自傳具有教育、勵志和授秘的作用，刊載此類文章亦能為報刊帶來良好的社會效應。如 1935 年《良友》雜誌開始刊載「名人生活回憶錄」，豐子愷的《學畫回憶》，洪深的《戲劇電影生活的回憶》等自傳文就是被雜誌邀出來的。當時的《宇宙風》、《國聞周報》等都刊載過作家自傳。新時期的《新文學史料》雜誌亦催生了許多作家自傳或回憶錄，如茅盾的《我走過的道路》中有許多篇章即初刊於此。事實上，前述許多現代作家自傳都

〔註4〕郭沫若：《沫若自傳》上卷，求真出版社 2010 年版，第 2 頁。
〔註5〕謝冰瑩：《關於女兵自傳》，《女兵自傳》，四川文藝出版社 1985 年版，第 1 頁。
〔註6〕胡適：《胡適全集》第 18 卷，安徽教育出版社 2003 年版，第 6～7 頁。
〔註7〕郭沫若：《沫若自傳》上卷，求真出版社 2010 年版，第 86 頁。
〔註8〕瞿秋白：《多餘的話》，江西教育出版社 2009 年版，第 3～4 頁。
〔註9〕茅盾：《茅盾回憶錄》下，華文出版社 2013 年版，第 371 頁。

是先刊於報刊的，如《四十自述》刊於《新月》，《洪波曲》初刊於《華商報》文藝副刊《茶亭》等。報刊甚至會影響作家自傳的結構，如連載自傳就會考慮連載單元的完整性等。出版機構的邀約更直接促成自傳尤其是長篇自傳的生產。如沈從文說其自傳是因：「一個朋友準備在上海辦個新書店，開玩笑要我來為『打頭陣』，約定在一個月內必須完成。」〔註10〕這就催生了包括《從文自傳》在內的那套「自傳叢書」。《林語堂自傳》也是應美國一書居邀請而寫出的。其他如新世紀那套「我的人生筆記」叢書等。

西方學者在談自傳興起的原因時還注意到社會、階級和意識形態等，認為「自傳文學的發展與一個新興的統治階級，即資產階級地位的上昇存在著一種必然聯繫，正如回憶錄體裁與封建制度的演變密切相關。我們的社會所特有的人的概念和個人主義透過自傳文學折射出來……」「在資產階級的意識形態中，傳記和自傳都是表現的一般形式，他們構成了與社會的形象息息相關的人的形象。」〔註11〕正如他們將小說的興起與資產階級聯繫起來一樣，是頗能深入揭櫫西方這一文類發生的「最後之因」的。也有學者從這一角度思考中國自傳，但這與中國自傳興起的實際並不相洽。如，中國在封建時代就有悠久的自傳寫作傳統，自傳並非興盛於資產階級出現之時。又有人從人性思潮的湧起看現代自傳高潮的到來，實際上五四個性主義高潮時並沒有自傳高潮。中國現代作家自傳的第一次高潮延遲至 30 年代，而那些自傳既有強調個人性的，更有突出社會性的。80 至 90 年代有人性思潮的影響，但作家自傳更顯現出一種回顧社會歷史的興味。所以這類自傳興盛的根本原因的討論，對中國現代作家自傳來說，雖然深刻卻未免方枘圓鑿。

二、一種非虛構文學

要更好地衡估自傳的價值，必須弄清這一文類在文學史上的尷尬處境和地位。首先，傳記（含自傳）的命名、範圍等都比較複雜。在中國古代的雜文學時代，文體分類細緻，傳記並無統一命名，如史傳、散傳、自傳、行狀、銘誄等皆屬於傳記的範疇。唐宋以後出現了「傳記」一詞，但其意義含混，也可以指解釋經書的文字。到晚清和「五四」時含義開始明確，專指記述人

〔註10〕 沈從文：《從文自傳·附記》，人民文學出版社 1981 年版，第 114 頁。
〔註11〕 （法）菲力浦·勒熱訥：《自傳契約》（楊國政譯），三聯書店 2001 年版，第 291、292 頁。

物生平經歷的文字。在西方，英國最早開始使用「傳記」（biography）的時間，一說是 1660 年，〔註 12〕一說是 1683 年約翰·德萊頓第一次使用。〔註 13〕在英語中又常把「傳記」一詞與 literature 合爲 biographical literature，而 literature 一詞既指「文學」，也可指「文獻」、「印刷品」等。而 "autobiographical narrative"（自傳）一詞最早出現於 1786 年（後來才有 autobiography 或 self-biography）。〔註 14〕其中 narrative 也可譯爲「敘述」、「敘事」。對於這兩個詞組，漢譯往往是「傳記文學」、「自傳文學」，其原文其實也意義含混。在傳記、自傳的含義逐漸明確的同時，人們對其範圍又說法不一。有人認爲傳記包括年譜、言行錄等，甚至傳記體小說。有人認爲自傳中含有邊緣自傳（書信、日記、遊記等）、亞自傳（回憶錄、口述歷史），有人則又把自傳與這些文類區分開來。

其次，傳記或自傳的歸屬更是一個糾纏不清的問題，即它們屬於歷史還是屬於文學？在後現代史學或新歷史主義看來，歷史著作具有敘述性，歷史可以看成文學的分支。那麼傳記或自傳無疑屬於文學了，就無需爭論了。這種極端的觀點當然無助於這裡的歸屬問題的探討。事實上，傳記或自傳的歸屬問題並未獲得普遍的認同。有人說：「在中國傳統的學術分類中，傳記屬於歷史學，這是沒有爭議的。」〔註 15〕直至梁啓超和胡適早期，傳記依然是被列爲歷史學的分支。而在郁達夫、朱東潤等人那裡，傳記則歸於文學。在西方，經過三百年的發展，誕生了一批文學性很強的傳記和自傳，到 19 世紀末和 20 世紀初，傳記和自傳的文學歸屬也越來越明確，普遍被認爲是「文學分支」，「個人生平的文學」，「最古老的文學表現形式之一」。〔註 16〕所以，從發展趨勢看，人們似乎更認同「傳記（自傳）文學」這個概念（而不是「傳記」、「自傳」）。但是，直到現在，這一文類的歸屬仍在爭論之中，折中的觀點認爲既有偏於歷史的傳記，亦有偏於文學的傳記。或者說傳記就是文學與史學的結晶。甚至有說傳記本質上是史學課題，不過有文學筆法和史學筆法之分。〔註 17〕

〔註 12〕朱文華：《傳記通論》，復旦大學出版社 1993 年版，第 3 頁。

〔註 13〕楊正潤：《現代傳記學》，南京大學出版社 2009 年版，第 21 頁。

〔註 14〕（日）川合康三《中國的自傳文學》（蔡毅譯），中國編譯出版社 1999 年版，第 6 頁。

〔註 15〕楊正潤：《現代傳記學》，南京大學出版社 2009 年版，第 22 頁。

〔註 16〕楊正潤：《現代傳記學》，南京大學出版社 2009 年版，第 22～23 頁。

〔註 17〕朱文華：《傳記通論》，復旦大學出版社 1993 年版，第 7～14 頁。

　　傳記或自傳在中國還經歷了從泛文學到純文學的不同的文類語境。在泛文學（或大文學）時代，所有的寫作包括歷史寫作都是文章，所有的傳記當然也皆是「文學」。所以也就不存在文史歸屬的糾葛，因爲史皆可稱文。同時，當時的文章分類細緻，所有的文類包括屬於傳記的那些文類皆有自己的獨立地位。而進入純文學時代，文史歸屬就成了爭論的問題。在文學的四分法中，許多文章被排除在文學之外，歷史寫作的一部分被稱爲歷史散文，傳記、自傳也只能從屬於散文，反而失去了其獨立的文類地位。因此，爲了規避以上幾方面的尷尬，我們應將傳記或自傳納入「非虛構文學」的範疇。

　　多年來，我們自囚於西方的「文學」觀念，一直把文學看成虛構之物，即便接納伊瑟爾的說法：文學是現實、虛構與想像的「三元合一」，〔註18〕也仍以虛構爲主導。靠虛構性，我們把文學與應用性、說明性文體區分開來。這樣，在四分法的四大文類中，小說、戲劇、詩歌三大文類及散文中的一部分皆吻合虛構性的特徵。文學基本上就可以說是虛構性文學了。於是，傳記、自傳、遊記等龐大的文類族群最多只能納入散文之中沾點文學之氣，更多的情況是被排除在文學之外。現在我們提出「非虛構文學」的概念就是意在收編長期散落於文學範疇之外的文類，即以此說明，文學不只具有虛構類文學，更有大量非虛構文學，傳記或自傳即屬其類。這個概念以「非虛構性」和「文學性」的結合爲傳記和自傳雙重設限，即同時滿足這兩個條件的文類才可納入。如，一般的年譜不具文學性，只能是一種歷史寫作形式，具有虛構性的傳記體小說、自傳體小說亦應排除在外。而中國現代作家自傳多半剛好是同時具備這兩種特點的「非虛構文學」作品，這也是其重要價值所在。把傳記或自傳納入「非虛構文學」，不僅可以提高其文學地位，亦可以祛除它在文學研究中的尷尬，尤其可以規避中國現代文學史敘述中只有虛構文學的結構性缺失。

　　作家自傳的最主要特徵正是非虛構。「與一切虛構形式相反，傳記和自傳是指涉文本：正如科學或歷史論述一樣，傳記和自傳試圖傳達一種關於文本之外的『現實』的信息，因此需要加以核實。它們的目標不僅僅是要做到似有其事，而是確有其事，不是『眞實的效果』，而是眞實的寫照。」〔註19〕作

〔註18〕　（德）沃爾夫岡·伊瑟爾：《虛構與想像》（陳家定等譯），吉林人民出版社 2011年版，第 2 頁。

〔註19〕　（法）菲力浦·勒熱訥：《自傳契約》（楊國政譯），三聯書店 2001 年版，第234 頁。

家自傳不只是一種文本之內的自足營構，它指涉文本之外的真人實事，是自傳作家所寫的關於他們自身的真實生平和經歷。因此，坦陳事實是作家自傳的最基本的敘事倫理。正如有學者所論述的那樣：也許隱瞞或歪曲事實比坦白更有利於傳主或其親屬的生活，給他們帶來「善」，但康德說正義獨立於善，在自傳或傳記中，則是事實正義獨立於善。〔註 20〕茅盾在其回憶錄中隱瞞了他與秦德君的關係，顯然是枉顧事實，違背了自傳的敘事倫理。事實是特定時空中客觀存在的真人實事，是歷史客體。作家自傳的寫作就是力求返回這個歷史客體，是傳真紀實。因此，非虛構是作家自傳寫作的最基本的美學要求，而對真實性的追求就成為其最高的美學標準。但歷史客體經由自傳作家的介入就成了一種敘事，這中間就有了多層的疏離：語言的抉擇（如林語堂用英文寫自傳），認知層面對事實的選取、強化、忽略或貶抑、隱瞞、歪曲等，審美層面用技巧與修辭對事實進行的編織，意識形態層面對事實進行意義的注入和解釋等。經了這多層的疏離，真人實事的原態、特性、精神諸層次的真實性都可能無法絕對達成。事實變成了敘述事實，非虛構走向了建構。儘管坦陳事實、追求真實是無法真正實現的高貴的夢和文學烏托邦，但它應該是作家自傳寫作努力的方向。

而作家自傳區別於其他非虛構文類的重要特徵是以回憶的方式建構自我。自傳和他傳同樣是關注事實，但「所捕捉的事實當然迥異。與傳記事實以個性為焦點不同，自傳事實的軸心是自我。」〔註 21〕也就是說自傳主要是用事實來建構自我，建構自我也可以說是作家自傳的重要寫作動機，不過，這個自我是寬泛意義上的自我，是自我意識、自我個性、自我身份等的綜合。許多作家都在自傳中表現自我意識的生成，如郭沫若敘述了自己十歲左右時性意識的萌動，郁達夫刻畫了少年時代情竇初開的「水樣的春愁」，沈從文描寫了當兵時的寂寞、無聊以及從美景中發現的憂愁。對自我個性的認識也是作家自傳的重要內容。林語堂的《八十自敘》的第一章整章都是對自我個性的分析，朋友問他：「林語堂，你是誰？」他用我是「一梱矛盾」回答了「我是誰」的古老問題。瞿秋白在《多餘的話》中既分析了自我意識：是馬克思主義的思路與中國紳士意識（或士大夫意識）「這兩種意識在我內心裏不斷的

〔註 20〕王成軍：《「事實正義論」：自傳（傳記）文學的敘事倫理》，《外國文學研究》2005 年 3 期。

〔註 21〕趙白生：《傳記文學理論》，北京大學出版社 2003 年版，第 15～16 頁。

鬥爭」，又宣佈自己的「脆弱的二元人物」個性。自我身份的認同同樣是在回答「我是誰」的問題。胡適在自傳中實際上是把自己認定爲在「社會上做過一番事業的人」。〔註22〕也有學者從胡適的《四十自述》、《胡適口述自傳》兩部自傳中發現他是個「思想史家」和「影響人物」的自我身份認同。〔註23〕季羨林在《牛棚雜憶》中把自己寫成了一個被迫害的倔強的能夠反思的知識分子。自傳和日記一樣關注自我，但日記是即時性地片段地無固定形式地記錄自我，自傳卻是對自我「趨於總結的回顧性和全面的敘事」。〔註24〕自傳的敘事視角是回顧性的，是從記憶中打撈自我的生活，因爲記憶的不可靠，所以它試圖全面地回憶卻不可能完整地回憶。同時自傳是對過去的一種詩情回憶，在回憶中甚至過往生活不愉快的事件也充滿詩情，如郁達夫對孤獨童年的回憶。這也是自傳不可能絕對眞實的重要原因，這也是歌德爲什麼把自傳命名爲《詩與眞》的原因，詩與眞永遠矛盾。作家自傳在回顧視角中尤其關注童年，因爲那是初始經驗、初始記憶，是人格的起點，是一生中的伊甸園。因此在自傳的結構中，童年的板塊正是「伊甸園」。自傳中寫得最出彩的部分往往也是對童年的回顧，郁達夫、郭沫若、沈從文等的自傳概莫能外。回到「自我」的話題，自傳的回顧視角其實主要是「現在的自我對過去的自我的認識和評價，或者說，現在的自我同過去的自我的對話。」〔註25〕用古人的話簡言之是「我與我周旋」。〔註26〕沈從文寫《從文自傳》時已是名作家，對自我有清醒的認識：「二十年後我『不安於當前事務，卻傾心於現世光色，對於一切成例與觀念皆十分懷疑，卻常常爲人生遠景而凝眸』，這分性格的形成，便應當溯源於小時在私塾中逃學習慣。」〔註27〕這正是作家年長的自我與小時那個頑劣自我的對話。這種自我的對話用敘事學的眼光看是「敘述自我」與「經驗自我」的關係。

作家自傳還有其他敘事特徵。依法國自傳理論家菲力浦‧勒熱訥的說法，自傳是一種「信用」體裁，得有「自傳契約」，即有「作者的某種暗含或公開的

〔註22〕胡適：《胡適全集》第18卷，安徽教育出版社2003年版，第7頁。

〔註23〕趙白生：《傳記文學理論》，北京大學出版社2003年版，第111～119頁。

〔註24〕（法）菲力浦‧勒熱訥：《自傳契約》（楊國政譯），三聯書店2001年版，第25頁。

〔註25〕楊正潤：《現代傳記學》，南京大學出版社2009年版，第308頁。

〔註26〕轉引自宗白華《美學與意境》，人民出版社1987年版，第185頁。

〔註27〕沈從文：《自傳集》，重慶大學出版社2011年版，第17頁。

表白，作者在其中表明寫作意圖或介紹寫作背景，這就像在作者和讀者之間達成的一種默契，作者把書當作自傳來寫，讀者把書當作自傳來讀。」〔註28〕自傳契約無固定形式，可在書名中，如「自傳」、「自述」等字眼，可在序言中，如《我的幼年》的「前言」、《多餘的話》的「代序」等，甚至可在獻詞中、注釋中等。自傳契約的言辭成為自傳敘事的一部份，它保證了自傳的非虛構性，沒有它就可能意味著作品有虛構性。自傳還「必須具備作者、敘述者和人物的同一。」〔註29〕這裡的「人物」應該是自傳文本中的傳主。這一敘事特徵把自傳與他傳、自傳體小說區分開，這也是確立自傳非虛構性的必備條件。在文體特徵上，「自傳敘事的確像是一種小說和隨筆的結合體：從該體裁的極端情況看，一方面我們可以發現生動豐富的敘述……另一方面人們可以發現抽象系統的分析……幾乎所有的自傳作者都試圖在這兩個極端之間尋找一條中間路線。」〔註30〕中國現代作家自傳也試圖在兩種文體之間找到結合點，如《沫若自傳》、《從文自傳》等。但《一個女兵的自傳》、《資平自傳》等則偏於小說，而《多餘的話》、《牛棚雜憶》等又傾向隨筆。

作為非虛構文學，作家自傳在真實性基礎上凸顯其文學性，才能提高其文類地位。文學性是其價值衡估的重要方面。在組織上，它除了一般結構作品的技術的剪裁、布局之外，必須有一種「深刻的統一性」。「自傳建立在一系列選擇的基礎上：已經由記憶力做出的選擇和作家對記憶力所提供的素材做出的選擇。與作家所認為的和他的生活的主線具有某種關係的所有因素被保留下來，組織起來。」〔註31〕這還只是初步的組織，而「深刻的統一性」應該由思想和意義來完成的深層結構。如貫穿《從文自傳》的是那句「我讀一本小書同時又讀一本大書」的觀念，直到自傳的結尾還是一句我「便開始進到一個使我永遠無從畢業的學校，來學那課永遠學不盡的人生了」。所以《從文自傳》是一部「人生之書」。《四十自述》則是一部「影響之書」，在這一部不完全的自傳中，已有研究者發現其重點在寫「影響」，寫了父親、范縝、梁

〔註28〕（法）菲力浦・勒熱訥：《自傳契約》（楊國政譯），三聯書店 2001 年版，第 6 頁。

〔註29〕（法）菲力浦・勒熱訥：《自傳契約》（楊國政譯），三聯書店 2001 年版，第 203 頁。

〔註30〕（法）菲力浦・勒熱訥：《自傳契約》（楊國政譯），三聯書店 2001 年版，第 11 頁。

〔註31〕（法）菲力浦・勒熱訥：《自傳契約》（楊國政譯），三聯書店 2001 年版，第 12 頁。

啟超、杜威四位人物對胡適自我成長的影響。補寫的一章「逼上梁山」則寫胡適給予中國文學革命的影響。西方自傳突出懺悔的傳統和主題，所以大都具有伊甸園（童年）→旅行（青年）→皈依（成年）→懺悔（老年）的模式。〔註 32〕沒有基督教背景的中國現代作家寫自傳一般無此模式，只有蘇雪林的自傳體小說《棘心》近似之，他們靠各自的感悟來完成自傳的深刻的統一性和藝術的整體感。其他如故事化、情節化、細節化都有助於提升自傳的可讀性和感染力；而歷史與解釋、描敘與議論之間的配合等也有助於自傳的和諧美。提升文學性是自傳成為文學文類的必要條件。中國現代作家自傳從整體上看，其文學成就不如虛構類文學。就其自身看，大體是作家們在三四十歲左右寫的自傳其文學成就高於老年所寫的自傳或回憶錄。就具體作品看，完美的自傳不多。胡適的《四十自述》，寫法不統一，由小說筆法轉向了歷史敘述，且內容不全。郭沫若的《我的幼年》可讀性強而他的多數自傳結構鬆散，流於隨筆。《一個女兵的自傳》故事性強，但真正寫到與「兵」有關的部分卻淪為浮泛。《多餘的話》抽象分析多卻沒有故事。《牛棚雜憶》有精闢的議論如自殺論、折磨論等，卻缺少了作家的才情和筆法。其他如《我走過的道路》、《懶尋舊夢錄》等史料性強卻較少文學色彩。總之，中國現代作家自傳中只有較少的作品可以成為這種非虛構文學的經典。

三、作為史料源

按照托馬斯・卡萊爾的說法：歷史是無數傳記的結晶。拉爾夫・愛默生把傳記的地位擡得更高：沒有歷史，只有傳記〔註 33〕。而梁啟超則把傳記看成是「人之專史」。歷史學家和許多傳記作家，都看重傳記的歷史價值，傳記具有的歷史價值也正是人們把它歸屬為史學的原因。即便把它歸為文學，也不減其對於歷史的貢獻。傳記不同於一般的文學的重要特徵是非虛構，它在非虛構中記錄了歷史。傳記是個人的歷史，同時也再現了社會的歷史。傳記不是正規的歷史，卻是歷史的重要史料源。傳記的歷史價值更主要地體現在其作為史料源的價值。所以，胡適說他寫自傳是「給文學開生路」，也是「給史學做材料」。直到晚年，他仍認為自傳中「史料的保存與發表都是第一重要事」。〔註 34〕梁漱溟

〔註 32〕 楊正潤：《現代傳記學》，南京大學出版社 2009 年版，第 79 頁。

〔註 33〕 趙白生：《傳記文學理論》，北京大學出版社 2003 年版，第 1 頁。

〔註 34〕 胡適：《胡適全集》第 26 卷，安徽教育出版社 2003 年版，第 504 頁。

也認爲自己的自傳「是很生動親切的一部好史料」〔註35〕。而中國現代作家自傳之所以可以成爲重要的史料源也與它的歷史負載特徵相關。郭沫若曾在《我的童年》的「前言」中表示他不想以西方自傳爲楷模，「我寫的只是這樣的社會生出了這樣的一個人，或者也可以說有過這樣的人生在這樣的時代。」〔註36〕這種說法也表明中國現代作家自傳的普遍特性是關注個人與社會、時代的關係，而不像西方自傳那樣多關注個人歷史和個人心理等，所以它負載了更多時代、歷史的信息，更有史料價值。同時，也與中國自傳作家的多半以寫史的態度和方法來寫自傳的傾向有關，這尤其表現在有歷史癖好的作家身上，所以胡適的《四十自述》只以小說寫法開了個頭就立即「回到了謹嚴的歷史敘述的老路上去了」。〔註37〕這也尤其表現在作家晚年寫的自傳或回憶錄中。周作人晚年寫《知堂回想錄》也不滿意西方的懺悔錄，認爲自己的回憶錄沒有詩與眞的矛盾，因爲「裏邊並沒有詩，乃是完全只憑眞實所寫的」。〔註38〕茅盾晚年寫回憶錄更像搞歷史研究，「凡有書刊可查核者，必求得而心安。凡有友朋可咨詢者，亦必虛心求教。他人之回憶可供參考者，亦多方搜求，務求無有遺珠。已發表之稿，或有誤記者，承讀者來信指出，將據以改正。其有兩說不同者，存疑而已。」〔註39〕這樣寫自傳當然更具史料性。

作爲史料源，作家自傳能提供多方面的史料。首先是提供關於作家個人的全面資料，舉凡作家的家族、身世、天性、經歷、情感、心理、信仰、成就、影響等等皆會涉及。有些自傳寫個人生活會平均用力，如林語堂的《八十自敘》。有些自傳有所側重，如《從文自傳》側重如何讀社會的大書，《一個女兵的自傳》重寫從軍和逃婚，《四十自述》所提供的信仰史料最齊全。不過，既是寫自己的「傳」，作家自我經歷的重要事件一般都會敘述出來，而童年生活和教育經歷在作家自傳中普遍都寫得較細緻。而那些超長篇自傳當然提供的作家個人史料最完備，如《沫若自傳》、《王蒙自傳》。同時，由於中國現代作家自傳的社會關懷特性，使個人傳記附帶了時代、社會的寫照，這也爲社會各個部門歷史的寫作提供個性化的史料。以《沫若自傳》爲例，有從舊式教育轉向新式教育和出國留學的教育史料，有從辛亥革命到北伐到抗戰

〔註35〕梁漱溟：《梁漱溟自傳·序言》，江蘇文藝出版社1998年版，第8頁。
〔註36〕郭沫若：《沫若自傳》上卷，求眞出版社2010年版，第2頁。
〔註37〕胡適：《胡適全集》第18卷，安徽教育出版社2003年版，第7頁，
〔註38〕周作人：《知堂回憶錄》，香港三育圖書有限公司1980年版，第724頁。
〔註39〕茅盾：《茅盾回憶錄》（上），華文出版社2013年版，第1～2頁。

的社會變革史料，有四川地方的政治、經濟和文化史料，有他與眾多名人如毛澤東、蔣介石等的交往史料，等等。其他如瞿秋白對政治的反思、林語堂與宗教的關係、沈從文對湘西的描敘，季羨林對「文革」的回憶等等，無不是各種歷史寫作的生動具體的史料。

作家自傳更主要的是爲文學研究提供了史料。作家自傳往往會交代自我與創作、生活與作品之間的關聯，諸如故事來源、人物原型、創作動機、寫作過程、傳播效果、版本變遷等等，會涉及作家間的文事交往關係、文學流派社團、文學論爭、文學思潮等文學史的話題。會給文學研究提供更細節化、更有肌質感的文學史料。如《四十自述》中有一章是《逼上梁山——文學革命的開始》，就曾作爲理論史料單篇收入 1935 年版的《中國新文學大系·理論建設集》並被列爲第一篇。文中涉及文學革命的起因、命名，爭辯、胡適的白話詩試驗、《文學改良芻議》一文的寫作和「八事」的提出及其次序的變動等翔實的史料。所以在《理論建設集》的導言中，胡適自謂：「我在『逼上梁山』一篇的自述裏，很忠實的記載了這個文學革命運動怎樣『偶然』在國外發難的歷史。」〔註 40〕又如《創造十年》中郭沫若述及文學研究會的鄭振鐸、李石岑曾寫信和面邀郭沫若、田漢入會的史料，記載了胡適和郭沫若「兩位新詩人第一次見面」的史料。更提及魯迅罵創造社是「才子加流氓」，劉半農罵郭沫若是「上海灘的詩人，自稱歌德」，徐志摩罵郭沫若是「假人」、詩作「淚浪滔滔」，胡適罵創造社「淺薄無聊而不自覺」。可謂新文學文人罵人史料大全。有時候，當我們合讀這些作家自傳，可能會得到更完整的文學史料。茅盾在《我走過的道路》中提到《虹》裏「梅女士」的人物原型：「至於梅女士，我是從當時中央軍事政治學校武漢分校女生隊中一個胡姓（按：即胡蘭畦）的，取爲部分的模型；此女士名中有一個蘭字，此即梅女士之所以成爲姓梅。」〔註 41〕而《胡風回憶錄》一開頭就提茅盾在日本東京與秦德君同居。這個女性其實也是梅女士的部分原型。把這兩部自傳提供的史料合在一起，才成完璧。所以有人說《虹》是以秦及其好友胡的經歷爲本，「創造了一個混合角色」。〔註 42〕這種說法是更可信的。而把郭沫若的《創造十年》與

〔註 40〕劉運峰編：《中國新文學大系導言集》（1917－1927），天津人民出版社 2009 年版，第 13 頁。

〔註 41〕茅盾：《茅盾回憶錄》（上），華文出版社 2013 年版，第 330 頁。

〔註 42〕王德威：《現代中國小說十講》，復旦大學出版社 2003 年版，第 103 頁。

茅盾的回憶錄合讀也能發現一些互證的史料。《創造十年》寫二十年代初見茅盾:「雁冰所給我的第一印象卻不很好……因此我總覺得他好像一隻耗子。」「《創造季刊》出版之後沈雁冰以郎損的筆名加了一次酷評,所謂文學研究會是人生派,創造社是藝術派、頹廢派便一時甚囂塵上起來……就在那樣的情形之下有郁達夫的《血與淚》的那篇小說寫出,那是嘲弄雁冰和振鐸諸人在當時所空吹的『血淚文學』的。」〔註43〕而《我走過的道路》中說 1928 年自己寫了短篇小說《自殺》,發表這篇小說,「人家將以爲我是藉此影射創造社和太陽社的人們。」〔註44〕從這些史料可見茅盾與創造社成員關係的緊張和互相影射的傾向。

在史料價值層級中,作家自傳提供的史料是第一手史料和直接史料,與他傳等提供的二手史料或間接史料比起來,更有價值,是文學研究應優先採用的史料源。當然我們應該辯證地去看待它們的史料價值而不是盲目地採信。一方面,作家自傳中的史料具有親歷性、眞實性和豐富性的特點。自傳是歷史在場者,甚至是直接的歷史創造者所寫的見聞和經歷,值得採信。所以胡適的《逼上梁山》是研究文學革命首先應選用的史料。《創造十年》記述的是郭沫若的親身經歷,當然也是研究創造社及它與文學研究會等關係繞不過去的史料。中國現代作家自傳中有一批作品是在他們三四十歲左右記憶力良好時期所寫,史料眞實性程度較高。老年所寫回憶錄若以較嚴謹的歷史寫作態度而不僅靠記憶來寫,亦相對眞實可靠。自傳還會因其內容全面從而使其史料豐富,若是寫作者態度足夠眞誠,其豐富性會更勝一籌。如《我的幼年》袒露了自己少年時代的性意識、同性戀、酗酒、打架等內容。另一方面作家自傳中的史料又可能具有失眞、片面甚至虛假等負面性。自傳在眞實性程度上不及日記,日記是最私密的文類,很多日記在作者死後才可發表。自傳的寫作多半是爲了公開發表,不可能像日記那樣傳眞紀實。另外,中國現代作家自傳中較少西方那樣的懺悔型自傳。「從懺悔、告白出發的西歐自傳,其本質是自我省察,即今日之我已非昨日之我,然回顧昨日之我,乃知自己之非。」〔註45〕往往以說出眞相爲榮。中國自傳往往自我辯解,甚至自我標

〔註43〕郭沫若:《沫若文集》第 7 卷,人民文學出版社 1958 年版,第 87 頁,第 126 頁。

〔註44〕茅盾:《茅盾回憶錄》(上),華文出版社 2013 年版,第 316 頁。

〔註45〕(日)川合康三:《中國的自傳文學》(蔡毅譯),中國編譯出版社 1999 年版,第 3 頁。

榜，正所謂爲了樹碑立傳，所以難免失眞。同時中國還具有忌諱的傳統。所謂爲尊者諱，爲親者諱，爲賢者諱。「中國的傳記文學，因爲有了忌諱，就有許多話不敢說，許多材料不敢用，不敢赤裸裸的寫一個人……」〔註46〕現代作家自傳也因襲了這種負面的傳統。這些文類規限，使作家自傳的寫作就可能在史料運用時有所選擇，或故意遺漏，或避重就輕，所以它提供的史料在眞實性上就會打折扣。如茅盾談《虹》時所用史料。甚至還會出現自傳史料不及小說、詩歌所供的史料眞實的情況，如已有人考證《沫若自傳》中《孤山的梅花》一文不及詩集《瓶》寫眞。〔註47〕因此，對作家自傳史料的取用，必不可少的是應有一種史料批判意識。

四、與傳記批評的關聯

作家自傳的非虛構敘事及其提供的豐富史料有助於文學研究的一個重要方面是其傳記批評價值。傳記批評是作者中心時代的一種傳統的文學批評方法，主要是從作家的個人因素去研究、解釋作家和作品，在西方這種批評方法的倡導據說始於法國 19 世紀批評家聖伯夫。「聖伯夫建立理論時，十分注意根據遺傳、體質、環境、早年教育或重要經歷，系統地進行傳記探究……他建議研究作者的童年，成長的地方和那裡的景色。例如泰納，就神秘地帶有陰森森的阿登省的印記。聖伯夫認爲，應當研究作家與之發生聯繫的第一個圈子，他成名的第一部作品，其次就是走下坡路的時候，使他一蹶不振的轉折點。」〔註48〕這種方法是孔德實證主義在文學研究中的體現，但它突出作家的個人因素而忽略社會條件。而中國的孟子開創的「知人論世」的文學批評方法則兩者兼顧：既知其人，亦論其世。可以說是中國式的傳記批評。更相洽於中國現代作家自傳那種既突出自我亦關懷社會的特徵。而中國現代作家自傳恰恰也與傳記批評有天然的關聯。

首先，作家自傳其實就是作家爲自己所作的傳記批評。作家在傳記中對自己的個人經歷、所處環境、交往圈子等進行全方位敘述時，除了依靠自己的記憶力去回憶，還會利用日記、舊文等材料，如《沫若自傳》。或同時參照

〔註46〕 胡適：《胡適全集》第 12 卷，安徽教育出版社 2003 年版，第 427 頁。

〔註47〕 陳俐：《郭沫若的〈瓶〉與〈孤山的梅花〉互文關係再探》，《郭沫若學刊》2007 年第 1 期。

〔註48〕 （美）雷納・韋勒克：《近代文學批評史》第 3 卷（楊自伍譯），上海譯文出版社 2009 年版，第 49 頁。

舊期刊、他人回憶等史料，如茅盾寫回憶錄。這時作家其實就像研究者，把過去的自己當作研究客體，進行系統的傳記批評。作家對自我意識、精神隱密或性格矛盾的挖掘和剖析等，實際上是在爲自己寫心靈評傳，如《多餘的話》、《牛棚雜憶》。作家在自傳中對自己作品的創作動因、人物原型、主題意向與自己個人生活的關係等的解釋，更是有價值的傳記批評。現代作家對自己所作的傳記批評各有側重、各有特色。如謝冰瑩是因寫日記和自傳才成爲作家，所以其自傳幾乎只有自己經歷和生活而沒有創作活動方面的內容。夏衍寫《懶尋舊夢錄》多寫個人經歷、文事交往、文壇矛盾等而幾乎不解釋其作品。茅盾在寫個人經歷、人事關係等之外，亦注重顯示他作爲批評家的才能，對自己的作品有詳細的解釋和評論。如論及《虹》時除交代人物原型、象徵主題等之外，甚至提到作品中三峽之險的生動描繪是耳食於陳啓修等細節。對《子夜》的敘述、解釋更細緻。沈從文寫《從文自傳》也是成功的傳記批評。說到小時的水邊生活與寫作的關係：「我感情流動而不凝固，一派清波給予我的影響實在不小。我幼小時較美麗的生活，大部分都同水不能分離。我的學校可以說是在水邊的。我認識美，學會思索，水對我有極大的關係。」〔註49〕後來他還曾寫專文《我的寫作與水的關係》進行了更完整的引申。又如寫到年輕時交往的一個曾姓朋友時說：「我到後來寫過許多小說，描寫到某種不爲人所齒的年輕女子的輪廓，不至於失去她當然的點線，說得對，說得准確，就多數得力於這個朋友的敘述。」「這朋友最愛說的就是粗野話，在我作品中，關於豐富的俗語與雙關的比譬言語的應用，從他口中學來的也不少。」〔註50〕《從文自傳》的這類解析及關於「小書」與「大書」關係的生動敘述，使它被譽爲「培養作家的教科書」〔註51〕。這類對作家個人生活與寫作的對應關係的研究也正是典範的傳記批評。

其次，作家自傳對其他研究者所寫的作家傳記會產生直接的影響。而關於作家的傳記尤其是評傳當然也是傳記批評的重要形式。在上世紀30年代作家自傳寫作高潮時期，已開始出現一些作家評傳如《茅盾評傳》、《張資平評傳》等，但這些評傳其實主要是評論，而像沈從文的《記丁玲》等少數真正的傳記還未受到作家自傳的影響。80年代以後才真正出現了作家傳記或評傳

〔註49〕沈從文：《自傳集》，重慶大學出版社2011年版，第16頁。
〔註50〕沈從文：《自傳集》，重慶大學出版社2011年版，第136頁。
〔註51〕汪曾祺：《汪曾祺文集·文論卷》，江蘇文藝出版社1994年版，第114頁。

熱，到目前爲止，幾乎所有重要的作家都有了傳記或評傳，魯迅、張愛玲等傳記更可能在十數種以上。大陸較著名的傳記叢書有北京十月文藝出版社的《中國現代作家傳記叢書》、重慶出版社的《中國現代作家評傳叢書》、上海文藝出版社的現代作家系列傳記等。這些傳記除了少數是文學性傳記外，多數其實都是偏於歷史性、學術性的評傳，是 80 至 90 年代作家研究的主要形式，都可以說是傳記批評。這些評傳的傳主作家如果寫有自傳的話，一般應該都會被當作史料吸收到評傳中。如凌宇的《沈從文傳》就多處直接引用《從文自傳》，甚至「一本小書和一本大書」這樣的小標題也來自作家自傳。作家自傳給這些評傳提供了第一手史料，但其史料的不完整也可能遮蔽評傳寫作者的歷史視野。如，茅盾的自傳對茅盾評傳的寫作就有消極影響。讀茅盾自傳及評傳所獲的印象是「茅盾在日本過的是孤家寡人的生活，茅盾與他的傳記作者都『忘了』他與秦德君這段戀情。」〔註52〕僅有沈衛威的《茅盾傳》、邵伯周的《茅盾評傳》等少數評傳補齊了這段史實。另外，也許這些評傳比作家自傳更客觀、更有學術性，但較少能堪比作家自傳的生動性。更主要的是多數評傳不能在作家自傳基礎上將傳記批評向前推進。如寫郭沫若評傳往往會描敘其家鄉沙灣美好的自然環境和人文環境，都沒有注意到郭沫若在《我的幼年》中說自己出生於「土匪的巢穴」，並與《匪徒頌》對匪徒的禮贊關聯起來分析。當然也不會將這些與《創造十年》中對魯迅所罵「才子加流氓」的回擊放在一起解釋。

　　第三，從作家自傳去研究其自傳體小說也是傳記批評的應有內容。在文本中心論者看來，一般的作家——作品這種對應性傳記批評也許可以質疑，但對作家自傳體小說的研究或對擅長於自傳體寫作的作家尤其是習慣於寫自傳體作品的女性作家的研究，則傳記批評恐怕是必不可少的方式。而作家自傳在此就是富於說服力的更直接的證據。實際上，許多中國現代作家是既寫自傳也寫自傳體小說。郭沫若寫有《漂流三部曲》，郁達夫的多數小說皆自敘傳，其他還有廬隱的《海濱故人》、蘇雪林的《棘心》、林語堂的《賴柏英》、陳學昭的《工作著是美麗的》等等。如果把作家自傳和其自傳體小說乃至其他作品進行關聯研究應該就是一種深入的傳記批評。可以看到眞實的人生如何成爲解釋作品內涵的必要參照，自傳作品與其他作品之間形成何種互文關係等等。如，蘇雪林寫過童話《小小銀翅蝴蝶故事》，裏面使銀翅蝴蝶很受傷

〔註52〕王德威：《現代中國小說十講》，復旦大學出版社 2003 年版，第 96 頁。

的是有「刺」的蜜蜂。又寫過劇本《玫瑰與春》，其中使少女受傷的又是有「刺」的玫瑰。再寫自傳體長篇小說《棘心》，裏面還有「刺」的意象，酸棗樹（棘心乃酸棗樹嫩芽）有刺，耶穌頭戴的棘冠亦有刺。這三篇作品一浪漫空靈，一抽象晦澀，一具體卻又隱藏。最後我們才在蘇雪林的自傳中讀到他們夫妻間真實的故事，使她受傷的其實就是她那「冷酷、偏狹，還抱有大男人主義」的丈夫張寶齡。自傳與前三篇作品構成一種互文性，讓我們更深刻地感悟蘇雪林反覆書寫的婚姻悲劇，更好地解讀那些將生活變形地表達出來的藝術作品。在這裡起到橋梁作用的正好是作家的自傳。而作家自傳和自傳體小說的主要區別，是前者具有歷史的真實而後者多了一些虛構，借用蘇雪林的話是自傳體小說「一半屬於事實，一半則屬於……『美麗的謊』」。〔註 53〕傳記批評正是從作家自傳中尋找契機向自傳體小說挺進。不過，我們也不能迷信作家自傳的真實性，正如安德烈‧紀德所說：「無論回憶錄對真實是多麼的重視，它從來都是半真半假的：事情都永遠比人們所說的複雜。也許在小說中人們倒是能更接近真實。」〔註 54〕前面提到的《孤山的梅花》不如《瓶》真實正是一個好例子。國族的歷史書寫尚且有敘事性，作為個人之史的作家自傳更難免有虛構，這自然也是傳記批評的應警惕之處。

（原載《中國現代文學研究叢刊》2015 年第 4 期）

〔註 53〕蘇雪林：《蘇雪林文集》第 1 卷，安徽文藝出版社 1996 年版，第 218 頁。
〔註 54〕轉引自（法）菲力浦‧勒熱訥《自傳契約》（楊國政譯），三聯書店 2001 年版，第 241 頁。

中國現代作家書信的文史價值

　　書信在中國據說起源於戰國時期甚至更早，其歷史在 3 千年以上。它總名是「書」（雖然另一類「奏議」公文也可稱「書」），依書寫材料的不同，又稱「簡」、「箋」、「箚」、「牘」等；因書寫材料的長度（一尺左右），又稱「尺牘」、「尺素」、「尺書」、「尺翰」等；又有源自古詩文和逸事的雅稱，如「鯉素」、「飛奴」、「雲錦書」、「青泥書」等。在中國古代緩慢的郵驛節奏中，書信具有「家書抵萬金」的珍貴，也被寄寓了「一行書信千行淚」的情感。書信在西方被稱為「溫柔的藝術」，也是歷史悠久，據說始於希臘時代。到 18 世紀，西方書信進入黃金時期。在啟蒙運動中，書信成為交流思想和情感的重要載體。在文學中湧現感傷主義和浪漫主義思潮時，書信成為文學借助的重要形式，誕生了孟德斯鳩的《波斯人信箚》、盧梭的《新愛洛綺絲》、歌德的《少年維特的煩惱》等書信體文學名作。哈貝馬斯說：「十八世紀被稱為書信世紀並非偶然，寫信使個體的主體性表現了出來。……到了感傷時代，書信內容不再是『冰冷的信息』，而是『心靈的傾吐』。……書信是『心靈的複製與探討』，書信中充滿作者的血與淚。」〔註1〕此話道出了 18 世紀及此後西方書信（包括書信體文學）的重要特徵。這類更帶主體性特徵的西方書信（尤其是情書）及書信體文學名作在上世紀 20 年代前後就已經大量被譯介到中國，與偏於禮儀性的中國傳統書信一起影響著現代中國書信的寫作。中西兩種書信寫作傳統自然更深刻地引領著中國現代作家，他們在創作正規文學（含書信體文學）作品之外，也寫下了大量有獨特價值的書信。

〔註 1〕易曉明：《譯者序》，見《拜倫書信選》，經濟日報出版社 2001 年版，第 6 頁。

一、作家書信的生產

　　中國現代作家寫過大量書信，但保存下來的應該只是其總量中的一小部分。其散佚的程度遠大於正規的文學作品（那些作品能隨寫隨刊或能即時出版，所以保存的機會更多）。甚至作家的日記也會比書信的命運更好，因為它至少可以被作家自己所珍藏。而書信一寄出就可能隕星入海，非作家能自控。儘管有些作家有書信存底、編號或請求受信人擲還的保存意識，但由於戰亂、遷徙或政治等原因，當然還有作家和受信人對書信的不珍視，書信的銷毀、散佚情況十分突出，是現代作家所寫文字中散佚最多的部分。以周氏兄弟為例，魯迅一生所寫書信 6000 多封，現在僅存 1300 多封。周作人一生寫信約 2000 封，目前能見到的不及 800 封。著名作家的書信的存世情況尚且如此，一般作家的書信的命運自然更糟。

　　儘管這樣，作家書信還是有不少被完好保存下來。現在的許多作家全集，如《魯迅全集》、《胡適全集》、《沈從文全集》等，往往是收集其書信最多的文本。而這些書信中的一部分，又來自那些先前就已出版的書信集。它們可以體現作家書信生產的一般情形。最早的中國現代作家書信集當屬 1920 年出版的田漢、宗白華、郭沫若三人通信集《三葉集》。1920 年代較有名的書信集還有蔣光慈、宋若瑜二人的情書集《紀念碑》（1927 年版）。1930 年代是中國現代作家書信集出版的第一次高潮，出版了廬隱和李唯建的《雲鷗情書集》（1931 年版）、朱雯和羅洪的《戀人書簡》（1931 年版）、劉大白的《白屋書信》（1932 年版）、魯迅和景宋的《兩地書》（1933 年版）、《周作人書信》（1933 年版）、白薇和楊騷的《昨夜》（1933 年版）、《沫若書信集》（1933 年版）、朱湘的《海外寄霓君》（1934 年版）、《朱湘書信集》（羅念生編，1936 年版）、徐志摩和陸小曼的《愛眉小箚》（1936 年版）、《現代作家書簡》（孔另境編，1936 年版）、《魯迅書簡》（許廣平編，1937 年版）、鄭振鐸的《西行書簡》等十幾種書信集。1940 年代，作家書信集的出版驟減，僅有舒新城和劉濟群的《十年書》（1945 年版）、《魯迅書簡》（許廣平編，1946 年版）、《作家書簡》（平襟亞編，1949 年版）等少數幾種。1960 年代大陸未見現代作家書信集出版。1970 年代，也僅有香港出版的三種周作人書信集，大陸出版的一種《魯迅書信集》（1976 年版），以及從 1977 年開始出版的《胡適來往書信集》。1980 年代，現代作家書信集出版的第二次高潮到來。其中有 1980 年出齊的《胡適來往書信集》，而 1981 年一年就出版有《蕭紅書簡輯存注釋錄》（蕭軍編注）、

《魯迅給蕭軍蕭紅信簡注釋錄》（蕭軍編注）、《郭沫若書簡：致容庚》、郭沫若的《櫻花書簡》（唐明中等編注）、《傅雷家書》（傅敏編）等。隨後出版有《達夫書簡──致王映霞》（1982 年版）、《鄭振鐸書簡》（1984 年版）、《魯迅景宋通信集──〈兩地書〉的原信》（1984 年版）、《茅盾書簡》（1984 年版）、《聞一多書信選集》（1986 年版）、《丁玲書簡》（1987 年版）、《巴金書簡〔初編〕》（1987 年版）、《雪泥集：巴金書簡》（楊苡編，1987 年版）、《胡風書信集》（1989 年版）等書信集。1990 年代，繼續有大量現代作家書信集整理出版，如沈從文《湘行書簡》（收入 1992 年版《湘行集》）、《老舍書信集》（1992 年版）、《周作人早年佚簡箋注》（1992 年版）、《郭沫若書信集》（1992 年版）、《知堂書信》（1994 年版）、《家書：巴金蕭珊書信集》（1994 年版）、《從文家書》（1996 年版）、《胡適書信集》（1996 年版）、《郁達夫愛情書簡》（1996 年版）、《兩地書全編》（1998 年版）等。新世紀以來，出版的書信集則有《周作人與鮑耀明通信集》（2004 年版）、《志摩的信》（2004 年版）、《中國現代著名作家書信集錦》（2006 年版）、《胡風家書》（2007 年版）、《葉聖陶葉至善幹校家書》（2007 年版）、《蕭乾家書》（2010 年版）、《傅雷家書》（增訂本，2012 年版）等。除了這些書信集之外，現代作家書信也通過期刊雜誌的零星發表得以保存，有些在寫作的時代即被當作作品來發表，有些是作家身後發表的。其中，《新文學史料》從創刊至今就發表了大量現代作家的書信。

現代作家書信的絕大部分皆是私人信件，是私人之間傳遞信息、通情達愫的產物，一般不像正規文學作品那樣，寫作即為了出版和發表，而是因為某種機緣被出版被發表。這些書信大體上可分為情書、家書和交誼書三類，其中最具私密性的情書卻往往能較早發表或出版。這首先緣自時代和文化消費市場的需要。新文化運動開啟的人性解放思潮的重要方面是追求自由戀愛和自由婚姻，它成為一種時代主題和寫作主題，而情書恰恰是表達這一主題的重要載體或文類。讀者對情書有閱讀需求，書商也因情書熱銷而樂意出版，因而從 1920 年代至 1940 年代情書出版熱潮不減，大量情書和情書體小說不斷問世。據統計，這三十年內僅情書就出版有 40 多種。〔註 2〕這個數字還不包括大量情書選和情書體小說及西方翻譯過來的情書類作品。名記者黃寄萍有情書《現代夫婦》存世，無名女子金淑姿也因出版情書《信》而留名。名

〔註 2〕韓蕊：《個人的私語──中國現代書信體小說研究》，陝西人民出版社 2009 年版，第 38 頁。

作家的情書當然因為既可滿足普通人的窺視欲又可作情書寫作範本而更受歡
迎。於是許多作家原本無意披露的情書被出版並成為情書名作。魯迅和許廣
平的《兩地書》原本「是一任他墊在箱子底下的」,「竟又會有一個書店願意
來印這一本書」,於是就任其印出。不過,魯迅卻借情書的出版達到了自己的
多種目的:「我們以這一本書為自己紀念,並以感謝好意的朋友,並且留贈我
們的孩子,給將來知道我們所經歷的真相……」〔註3〕其次,有些書信的出版
或發表,是因為它們可作紀念物,出版交誼書正即為此,如《三葉集》。田漢
在其「序」中說「三葉」(kleeblatt)「係一種三葉蠹生的植物,普通用為三人
友情的結合之象徵。我們三人的友情,便由這部 kleeblatt 結合了。」這部書信
集正是田漢、郭沫若、宗白華三人「精神往來」、「披肝瀝膽」地談論人生、
婚姻和文藝的紀念物。魯迅出版《兩地書》也有「紀念」之意,顧詩靈的《情
人書簡》的題記乾脆直接寫上「紀念與芹妹同居」。當寫信中的一方突然故去,
書信也可以成為一種紀念物或祭奠物。如蔣光慈與其愛人宋若瑜的通信集之
所以取名為《紀念碑》,正是蔣光慈「序」中所說,是在宋死後一週年時,為
她做「一個小小的紀念碑」。其他如羅念生編《朱湘書信集》,淩淑華在《武
漢日報·現代文藝》上發表徐志摩的書信等也是為了紀念剛剛逝去的詩人。
另外,有些書信集的及時出版,是因為它們可以成為賣品,可以換錢救窮。
有許多現代作家初出茅廬,生活一如貧民,極度窮困之時,就會出現賣情書
現象。楊騷、白薇出版他們倆私密的情書集《昨夜》主要就是這樣。白薇在
該書序詩中引辛克萊《屠場》中人物的話解釋出賣情書的原由:「人到窮苦無
法時,甚麼東西都會賣。」楊騷「序」中也說是為了「拿點錢救窮。」秦豐
川的《戀人與情敵》、鍾敬文的《未寄的情書》的出版也是如此。作家書信集
出版的更重要的原因,是編選者看到了書信自身的多重價值。孔另境是較早
關注現代作家尺牘價值的作家,他在《現代作家書簡》(原名《當代文人尺牘
鈔》)的《鈔例》(鈔後誌)中就說:「文人書翰,中外古今,彌不珍貴。蓋以
文人生花之筆,即偶而揮翰,自亦較多風趣,如其一;次之,一登文壇,即
為社會所注意,作家之言行,在在足為文壇報導。惟藉他人之記載,究不如
作家自我報告之可徵,此所以自來文人之日記與書翰,其價值均足與其著作
相垺也。由前者,文人書翰實有文藝的價值。由後者,文人書翰更有社會的

〔註 3〕魯迅:《兩地書·序言》,《魯迅全集》第十一卷,人民文學出版社 1981 年版,
　　　　第 6 頁。

價值。」〔註4〕正因為看到這些價值，他才有心搜集了 58 位現代作家的書信編成此書，書前更有魯迅《序言》也強調了文人書信的價值。而平襟亞編輯的《作家書簡》更以作家書信手稿真迹影印出版，可見，於上述價值之外編者更見出現代作家書信的字迹學、辨偽學和書法藝術的價值。而作家家書的出版，是編選者、出版者另又看到了它的親情、家教的價值。如《傅雷家書》的增訂本《出版說明》就引樓適夷《代序》語以突出此書「不僅是『一部最好的藝術學徒修養讀物』，也是『一部充滿著父愛的苦心孤詣、嘔心瀝血的教子篇』。」〔註5〕1980 年代以後，作家書信的大量整理發表或出版，更主要的是整理者意識到其在作家研究和文學史研究中的獨特的史料價值。

二、文類三性

在中國古代的文體學中，書信是獨立的文類。作為一種獨立的文類，書信應該是一種應用文類，所以，其主要特徵是具有實用性。它是人們社會活動中的一種文字交往形式。如中國清代著名尺牘集《秋水軒尺牘》就將尺牘分為 8 類：敘候、慶弔、勸慰、請託、辭謝、索借、允諾、戲謔。一般書信正是這類社會事務和特定情感的文字表達。簡言之，即是人們之間達意通情的文類，所以，民國時期的《古今尺牘大全》又把書信的內容分為「敘事」、「達情」、「論理」三類。質言之，書信其實就是一種文字方式的信息傳遞和交流。中國現代作家的書信也是作家們現實生活中的一種實用文體，它傳遞的也是作家周遭世界和自身的諸種信息。其中，所謂敘事類書信，通常傳達的是作家身邊發生的事情或自身遭遇和經歷的事情，如葉聖陶的《渝滬通信》向上海的朋友敘寫自己在四川的生活，完全具有新聞報導的文字功能。胡適給母親的家書多寫自己每天的學習生活情形。沈從文的《湘行書簡》描敘了自己回鄉途中的見聞。這類書信有更高的信息密集度，是作家現實生活的全面敘述，實現了作家報平安、傳實信的目的。所謂達情類書信，則是作家心態、情感的寫照。家書、交誼書和情書都能達情，都是作家與家人、友人、情人等交流情感的有效途徑。其中，情書在達情上尤甚，是幫助作家獲取愛情的實用文類。如沈從文就是憑藉三年零九月的幾百封情書打動張兆和的，正如沈自己對妻子所說：「說老實話，你愛我，與其說愛我的人，還不如說愛

〔註4〕轉引自張澤賢《民國書信版本經眼錄》，上海遠東出版社 2009 年版，第 92 頁。
〔註5〕傅敏編：《傅雷家書》，天津社會科學院出版社 2012 年版，第 1 頁。

我寫信。」〔註6〕所謂論理類書信，於作家來說更能見其思想信息。友人之間對某問題的辯論、對某類理論的宣揚，長輩向子女傳授為人處世的道理等，都可通過這類書信來實現。總之，作家書信是傳遞、交流有關信息的實用文類，其目的是在時空阻隔中達到「如面」、「如晤」地交流信息的效果。現代作家書信基本是手寫真迹，更能體現「尺牘書疏，千里面目也」〔註7〕的功能。現代作家往往從屬於某一社團或流派，或有自己的小圈子，書信也就往往成為他們交流文學主張、辦刊宗旨、出版事務、文壇軼聞等的載體，書信在此時的實用功效有學者指為「紙上會議」、「紙上沙龍」，如田漢等的《三葉集》、新月派文人之間的通信等即是。

書信的實用性還可以從其他角度看，如明代作家王季重所言：「尺牘者，代言之書也。」有時候，當面不能言、不便言者就可以書信代之，這更見出了書信的實用功能。如「有期期乞乞，舌短心長，不能言而言之以尺牘者；有忞忞昧昧，暧違勿遽，不得言而言之以尺牘者；又有幾幾格格，意銳面難，不可以言言而言之以尺牘者。」〔註8〕這裡不善口頭表達者、當面不便直說者都可以以書信代言，這已不是因時空阻隔而通信的問題了，而是表達方式的轉換問題。有作家之間的矛盾，「意銳面難」說的話可以書信代達，如在魯迅、高長虹衝突中，高長虹於1926年10月10日寫了那封對魯迅表示不滿的長信。有作家寫情書是因「有許多話，是嘴上說不出來的。」而「嘴上說不出的話」寫出來更「有趣與神妙」。顧詩靈的《情人書簡》的產生正是如此。「以後我們雖然又同在一塊住了，我們還得互相寫信，有什麼話，間接在這裡講，而在我們之間卻保存著有趣的幽默……」〔註9〕另外，書信的實用性還體現在它是一種交際工具，明人盧柟所謂「書之宣上下通貴賤也」。〔註10〕作家書信則是作家間人事、文事交際的一種表現，書信的往復加強了他們的人際關係。

作家書信中有相當一部分在實用性之中也隱含了文學性。劉勰對書信的定義和特徵的概括其實更適用於文人書信：「故書者，舒也。」強調其舒展、吐露之特性。所以「詳書總體，本在盡言，言以散鬱陶，託風采，故宜條暢

〔註6〕沈從文、張兆和：《從文家書》，上海遠東出版社1996年版，第124頁。
〔註7〕《顏氏家訓·雜藝第十九》，轉引自趙樹功《中國尺牘文學史》，河北人民出版社1999年版，第39頁。
〔註8〕王季重：《王季重小品》，文化藝術出版社1996年版，第143頁。
〔註9〕顧詩靈：《情人書簡》，新宇宙書店1929年版，第41頁。
〔註10〕轉引自趙樹功《中國尺牘文學史》，河北人民出版社1999年版，第19頁。

以任氣，優柔以懌懷；文明從容，亦心聲之獻酬也。」〔註 11〕這可說明文人書信不像普通人書信那樣僅僅以傳遞信息爲目的，而是可以散鬱結、抒心懷，可以寫得有風神、有文采，即已具有了抒情性、形象性等文學性特徵。而能留傳下來的文人書信往往更具有文學性或具備部分文學性。古人認爲：「尺牘者，古文之唾餘。」那是批評其帶有程序化寫作等「尺牘氣」，但畢竟還是把它看成古文的一部分。實際上，中國古代文學史上許多散文名篇其實就是書信。有學者認爲從魏晉開始，書信的寫作「極大地加強了藝術色彩，彷彿寫信不僅是交流思想，傳遞信息，還要騁才華，託風采，叫讀信者欣賞一篇美文，於是書信也就不單純是社會必需的應用文體，而成爲一種文學創作，成爲文學之林的一種具有獨立地位的文學樣式。」〔註 12〕這段評論和劉勰對書信的界定同樣適用於中國現代作家書信。

現代作家對書信是否屬於文學，意見並不一致。如魯迅把它看作「非文學作品」〔註 13〕。周作人則認爲「尺牘是文學中特別有趣味的東西」。〔註 14〕朱光潛也把書信看成「最家常親切的藝術」。〔註 15〕施蟄存甚至提出「書信文學」的概念。〔註 16〕而有書信文學研究者提出的注意「文學書信」和「書信文學」的區分的觀點，顯得更有學理性。認爲那些帶有文學特色的書信可稱爲「文學書信」，而「書信蛻化爲形式的外殼，文學一躍爲創作的靈魂」的作品則爲「書信文學」。〔註 17〕現代作家書信除去一些實用性書信，有許多都可以稱之爲文學書信。從一般意義上講，作家在寫信過程中，有可能進入「創作」狀態，充分張揚主體性，從而筆帶感情、文采飛揚，使書信具有某種文學性。在具體的書信類別中，作家的情書更具傾訴特徵，更有可能成爲文學書信。如徐志摩的《愛眉小箚》中的許多情書盡顯作者性靈，情感和筆墨也都有他的純散文那種「濃得化不開」的特點。沈從文的《湘行書簡》則是情書、家書和遊記的混合體，完全可以當美文來讀。作家的家書中有許多也皆

〔註 11〕周振甫：《文心雕龍注釋》，人民文學出版社 1981 年版，第 227 頁，第 228 頁。
〔註 12〕褚斌傑：《中國古代文體概論》，北京大學出版社 1984 年版，第 378 頁。
〔註 13〕魯迅：《孔另境編〈當代文人尺牘鈔〉序》，《魯迅全集》第 6 卷，人民文學出版社 1981 年版，第 414 頁。
〔註 14〕周作人：《日記與尺牘》，《語絲》17 期，1925 年 3 月。
〔註 15〕朱光潛：《談書牘》，《藝文雜談》（吳泰昌編），安徽人民出版社 1981 年版，第 16 頁。
〔註 16〕陳子善等編：《施蟄存七十年文選》，上海文藝出版社 1996 年版，第 317 頁。
〔註 17〕韓蕊：《個人的私語》陝西人民出版社 2009 年版，第 1～2 頁。

文學書信，如《傅雷家書》可歸於議論散文，魯迅、許廣平的《兩地書》是情書加家書，其中魯迅的書信雜文色彩濃厚。作家的交誼書中也不乏具有文學性之作，如徐志摩寫給淩淑華的那些書信。如果作家們對這些書信略加刪改、潤飾，當時就出版或發表出來，它們就會更接近「文學」。如鄭振鐸的《西行書簡》本是寫給他夫人的家書，修改後當作品出版，收入他的全集時就被列入「散文」集而非書信集。因爲文學書信離「文學」很近，即便是後來整理出版的，人們也不忍把它編入作家全集的書信集，如沈從文家人整理的《湘行書簡》就被編入全集的「散文」集之中，與《湘行散記》並置。這也從一個特定角度證明文學書信具備文學性。而所謂書信文學，則指借書信之體所寫的那些書信體散文，如周作人的《烏篷船》、冰心的《寄小讀者》等，或書信體小說，如盧隱的《或人的悲哀》、郁達夫的《蔦蘿行》等。這類作品明顯屬於文學，具有文學的虛構性特徵，但借用了書信形式所具有的眞實性和親切感。實際上文學書信與書信文學之間的界限有時難以區分。如秦豐川的《戀人與情敵》是私人書信還是書信體小說就難以判定。〔註 18〕又如冰心的《寄小讀者》一般被認定爲散文或遊記，屬於書信文學，但有人考證其中有些篇章其實就是眞實的家書。「在總計 29 封通信中，至少有 8 封是私人信件，四封寫給父母（通訊九、十三、二十四、二十八）、四封寫給弟弟（通訊八、十六、二十一、二十三）。」〔註 19〕這些文學書信夾在書信文學中讓人辨不出其差異。這也是中國現代作家書信具有文學性的佐證。

　　作家書信在傳播過程中又形成延異性，它包括延時性和變異性。這首先是指其傳播效應具有延時或延擱的特徵。在比古代郵驛相對較快的現代郵政系統中，書信的傳遞依然需要較長的時間，如民國時期，國內通信數天或十數天才能收到是常有的事情，而國內與歐洲之間的通信得一月以上才能收到。與電報相比，書信不具有時效性，其傳遞的信息往往在郵遞過程中被延時被延擱。如徐志摩捲入與有夫之婦陸小曼的熱戀而被迫出走歐洲，沿途寫信。在 1925 年 4 月 10 日寫給陸小曼的信中問及身體狀況，擔心她發病，抱怨「一封信來回，至少得四十天，我問話也沒有用，還不如到夢裏去問吧！」

〔註 18〕張鶴：《虛構的眞迹》，人民文學出版社 2006 年版，第 4 頁。
〔註 19〕尹玉珊：《論冰心留美期間的書信體寫作》，《中國現代文學研究叢刊》2009年第 1 期。

〔註20〕中間他收到胡適的信及電報，得知陸小曼住進協和醫院，但直到 1925 年 6 月 26 日才收到陸小曼 5 月 19 日至 21 日寫來說及病情底細的信，這期間徐志摩如坐針氈地盼陸小曼的信。書信不像電信那樣及時，而是寫信者與收信者之間隔空延時的對話。在這種延時當中，收到的信息是以前的信息，對方當下的信息只能付於猜想了。同時，在通信中，寫信人和收信人都會產生掛念、期盼、焦急等複雜情感，書信的情感體驗之所以如此豐富也部分地來自這種延時性。作家書信的延時性還體現在其社會影響的延時性上。如果作家的公開信或私人書信能及時發表，那才具有社會影響的時效性，而一般情況下，作家書信的社會影響皆後滯。作家書信往往是寫給個人或少數人，只是一種人際傳播，其影響只到個人或少數人而終止。只有書信被整理發表、被發掘出版，它才進入公共傳播領域，才會發生廣泛的社會影響，而這往往要等上若干時間，有的甚至要等到作家的終老故去。如沈從文的《湘行書簡》寫於 20 年代，出版卻已是 90 年代。葉聖陶的《渝滬通信》寫於 1938 年，發表時已是 1982 年。大部分作家的書信正是在這種延時中進入公眾視野，進入文學研究者視野，進而被整合到文學史真相和細節的敘述之中。

作家書信在延時傳播中又會變異，這主要是指進入公共傳播的過程中，書信文本發生的變異。作家書信是私人文本，它不同於一般人書信之處在於它更有發表或出版的價值。而當它從私人領域進入公共領域之時，書信中涉及的某些隱私或可能引發人際糾紛和社會矛盾的內容必會做出修改和刪除，於是這些書信文本就發生變異，產生異文。作家自己在發表和出版這些書信時往往就做了必要的修改、增刪。魯迅出版《兩地書》就作了不少修改，如第一一二號信增加一段：

> 我這才明白長虹原來在害「單相思病」，以及川流不息的到我這裡來的原因，他並不是為《莽原》，卻在等月亮。但對我竟毫不表示一些敵對的態度，直待我到了廈門，才從背後罵得我一個莫名其妙，真是卑怯得可以。〔註21〕

這一段話及時地披露了真相，嘲諷了高長虹。又如第一二六號信在人名、署名、部分信內容上都作了修改，其中刪去原信（第一四一號）的一段為：

> 叢蕪因告訴我，長虹寫給冰心情書，已閱三年，成一大捆。今

〔註20〕《徐志摩全集》第六卷，天津人民出版社 2005 年版，第 93 頁。
〔註21〕《魯迅全集》第 11 卷，人民文學出版社 1998 年版，第 275 頁。

　　　　年冰心結婚後，將該綑交給她的男人，他於旅行時，隨看隨拋入海

　　　　中，數日而畢云。〔註22〕

　　這裡，魯迅不願在公開的書信文本中傳播那些傳聞而刪改了私人情書中的話，又顯出其厚道。《兩地書》的原信一直延時到 1990 年代後期以後才開始由一些出版社出版，這部情書才在公眾領域中完全顯露眞容。比較起來，原信眞像情書，而魯迅修改的《兩地書》更像雜文了。其他如鄭振鐸的《西行書簡》也刪去了原信中的一些「私語」，使家書變得更像遊記了。另外，作家書信經他人之手發表或出版時往往也會作一些刪節處理，從而使書信文本發生變異。如凌淑華作爲收信人發表徐志摩的書信時作了刪節。吳調孚作爲編輯在《文學集林》上發表葉聖陶在四川寫的書信時常作刪節。曉風作爲家屬整理出版《胡風家書》時也未完整地呈現家書原貌。平襟亞作爲收藏者出版了那本珍貴的手迹版《作家書簡》，但信頭收信人的名字皆被抹去。總之，作家書信在延時傳播中出現變異是一種普遍現象。這種變異如果還從本雅明的觀點去看，那就是「光暈」的消失。中國現代作家的原信往往用鋼筆甚至毛筆書寫，它典型地體現了作家書信藝術和書法藝術的獨一無二性，甚至文物價值。而這些書信一旦通過機械複製來發表和出版，其原有的光暈或靈光將大大減退，這也是一種特殊的變異吧。

三、文學史價值

　　作家書信的文學史價值首先體現爲史料價值。書信對於通信者來說是情感交流載體，也是重要信息源。而對於後來的讀者和研究者來說，它可以是一種普通讀物，但更重要的還是一種信息源，是珍貴的歷史讀物。正如有學者概括：「書信總是屬於歷史的，是社會史、文化時和心靈史的重要資料，具有文獻的價值。」〔註23〕事實上，現代作家書信的挖掘、發表和出版，人們更看重的也是其史料、文獻價值。這些書信不只透露個人信息，同時也是時代歷史的記錄。如葉聖陶《渝滬通信》就向上海的親友報告了戰時重慶的轟炸、政局、文化乃至飲食等信息，其價值不亞於當時的新聞寫眞。現代作家在動蕩時代的遷徙、遊曆中寫了大量書信，使他們成爲名符其實的社會通信員、民間采風者和歷史見證人，信中記下的所經所歷所觀所感，可豐富一般

〔註22〕魯迅、景宋：《兩地書·原信》，中國青年出版社 2005 年版，第 304 頁。
〔註23〕楊正潤：《現代傳記學》，南京大學出版社 2009 年版，第 362 頁。

的歷史研究。即便是私人情書亦可為社會史料。如《兩地書》涉及女師大事件、研究系、書信檢查及其他許多時政內容。而舒新城、劉濟群的《十年書》記錄了兩人戀愛經歷的曲折,「那一段滿城風雨幾乎送掉性命的苦難的歷史,正是那一箇舊社會惡勢力的反映。」即中國西南一帶「以舊軍人偽君子衛道者和臭名士所聯合組成的封建的舊社會」把男女交遊、戀愛看作倫理犯罪並加以鎮壓的社會現象的反映。因此劉大杰認為它「不是一本純粹的情書」,它「不忘記人生問題、修養問題以及社會問題,」「很能反映當日的社會形態與地方色彩」,「時代的影子,留得相當顯明。」〔註24〕這部情書因此可成為社會史、文化史等歷史寫作的絕好材料。

作家書信的歷史價值更主要地體現在它所具有的文學史料價值上。魯迅在論及現代作家書信時說:「遠之,在鉤稽文壇的故實,近之在探索作者的生平。」〔註25〕這大體指出了作家書信在文學史料上兩個層面的價值。作家書信中涉及的文壇故實可以包括很多方面:諸如文學運動的提倡、文學論爭、社團事務、文事交往關係等等。以胡適的書信為例,可從中鉤稽大量現代文學的史料。如1916年8月21日致陳獨秀的信中提出的文學革命的「八事」與後來所寫的《文學改良芻議》等文的文字內容及次序都有差異。1919年給《晨報》副刊的信中提及《晨報》所刊小說《人道主義》借用了他自己所譯英詩《老洛伯》的事實與布局。1923年5月15日致郭沫若、郁達夫的信中解釋他們之間的筆墨官司問題。1931年12月28日致淩淑華的信中索要扣留的徐志摩日記。1934年3月13日分別致沈從文信、致吳奔星信解釋何家槐不可能「偷」別人作品之事。1936年12月14日致蘇雪林信涉及蘇雪林反魯及魯迅抄襲等問題。如此等等,內容豐富。這些內容中有些牽涉了現代文學史上的重大學案史料。如在給蘇雪林信中勸她評價魯迅要持平,說:「魯迅自有他的長處。如他的早年文學作品,如他的小說史研究,皆是上等之作。通伯先生當日誤信一個小人張鳳舉之言,說魯迅之小說史是抄襲鹽谷溫的,就使魯迅終身不忘此仇恨!現今鹽谷溫的文學史已由孫俍工譯出了,其書是未見我和魯迅之小說研究以前的作品,其考據部分淺陋可笑。說魯迅抄鹽谷溫,真是萬分的冤枉。鹽谷一案,我們應該為魯迅洗刷明白。最好是由通伯先生寫

〔註24〕 劉大杰:《十年書·敘》,轉引自張澤賢《民國書信版本經眼錄》,上海遠東出版社2009年版,第192頁。
〔註25〕 魯迅:《魯迅全集》第6卷,人民文學出版社1998年版,第414頁。

一篇短文，此是『gentleman〔紳士〕的臭架子』，值得擺的。」〔註 26〕這是涉及凌淑華抄襲事件及魯迅「抄襲」事件的重要史料。而從《兩地書》中則可鈎沈魯高衝突、魯迅與左翼作家的文事交往、魯迅與顧頡剛的矛盾等文壇史料。其他許多作家的書信都可以成為現代文壇故實的重要信息源。另一方面，作家書信中所蘊含的個人信息和個人生平史料可能更豐富，大凡作家的經歷、交遊、思想、情感、個性乃至日常起居等都會在書信中呈現。如葉聖陶在四川寫的《渝滬通信》、《嘉滬通信》等詳細敘述了他在四川的生活：受聘復旦、武大，教中學語文，買書編書，與小學四友相聚，與文人交往，逃空襲等等，這些信件對研究葉聖陶的生平所具有的價值可等同於其日記（因為葉聖陶寫於此期的日記在樂山轟炸中被燒掉了，葉自己認為這些信件可補足這一空白）。而從作家的家書、情書中可能會更多地鈎稽出作家的個人史料。如《兩地書》中可見魯迅在廈門大學等地的經歷，他的人事和文事交往，他對研究系、顧頡剛及其他文人的評價，他的政治觀、社會觀、人生觀、倫理觀等，他的婚姻及家庭矛盾等。作為情書當然更細緻地呈現了他與許廣平從師生到戀人到夫妻的情感變化、身份變化及相互間的稱謂變化。當然也顯露了魯迅寫情書「含而不露，好用欲親反疏的曲筆」〔註 27〕的表現方式，甚至於披露了魯迅要公開出版這部情書的眾多原因。

作家書信中的史料還包括其他方面，如對作家、作品的評論等都是文學史研究的好史料。在《三葉集》的第一封信中，宗白華就對田漢預言郭沫若是「一個東方未來的詩人。」〔註 28〕徐志摩在給陸小曼的一封信（即《翡冷翠的一夜》的「序」）中則引朋友的話作自我認同：「志摩感情之浮，使他不能為詩人；思想之雜，使他不能為文人。」〔註 29〕而聞一多在給臧克家的信中則不認同自己是「技巧」派：「說郭沫若有火，而不說我有火，不說戴望舒、卞之琳是技巧專家而說我是，這樣的顛倒黑白⋯⋯」〔註 30〕朱湘在給戴望舒的信中說：「《雨巷》在章節上完美無疵。」「兼采有西詩之行斷意不斷的長處。在音節上，比起唐人的長短句來，實在毫不遜色。」〔註 31〕沈從文在給張兆

〔註 26〕 胡適：《胡適全集》第 24 卷，安徽教育出版社 2003 年版，第 324～325 頁。
〔註 27〕 王得後：《〈兩地書〉研究》，天津人民出版社 1982 年版，第 259 頁。
〔註 28〕 轉引自張澤賢《民國書信版本經眼錄》，上海遠東出版社 2009 年版，第 5 頁。
〔註 29〕 顧永棣編：《徐志摩詩集》（全編），浙江文藝出版社 1983 年版，第 459 頁。
〔註 30〕 《聞一多全集》第 12 卷，湖北人民出版社 1993 年版，第 381 頁。
〔註 31〕 轉引自張澤賢《民國書信版本經眼錄》，上海遠東出版社 2009 年版，第 36 頁。

和的信中說看自己的《月下小景》:「方知道原來我文章寫得那麼細。這些文章有些方面眞是旁人不容易寫到的。我眞爲自己的能力著了驚。」〔註32〕在給兒子的信中,沈從文又斷定:「……自然景物的愛好,實在不是農民情感。也不是工人情感,只是小資情感。將來的新興農民小說,可能只寫故事,不寫背景。」〔註33〕對新中國工農兵文學有了自己的認知。這些評判都是作家、作品研究的絕好的「證詞」類史料,有的可謂不刊之論。總之,作家書信中蘊藏有大量還未鈎稽並被應用的文學史料。而跳出來看,多數作家書信都是日後被當作佚文來發掘的,佚文的發現當然增加了現代文學的史料總量。

對現代作家書信史料價值的評判一方面應注意它的較高的價值層級。首先,它往往是及時的信息交流,是對文學史眞相及作家個人信息的近距離的記錄,所以,作家書信中的史料可信度比日後的回憶錄或口述歷史更高,記憶誤差會更小。其次,作家書信是私人文獻,是個別人或少數人的專利閱讀之物,其私密級別僅次於日記而在作家自傳之上。因爲大多數作家私人書信並非爲發表或出版而寫,所以寫作時較少公共傳播的顧忌,在私密書寫中掩飾較少而可能泄露更多的眞實信息。正如魯迅所說:「比起峨冠博帶的時候來,這一回可究竟近於眞實。所以從作家的日記或尺牘上,往往能得到比看他的作品更其明晰的意見,也就是他自己的簡潔的注釋。」〔註34〕因爲是私信,不必板著面孔,不必太正經,所以,徐志摩給胡適的信中可以以淫喻喻作文之道:「我在旅次實不能作文。勉強爲之,等於『早泄』,頗非經濟之道。此行原爲養蓄,故多看多談多收吸,而忍不泄,或可望『不得不』時稍見濃厚也!」〔註35〕在私信中也不必繞彎子,可直說,多眞話,所以胡適可以直截了當地批評蘇雪林罵魯迅的文字有「舊文字的惡腔調,我們應該深戒。」〔註36〕而聞一多在給臧克家的信中講了眞話之後更不忘叮囑他保密:「信裏所談的請不要發表,這些話只好對你個人談談而已。千萬千萬。」〔註37〕第三,作家書信中會包含更多的不經意的史料。多數書信的寫作目的是與親友等交流信息和情感,不必像公開發表作品那樣刻意而爲,所以,更可以「從不經意處,看出這人——社會的一分

〔註32〕 《沈從文全集》第十一卷,北嶽文藝出版社 2009 年版,第 139～140 頁。
〔註33〕 《沈從文全集》第十九卷,北嶽文藝出版社 2009 年版,第 246 頁。
〔註34〕 《魯迅全集》第 6 卷,人民文學出版社 1998 年版,第 415 頁。
〔註35〕 《徐志摩全集》第 6 卷,天津人民出版社 2005 年版,第 253 頁。
〔註36〕 《胡適全集》第 24 卷,安徽教育出版社 2003 年版,第 324 頁。
〔註37〕 《聞一多全集》第 12 卷,湖北人民出版社 1993 年版,第 382 頁。

子的眞實。」〔註38〕從中發現不經意的史料。而不經意的史料的價值當在經意史料之上。另一方面，也不能過高估計作家書信的可信度和史料價值。既是私信，就免不了寫信者的主觀私見和小圈子偏見，甚至免不了傳播謠言、傳聞等；既是私信，也免不了信筆而寫從而對史實的敘述不全面、不完整等。這當然只是一種普遍的判斷，對具體的書信寫作者和書信文本應作特殊的甄別和歷史的評判。如應該考慮書信寫作者的性格、習慣、境遇等因素。魯迅就曾坦白：「書信是最不掩飾，最顯眞面的文章，但我也並不，我無論給誰寫信，最初，總是敷敷衍衍，口是心非的，即在這一本中（引者按：指《兩地書》），遇有較爲緊要的地方，到後來也還是往往故意寫得含糊些，因爲我們所處，是在『當地長官』，郵局，校長……，都可以隨意檢查信件的國度裏。」〔註39〕另外，由於書信傳播的延異性，使得許多作家的原信比發表或出版的信件的可信度更高。如《兩地書》原信中的許多眞實的歷史人名皆被假名替代：「錢玄同」寫作「金立因」，「顧頡剛」寫作「朱山根」等，甚至「小白象」這樣的昵稱也被「EL」這樣的英文縮寫所取代。還有許多歷史信息的刪改。葉聖陶發表的《渝滬通信》也不及其原信可靠，因爲他說：「爲了『存眞』，我重看這些書信的時候，只刪去了極少數無關緊要的瑣事；此外還作了少許修潤，這可以說是當編輯的改不了的職業病。」〔註40〕刪節出版的《胡風家書》的史料價值也不及原信，至於在 50 年代作爲批判材料公佈的胡風書信更是斷章取義的史料。所以，眞正接近歷史眞相的史料當是作家的原信。

作家書信的文學史價值還體現爲它本身就應該是現代文學的一部分。作家書信具有實用性，所以往往被劃到應用文之中。作家寫信的當時，的確主要是出於交流信息和情感的實用目的，但對於後代讀者來說，這些書信具有了史料價值，它也就成爲了歷史的一部分。它當然不是正史，有點類似稗史，更確切地說是個人之史，或是作家的一種亞自傳。而其實，大部分的作家書信都是文學書信，應歸於文學的範疇。人們一般是把它歸於散文，但這難顯其特性。西方在 19 世紀末以後把書信歸於個人文學或私人文學，「這樣的作品包括日記、書信、隨筆、回憶錄和往事追憶等。」〔註41〕即作家書信是私

〔註38〕《魯迅全集》第 6 卷，人民文學出版社 1998 年版，第 414 頁。

〔註39〕《魯迅全集》第 11 卷，人民文學出版社 1998 年版，第 5 頁。

〔註40〕《葉聖陶集》第 24 卷，江蘇教育出版社 2004 年版，第 169 頁。

〔註41〕（法）菲利浦・勒熱納：《自傳契約》（楊國政譯），三聯書店 2001 年版，第 2 頁，第 203 頁。

人文學中的一種。而「個人文學」。「私人文學」這兩個概念還是有些含混。
筆者認爲書信也應屬於「非虛構文學」。非虛構文學比私人文學的內涵、外延
要大，還包括遊記、自傳等。非虛構文學與虛構文學共同使「文學」成爲完
整。中國現代文學產生以來，我們被西方的「文學」觀念所限，把虛構看成
文學的主要特性，結果把大量非虛構文學作品排斥在文學之外，文學成了「純」
文學。如果我們不自囿於這一「文學」概念，而像中國古人那樣持「大文學」
觀，那麼作家書信這一類非虛構文學就理應歸於文學。如果現代作家的文學
書信因具有「文學性」而能歸於文學 ，那將能從總量上豐富中國現代文學，
豐富非虛構文學，進而避免現代文學史敘述的結構性缺失。這正是作家書信
的文學史價值的重要表現。其次，作家書信歸於文學之後，還會使我們對文
學的本體特徵有新的認知。文學不僅具有我們前面所提到的「文學性」特徵，
按伊瑟爾的觀點，文學還具有交往性和應用性。〔註42〕作家書信正是在傳遞
信息的應用中，在作家與他人的隔時空的交往中生成。

　　作爲非虛構文學的一部分，作家的文學書信同其他非虛構文學一樣，以
「眞實」爲其寫作倫理，指涉現實中的人、事，從而成爲帶有歷史性質的寫
作，兼有了歷史與文學的特性。作家書信還與其他非虛構文學一樣，是虛構
文學的互文本，提供了作家的虛構文學的背景、原型材料。有些作家書信甚
至與其文學作品之間有更具體的互文關聯，如沈從文的《湘行書簡》與《湘
行散記》之間。但同爲非虛構文學，作家書信又有自己的生產特性。其一，
大多數作家書信其實就是書信形式的對話，是在隔時隔空的對話中，是在寫
信人和收信人的一問一答、一往一復中相互激發相互生成的。1920 年代初，
胡適與郁達夫因余家菊的譯文起了文事糾紛，他們先是以文章、小說互相嘲
諷。1923 年他們則有一次通信，5 月 15 日胡適致信郭沫若、郁達夫表示道歉
並爲考據學辯護，在講理之中顯出紳士態度。郁達夫於 5 月 17 日覆信胡適，
卻是綿中帶剛。這種通信的形式比其他文學形式更具對話性和相互生成性。
文壇糾紛可以以書信對話，作家的交誼更可以生成對話的書信文本，如《三
葉集》，如徐志摩因爲淩淑華這個理想的「通信員」而寫出的許多書信。作家
情書的生成來自更高頻率、更具有激發力量的對話，如《兩地書》等。其次，
作家書信往往信筆而寫，可稱爲即興式寫作，即朱光潛所謂「隨時應機，無

〔註42〕沃爾夫岡・伊瑟爾：《虛構與想像》（陳定家等譯），吉林人民出版社 2011 年
　　　　版，第 1 頁。

意為文，稱心而言，意到筆隨，意盡筆止。」〔註43〕這種寫法也可直接稱為「信筆」，不同於「文筆」。信筆當然會斟詞酌句，會考慮說話的身份、語氣、稱謂等，但它總體的寫法、布局可以是隨意的、自由的，不必像一般為「文」那樣講起承轉合，講結構的完整和嚴謹。總之，作家書信在非虛構文學中有自己的特性和價值，可以作為現代文學的一部分，甚至也成為虛構類文學借取的形式資源。現代作家書信還不可能如中國古代尺牘那樣寫出一部尺牘文學史（如已出版有趙樹功的《中國尺牘文學史》），但大量的書信文本的實際存在當引起文學研究者的注意，把它們歸為非虛構文學足以提升它們的文學史價值。

四、樸學式研究

目前，對中國現代作家書信的研究有幾種不同的角度，一是把書信歸為「邊緣自傳」的一種，從私人文獻角度考察其中的信息、身份等。如傳記學研究常引證某些現代作家書信集。〔註44〕二是把書信歸為文學，但只屬於「潛在寫作」和私人寫作，而這又主要集中在對沈從文書信的研究上。如有學者把《從文家書》看成「潛在寫作」文本，是沈從文「捨棄了公開層面的承擔，卻在私人空間中開闢出另外一塊天地」，是觸摸「個人心靈與日常生活中的現實以及其背後所蘊含的歷史底蘊」，是超越於「實際功利的更高境界」及「另外一種『抽象的抒情』」，「守住了一種純正的文學精神。」〔註45〕有的學者則認為《湘行書簡》突破了「私人空間、個人空間狹窄化」，有「民族、生命、歷史，甚至大到一個比人的世界更大的世界。」所以，它是超越了普通情書的「私人寫作」。而從沈從文的「土改家書」中則發現了他對新興的工農兵文學的不滿：「只有故事，絕無風景背景的動人描寫」，「寫社會變化沒有和歷史結合起來」。而「不能和自然結合，不能和歷史結合，是因為缺乏『有情』。」進而關注到沈從文對「有情」與「事功」關係的思考：在歷史傳統中，「『有情』和『事功』有時合而為一，居多卻相對存在，形成一種矛盾的對峙。對人生『有情』，就常常和在社會中的『事功』相背斥，易顧

〔註43〕朱光潛：《談書牘》，見吳泰昌編《藝文雜談》，安徽人民出版社 1981 年版，第 161 頁。

〔註44〕楊正潤：《現代傳記學》，南京大學出版社 2009 年版，第 364～368 頁。

〔註45〕劉志榮：《潛在寫作 1949－1976》，復旦大學出版社 2007 年版，第 47 頁，第 50 頁。

此失彼。」沈從文藉此思考的是「他自己正遭遇的思想和文學上的困境」，他傾向於「有情」，而政治要求的是「事功」。〔註46〕以上兩種角度的研究，成果都較少，且有局限。前者僅把作家書信限於「個人自傳」的一部分，對其社會價值和文學史價值關注不夠。後者側重發掘作家書信的文學與精神意義，從而提升「潛在寫作」和「私人寫作」的價值，卻對其史料性關注不夠。而第三種研究可稱爲樸學式研究，不但成果較豐富，而且都對作家書信有更細緻的研究。

　　所謂樸學式研究是指借用中國傳統的樸學方法來研究現代作家書信。樸學研究有「窄而深」的專題性研究取向，追求博證，多用歸納法和演繹法等一般特徵。樸學研究又具體化爲訓詁學、校勘學、目錄學、版本學、輯佚學、辨僞學、考據學等不同的分支學科及其各自特有的治學方法。而所有這些分支學科又都離不開考據，所以樸學又可統稱考據學。〔註47〕樸學方法經過 20 世紀科學主義思潮的洗禮，經過現代化的轉型，已廣泛運用於文史研究。中國現代文學研究中也有這種方法的應用，而現代作家書信尤其是樸學式研究可以大展手腳的對象。作家書信往往散見於一些報刊，更多的是收藏於收信人手中，或散佚於書攤等處，這首先就有一個輯佚的問題。作家書信可能是作家的文字中最有可能散佚的部分，運用輯佚學的相關知識，搜集作家書信，就是對作家寫作內容和現代文學文獻的補缺和豐富。作家家屬或收信人將珍藏的作家書信整理出版，當然是對現代文學研究的重要貢獻，如《湘行書簡》、《兩地書原信》的問世等。其他人的輯佚也會功莫大焉，如孔另境編的《現代作家書簡》、嚴襟亞編的《作家書簡》、徐慶全的《名家書箚與文壇風雲》等皆書信輯佚佳作。而作家全集書信卷的編纂則可謂其書信輯佚的集大成者。與作家書信輯佚相關的是辨僞問題。在年代並不久遠的現代作家書信輯佚中，辨僞應該不能算是普遍的問題，但也不能排除作家書信造假的現象，據說陳明遠就僞造了許多郭沫若寫給他的書信。郭沫若的原任秘書王戎笙就通過作家手迹及其他辨僞學知識披露了這些書信造假問題。認爲收入黃淳浩編的《郭沫若書信集》中編號爲第 1 至 14 號即 1953 年 7 月 12 日至 1956 年 7 月 18 日「郭沫若」寫給陳明遠的 14 封書信，編號爲第 53 號至 69 號即 1963 年 1 月 29 日至 1966 年 1 月 5 日「郭沫若」致陳明遠的 17 封書信全是陳明遠

〔註46〕張新穎：《沈從文精讀》，復旦大學出版社 2005 年版，第 211～213 頁。
〔註47〕金宏宇：《樸學方法與現代文學研究》，《中山大學學報》2009 年第 3 期。

僞造的。〔註48〕這種辨僞確證了郭沫若的治學名言：「材料不夠固然大成問題，而材料的眞僞或時代性如未規定清楚，那比缺乏材料還要更加危險。因爲缺乏材料，頂多得不出結論而已，而材料不正確便會得出錯誤的結論。這樣的結論比沒有更要有害。」〔註49〕作家書信的辨僞也同此理。

又因爲有修改和異文，因爲發表、出版的書信和原信的內容有所不同，所以作家書信往往有不同的版本，這就需要有版本學角度的研究，去弄清作家書信的版本譜系、辨別版本差異和優劣、指出文學研究中的書信版本選用問題等。而目前，這種研究並沒有全面展開。已有學者指出《兩地書》有《魯迅與景宋的通信 兩地書》、《兩地書全編》（即《兩地書》+原信）、《兩地書眞迹》等不同版本。〔註50〕而其他作家書信的版本也有待研究，如葉聖陶的《嘉滬通信》就有《文學集林》、《收穫》上的兩個不同的發表本。《傅雷家書》也有不同版本，其初版本只收 118 封信（選自傅聰當時所保存的 125 通中文信和傅雷給傅敏的 2 通書信），而天津社會科學院 2012 年新版的《傅雷家書》則收信 184 封，差異甚大。如初版本中樓適夷的《代序》提到他 1957 年在傅雷家讀到傅雷參加中共中央宣傳工作會議後給傅聰寫的「一封長篇覆書」，但由於初版本「選編是非常嚴格的，它沒有收入瑣碎的家人生活瑣事和當時的一些政治談論，我上面提到的那封信，就沒有收入在內。」而新版則收入此信，此信附有 1957 年 3 月 12 日下午毛澤東在宣傳工作會議上講話的傅雷記錄稿，其中毛澤東說：「我們只有兩家：無產階級一家，資產階級一家；百家爭鳴不是說馬克思主義是一家，其他還有九十九家。所謂百家，新聞是一家，教育是一家；這樣辦報是一家，那樣辦報又是一家，……實際上有幾千幾百家呢。馬克思主義也有幾家：修正主義是一家，教條主義又是一家。」〔註51〕這是毛澤東在講話時對「百家爭鳴」的解釋（這是傅雷記錄本，毛的講話正式發表本與此本亦有差異，這也有版本問題）。所以，新版《傅雷家書》提供了更多的研究文獻。這又涉及到校勘學的問題了。即如何借用校勘學的方法或復原作家原信，或對校作家原信與發表本，或彙校作家書信的所有版本。這種

〔註48〕王戎笙：《郭沫若書信書法辨僞》，蘭州大學出版社 2005 年版，第 15 頁，第 99 頁。。

〔註49〕郭沫若：《十批判書》，《沫若文集》第十五卷，人民文學出版社 1961 年版，第 3～4 頁。

〔註50〕魯迅、景宋：《兩地書‧原信》，中國青年出版社 2005 年版，第 335～336 頁。

〔註51〕傅敏編：《傅雷家書》，天津社會科學院出版社 2012 年版，第 7 頁，第 123 頁。

研究的空間也很大，卻少有人涉足，僅有王得後的《〈兩地書〉研究》甲編的「校讀記」，其做法是「把魯迅與景宋對原信所作的增刪修改的主要文字一一錄出，並注明上下文的銜接」。「所謂『主要的』，其實也是絕大部分，只是個別字詞的修辭性刪改，沒有錄出。」「校讀的目的主要不在遣詞造句的技巧，而在思想內容上的比較研究，著力於恢復原信的內容。」〔註 52〕這種做法，錄出了主要修改內容，且略加解釋，但還是異文不全且不直觀。眞正方便研究者的是弄一個彙校本，既呈現《兩地書》原信文字，又彙聚修改的異文，既無礙閱讀原信之流暢，又可原信及其異文合視對觀。這樣才可以提供作家書信文本的最完整文獻。

對作家書信文本的注釋是開發其語義含量和文學史料的更重要的手段。現代作家文集的編印常因歷史、文化、地域、知識等原因需加注釋，作家書信因是私人文獻或這種隔時空對話的另一半的散佚等更需要注釋。一般文集的注釋內容就非常廣泛，以《魯迅全集》爲例，其注釋涉及了人物類、書籍作品類、報刊類、團體機構（含流派）類、國族和地名類、歷史事件（含其它事項）類、名物掌故類、詞語（含引語、外文等）類、生平活動類、筆名類等十餘類。作家書信的注釋當然也會涉及所有這些內容，不過作家書信中可能只有通信雙方你知我知的事件、隱語、綽號等，這尤需側重注釋。所以，收入《魯迅全集》的《兩地書》、胡風之子曉風編選的《胡風家書》等都加有注釋，注釋使那些晦暗的語義和遮掩著的文學史料趨於明朗和敞開。而要進行作家書信的注釋，自然就會涉及樸學的眾多方法，在一般注釋基礎上更進一步的考釋、疏證等又可謂是更詳細、更周密的注釋，它們更可以成爲樸學或考據學的成果。如王景山曾是《魯迅全集》1904 年到 1933 年部分書信的注釋者，在完成這部分注釋之後，他寫成了《魯迅書信考釋》一書，是注釋基礎上的考證，使用的是「書證、人證相結合的考證方法。」〔註 53〕考證了魯迅書信提到的人物別名、代號、綽號，如「爬翁」、「心翁」指錢玄同，「禽男」指林琴南等，考證了「木瓜之役」、「琴心」疑案等事件，有助於魯迅書信的深入研究。而吳永平的《〈胡風家書〉疏證》一書更是有意「仿傚清代樸學家的治學方法，將傳統考據學之疏證法系統地運用於現代作家書信集《胡風家書》的解讀。」〔註 54〕著者在寫此書之前

〔註 52〕王得後：《〈兩地書〉研究》，天津人民出版社 1982 年版，第 3 頁。
〔註 53〕王景山：《魯迅書信考釋》（增訂本），文化藝術出版社 2013 年版，第 261 頁。
〔註 54〕吳永平：《〈胡風家書〉疏證》，中國社會科學出版社 2012 年版，第 1 頁。

就已寫過一大批關於胡風書信的考據文章，如《胡風書信「隱語」考》、《胡風家書中的「師爺」指的是誰》等，再在此基礎上對《胡風家書》中的誤釋加以改正，漏釋及失考、注釋過略等加以補充，完成家書的逐一疏證，展露了家書所蘊藏的最完整的信息。如，客觀地考證了胡風與郭沫若、茅盾、老舍等作家的矛盾，胡風與七月派的關係，胡風解放後的境遇等，甚至一些隱語都有考釋，如「昆乙」指代的是周揚，是拆「混亂」二字右半合成。著者對一些相互矛盾的材料往往盡量展示，「不輕易作結論」；對胡風與其他作家群體的鬥法以敘述為主，「不作道德或價值判斷」；對家書中月旦時事、臧否人物等存而不論，「不作邏輯上的推衍」。〔註 55〕且注意到家書的即時性、主觀性對史料真實性的影響。所以，這部著作，較充分地體現了樸學研究的「實事求是」、「述而不作」科學精神。另外，有一些現代文學史上的作家、批評家在上世紀 80 年代也參與到作家書信的注釋和考釋中來。在上世紀 80 年代，胡風就寫有《魯迅書信注釋》一文，對魯迅給自己的 6 封信的有關內容及自己給他人的信中涉及魯迅的內容作了注釋。蕭軍更寫成《魯迅給蕭軍蕭紅信簡注釋錄》和《蕭紅書簡輯存注釋錄》兩本著作。胡風的注釋比較簡略，蕭軍的著作更像注釋加回憶錄且篇幅較長。作家們的注釋雖不像樸學式的考釋那樣周密、博證，但他們是歷史的參與者、在場者，他們自身就是人證，他們的回憶言辭也會成為作家書信研究的證據，所以他們對現代作家書信的樸學式研究也應該是有特殊貢獻的。

中國現代許多作家對書信的雅好可以說是一種深入到情趣之中的審美，甚至可謂有書信情結。他們之中有的喜歡收藏書信，如魯迅與鄭振鐸編印《北平箋譜》等。更有人著書寫文談論書信，如周作人寫有《關於尺牘》、《再談尺牘》、《日記與尺牘》等八、九篇文章。鄭逸梅更寫出《尺牘叢話》這樣涉獵廣泛、滿紙錦繡的專書。他們對書信的價值實際上已有多層面的論述。如魯迅偏重於其史料層面：鈎稽文壇故實，探索作者生平。周作人認為好的書信「文章與風趣多能兼具，但最佳者還應能顯出主人的性格。」〔註 56〕朱光潛說書信「是最家常親切的藝術，大可以見一時代的風氣，小可以見一人的性格」。〔註 57〕都關注到書信的藝術價值。梁實秋說：「朋友的信可做為宋元

〔註 55〕吳永平：《〈胡風家書〉疏證》，中國社會科學出版社 2012 年版，第 4 頁。
〔註 56〕周作人：《日記與尺牘》，《語絲》17 期，1925 年 3 月。
〔註 57〕朱光潛：《談尺牘》，見吳泰昌編《藝文雜談》，安徽人民出版社 1981 年版，第 161 頁。

人的小簡讀，家書亦不妨當做社會新聞看。」〔註58〕20 年代，《歐洲近二百年名人情書》的譯者魏蘭在其「譯者序言」中甚至提出了近似「非虛構文學」的說法：「……這是一個人的個性容易充分表現的地方，這也是一個人的思想容易盡量飛騰的地方，就是時代的精神，與階級的意識，也多可於此中窺見梗概——總之，這是一種真實而優美的文字。」〔註 59〕這些精闢的論述，對我們深入研究中國現代作家書信極有啓發意義。在這個紙質書信即將成爲遠逝風景的時代，探尋和認知中國現代作家書信的歷史、文學乃至研究等方面的價值的工作亟待展開！

（原載《文史哲》2015 年第 3 期）

〔註58〕梁實秋：《信》，見《梁實秋散文》第一卷，中國廣播電視出版社 1989 年版，第 40 頁。
〔註59〕張澤賢：《民國書信版本經眼錄》，上海遠東出版社 2009 年版，第 207 頁。

中國現代文學副文本綜論

　　以往的中國現代文學研究有一種傾向：那就是從「中心」走向「邊緣」或者說是將「邊緣」推向「中心」，於是就有了對現代主義思潮、邊緣作家、通俗文學等等的關注。然而從文本研究的角度看，卻似乎從來沒有從「中心」走向「邊緣」。長期以來，人們往往只重視作品的主體部分即正文本部分，很少注視那些環繞、穿插和點綴在正文本周邊的內容。無論是什麼新方法的引進，抑或重寫文學史、文本再解讀等，都不太在意用副文本作為參照。偶有文本細讀的研究文章略有涉獵，然而至今仍少見以「副文本」（paratext）概念把它們統合起來進行系統的完整的研究。這些副文本因素雖然處於「邊緣」的地位，但它們對「中心」的整合、控制抑或遮蔽、拆解作用不可小覷。它們具有的多重價值值得我們進行深入的研究。

一、「副文本」的界定

　　「副文本」（法文為 paratexte）這個概念並非我們的獨創，它最先由法國文論家熱奈特 1979 年在其《廣義文本之導論》一書中提出。而在 1982 年出版的《隱迹文稿》中，熱奈特發現存在五種類型的跨文本關係，即「文本間性」、「正文與只能稱做它的『副文本』部分所維持的關係」、「元文本性」、「廣義文本性」（與體裁、文類有關）和「承文本性」（與改編、重寫相關）。其中，對於「副文本」的內涵和功能，他這才做了精確的說明：「副文本如標題、副標題、互聯型標題；前言、跋、告讀者、前邊的話等；插圖；請予刊登類插頁、磁帶、護封以及其他許多附屬標誌，包括作者親筆留下的還有他人留下的標誌，它們為文本提供了一種（變化的）氛圍，有時甚至提供了一種官方

或半官方的評論，最單純的、對外圍知識最不感興趣的讀者難以像他想像的或宣稱的那樣總是輕而易舉地佔有上述材料。……它大概是作品實用方面，即作品影響讀者方面的優越區域之一——尤其是，自從菲力浦‧勒熱納關於自傳的研究以來，人們樂於稱作體裁協約的區域。……在這方面，草稿、各種梗概和提綱等「前文本」形式，也可以發揮副文本的功能……我們由此可以看出，副文本性尤其是種種沒有答案的問題的礦井。」〔註1〕

　　此後，熱奈特對副文本問題又有新的研究。1987年，在《Seuils》（《門檻》）一書中，熱奈特將副文本進一步細分為十三個類型，並指出副文本的作用是「它們包圍並延長文本，精確說來是為了呈示文本，用這個動詞的常用意義而且最強烈的意義：使呈示，來保證文本以書的形式（至少當下）在世界上在場、『接受』和消費。……因此，對我們而言，副文本是使文本成為書、以書的形式交與讀者，更普泛一些，交與公眾。」副文本基本的美學意圖不是要讓文本周圍顯得美觀，而是要保證文本命運和作者的宗旨一致。〔註2〕他將副文本比喻成進入文本的「門檻」。在1988年發表的《The Proustian Paratexte》（《普魯斯特副文本》）一文中，他又稱副文本為「文本周圍的旁注或補充資料」，由各種「門檻」組成：作者和編輯的門檻，如題目、插入材料、獻辭、題記、前言和注釋等；與傳媒相關的門檻，如作者訪談、正式概要等；與生產和接受相關的門檻，如組合、片斷等；還有私人門檻，如信函、有意或無意的流露。文學門檻內外的規則不同，進了門檻，外面的規則就被顛覆，內面的新規則就要起作用。副文本在文本中不僅標出文本和非文本過渡區，而且標出其交易區，性質上基本是語域和策略上的空間。〔註3〕在1991年發表的Introduction to the Paratext（《副文本入門》）中，熱奈特又依據位置、時間、語境等，對副文本進行了區分。熱奈特的這些副文本研究並不是一種空洞的理論構想，而是結合了西方文學創作實踐的，尤其是應用到一些經典文本如普魯斯特《追憶逝水年華》、喬伊斯《尤利西斯》等作品副文本的解讀之中。

　　副文本研究的理論價值只有在世界文學理論的歷史譜系中才能凸顯出

〔註1〕（法）熱拉爾‧熱奈特：《熱奈特論文集》（史忠義譯），百花文藝出版社2001年版，第71～72頁。

〔註2〕朱桃香：《副文本對闡釋複雜文本的敘事詩學價值》，《江西社會科學》2009年第4期。

〔註3〕朱桃香：《副文本對闡釋複雜文本的敘事詩學價值》，《江西社會科學》2009年第4期。

來。世界文論的總的趨勢是從作者中心到作品中心到讀者中心，是「文本」的概念取代「作品」的概念。傳統的文學批評以作者為中心，如西方的傳記批評、中國的「知人論世」等。20 世紀 60 年代以後興起的形式主義、新批評、結構主義等則只關注作品，認為重要的是作品的形式元素、意義結構和文學語法，而作者意圖被斥為謬誤，作者權威更不存在。而在接受美學和讀者反應批評那裡，讀者的本體地位被確立，注重的是讀者的審美和再創作。到了後結構主義或解構主義，不但作者已死，文本也碎片化並具有多義性。這時，讀者從審美者、消費者變成了生產者甚至寫作者。文本不再是封閉實體而變成「一個永遠不能被最終釘到任何單一的中心、本質或意義上去的無限的能指遊戲。」〔註4〕後結構主義通過「互文性」的理論讓自足的文本概念轉向一種與其他文本、歷史和文化具有多樣聯繫的開放性的文本概念。這樣，後結構主義解構了並解放了結構主義、形式主義等，也再次別有用心地開啓了文本與外部世界及其他文本的聯繫之門，充分敞開了文本，但後結構主義對文本的研究容易陷入怎麼都行的相對主義泥沼。正是在這樣的歷史背景上，我們能見出熱奈特的理論思考所具有的整合和建構的意義。他一方面堅持了結構主義的一些觀點如廣義文本性、元文本性，另一方面又吸收了後結構主義的互文性概念；既不滿意後結構主義的能指遊戲狂歡傾向，又保留了結構主義所鄙棄的作者意圖；他對作者意圖和作者權威的看重又表明他在一定程度上向傳統文論的回歸和對西方現代文獻學的借鑒。其副文本理論側重從敘事學角度把副文本因素納入文本的敘述框架之中，甚至把它們看成是一種敘述策略。他把副文本視為進入作品的「門檻」，更是對闡釋學的補充。總之，熱奈特避免了許多西方文論的極端化，其副文本理論從文本的細節和邊緣處為文學研究另闢蹊徑，把文學的內部研究和外部研究整合起來，完成了文學理論的創新。

熱奈特的副文本理論的提出有其西方文化和文學背景，但對中國現代文學研究來說應該具有某種恰適性和借鑒價值。因為中國現代文學的版本構成、文本構成等皆效法西方文學，許多副文本因素其實都是從西方來的，如封面畫、副標題、扉頁或題下題辭、引語等。熱奈特的理論為我們研究中國現代文學的副文本提供了非常切實的幫助，啓發了我們關於副文本的內涵、外延、類別、

〔註4〕 （英）特雷・伊格爾頓：《二十世紀西方文學理論》（伍曉明譯），北京大學出版社 2007 年版，第 136 頁。

功能、作用、價值等等的關注和思考。不過結合中國現代文學的實際，我們應該對副文本的概念作一些修正。我們一方面避免熱奈特對副文本過於繁瑣的劃分，同時剔除那些本應放到「前文本」中草稿、梗概等內容。所以，就可以這樣界定：「副文本」是相對於「正文本」而言的，是指正文本周邊的一些輔助性的文本因素，主要包括標題（含副標題）、序跋、扉頁或題下題辭（含獻辭、自題語、引語等）、圖象（含封面畫、插圖、照片等）、注釋、附錄文字、書後廣告文、版權頁等。這些副文本因素不僅寄生於一本書（熱奈特主要從「書」的角度看），也存在於單篇作品；不僅是敘事性作品的構成因素（熱奈特關注這些文類），也可以成為抒情性的詩歌和散文的組成部分；不僅單行本的文學作品中環繞著副文本，文學期刊中也有類似的副文本（熱奈特只談書，實際上期刊中也有圖象、廣告文等，還有相當於序跋的發刊詞、編者按以及補白等）。合觀之，副文本是作品版本和文本的有機構成；分觀之，副文本與正文本也形成重要的跨文本關係，是正文本的最顯見最具在場感的互文本。如果再具體地考察各種副文本因素，我們還會發現它們與正文本之間的有機構成程度及它們與正文本的互文深度還是不一樣的。一般來說，標題、扉頁題辭等與正文本的關係可能比廣告文、序跋等更密切，而他人的副文本與作者的副文本相比在結構和釋義上的功能也是有差異的。所以，具體的副文本對正文本而言還是有不同的價值層級。另外，我們在挪用熱奈特的副文本理論時，還應該關注副文本的歷時性特徵。如序跋是古已有之，現代文學的序跋是古代序跋散文的遠祧。近代小說中已出現題下題詩句的現象，現代文學中的扉頁或題下題辭和引語既是對這種寫作現象的近承，更是西方文學的橫移。而文學廣告在新中國成立後的計劃出版機制中，則逐漸從單行本和期刊上消失了。這些變化又體現了中國現代文學副文本發生的複雜性。

二、打開文本

中國現代文學文本中存在大量的副文本，但我們卻長期不見它們的存在。個中緣由，主要是副文本位處邊緣，只不過是正文本周邊的一些輔助性的文本因素，因而它們難以進入具有強烈「中心」意識的中國讀者的閱讀視野。這當然只是一種籠統的文化心理的猜測。更具體的原因應該是受我們所具有的文本觀念和我們所關注的文本形態所限。所以，我們現在需要的是祛除先見，避免不見，充分打開「文本」，更新文本觀念。

　　從字源學的角度說，中國的「文」來源於鳥獸之文（紋）。《說文解字》
說：「文，錯畫也。」〔註5〕段玉裁注：「錯畫者，交錯之畫也。」「錯畫者，
文之本義。彣彰者，彣之本義，義不同也。黃帝之史倉頡，見鳥獸蹄迒之迹，
知分理之可相別異也，初造書契，依類象形，故謂之文。」〔註6〕後來劉勰的
《文心雕龍》又對「文」有進一步解釋，並說「……立文之道，其理有三：
一曰形文，五色是也；二曰聲文，五音是也；三曰情文，五性是也。五色雜
而成黼黻，五音比而成韶夏，五性發而爲辭章，神理之數也。」〔註7〕已從線
條的交錯成文（紋）發展到文本的顏色、聲音、情性的交錯的層面。在這種
交錯成文的理念中，中國的文本更追求一種對稱平衡的美學：聲音層面的平
仄韻律、字詞層面的駢儷對偶、句法層面的平行結構、章節層面的起承轉合，
「無一不是從對立通往統一，由相異走向相濟。」〔註8〕傳統的文本形態也正
是這種文本觀念的體現。在這種文本觀念和文本形態中，我們也許可以說古
人也注意到了正副文本的交錯搭配問題，如輔文章以序跋、詩前加小序、講
究圖文並茂等，但古人並沒有更完整的副文本意識，也並沒有眞的把序跋、
插圖等當做文本的整體構成部分來看待。序跋可能是「知人論世」或說明文
本的外圍材料，插圖也許是激發閱讀興趣的手段，類型繁多的注釋也僅僅是
解說正文的工具。而且多數序跋、插圖、注釋是文本傳播過程中他人後加的，
原作者本人在多數情況下並沒有把它們當做文本因素來用心經營。另外，有
許多我們現在稱爲副文本的因素，在古人的文本形態裏是沒有的，如扉頁題
辭、副標題、廣告等。所以也許是古人文本形態中副文本內容不如現代文學
豐富，或者是我們對古代文學中副文本內容缺乏進一步研究和感受，這都先
驗地限制了我們對副文本的認知。但如果充分打開「文本」概念，我們會發
現其實古人的「文」同西方具有「編織」之義的「文本」（text）相近。更進
一步，正副文本的「編織」正是我們古人交錯成文理想的延伸或具體化。進
入現代以後，文學的概念已從古人的泛文學（文章）中分離出來而成爲「文
學之文」。所以，中國現代文學除了重視作爲文學的詩歌、小說、戲劇、散文
四大文類之外，其他的文字可能就因爲不具有文學性而劃入到「文章」之中。

〔註5〕許慎：《說文解字》，中華書局1963年版，第185頁。
〔註6〕段玉裁：《〈說文解字〉注》，上海古籍出版社1988年版，第425頁。
〔註7〕周振甫：《文心雕龍注釋》，人民文學出版社1981年版，第346頁。
〔註8〕傅修延：《文本學》，北京大學出版社2004年版，第313頁。

這樣，文本構成中正文本之外的內容就更不被重視了。如，序跋這種古代的重要文類，有可能被作為散文的亞文類，更可能被視為宣傳正文本的應用文。廣告文字當然也是應用文。扉頁或題下題辭、引語等則根本不是文而是文本碎片。圖象就更不是文了。有了文學和文章的高下之分之後，正文本周邊的文字、圖象就不可能被看成文學文本的構成部分，而只能是正文本的點綴和飾物而已。所以，現代的文本概念不是更宏闊而是更狹隘了，現代的文本形態不是更豐富而是更單調了。這又從另一方面影響了我們的文本構成觀念和對副文本的看法。而如果我們再打開這種現代文類或文本概念，後退一步，我們也就會有容納大量副文本和雜文學的空間與心胸。西方的副文本或互文本概念的確立，從某種意義上講，也可以說是後退了一步。可謂是「退一步海闊天空」。

更主要的是，一直以來，人們一般都缺乏一種完整的辯證的文本構成觀念。從中國現代文學文本生產和傳播的實際來看，從現代文學文本實有的特質來看，我們還需要打開文本的四維。即，完整的作品或文本構成應該是「四合」而成的，它應該包含了虛、實、縱、橫四個維度或四個層面。羅蘭‧巴爾特曾對「作品」概念和「文本」概念作過區別。認為作品是一件完成了的，可以計量的，佔據一定物理空間的（例如，放置在圖書館的書架上）的物品。文本是一個方法論的場域，是不可握在手中而存在於語言之中的抽象體，是一個有待闡釋的客體。我們認為，這「作品」就是「實」，「文本」就是「虛」。前者是一種物質層面的版本構成，後者乃是抽象意義上的文本構成。而所謂「縱」，是從時間維度說的，即作品或文本本身具有變遷史或成長史，它是一個包含了手稿本、初刊本、初版本、定本等在內的動態組合。所謂「橫」，是從空間維度看的，即作品或文本是由正文本和大量副文本因素一起合成的。總之，應該是虛實不分縱橫交錯。副文本的概念是從抽象意義上來命名的，但它顯示了一部作品周邊環繞的那些可以觸及的物質性的存在；它與正文本組合起完整的作品或文本，它本身也具有演變的歷史態勢。有了這樣一種文本構成觀念，我們就會把副文本看成整個文本的構成部分。所以，副文本對於現代文學來說，無論是版本構成或者文本構成，無論是歷史的角度還是空間的維度，應該都是不可或缺的。但如果持一種孤立的靜態的文本構成觀念，我們就不可能看到這種文本構成的豐富性、複雜性和動態性，也就不可能注意副文本的功用和價值了。

　　有了新的文本觀念，我們就能準確地審視中國現代文學的文本形態了。單行本的作品可以明顯地讓我們感知副文本的存在，即它不只有一個孤立的正文或正文本，它前有封面畫、序言、扉頁題辭或引語等，中間有插圖、注釋等，後有跋文、附錄文字、廣告等。單篇作品中的副文本因素更與正文組合成一體以至我們通常不認為它們是獨立的副文本，如魯迅《狂人日記》的文言序、許地山的《綴網勞蛛》前的引詩等。從現代文學文本形成的角度看，許多副文本通常是與正文本一同誕生的。從作家的主觀構想來看，他們也非常重視副文本的植入或調整，往往把它們看成一種敘事或結構策略，或一種擴展文本複雜關係的手段。某些副文本如扉頁引語、自序、自畫封面等的安置也可以說是作家的匠心所在，只是普通讀者往往不能會心而已。所以，現代文學文本是一個由正文本和大量副文本組合而成的文本共同體。當然，這種組合可能不是一種空間上的簡單拼排，許多副文本都被精心地編織，它們參與到了整個文本結構和意義的建構之中。簡言之，副文本是既在文本之中，又在文本之外。

　　「在文本之中」是說許多副文本在結構、釋義等方面其實都內在於正文本。我們可先看標題。標題其實是內在於文本整體的，但當它脫離正文本而印在封面上，或者從標題具有相對獨立性的意義上講，它也可歸於副文本。中國古典文學存在無題現象，王國維說：「詩之三百篇、十九首，詞之五代北宋，皆無題也。」〔註9〕因古人有題不逮文之慮或有意留「空」之謀。後人只好依據正文首句頭幾字來命題或加題。而現代文學文本一般都是作者自擬的標題，所以它對正文本具有更強的控制、概括力量。它是作品最扼要的意符，甚至是作品結構中的焦點和紐結。另外，還存在影響或微調文本意義的異題、對正標題起延補作用的副標題等。標題作為現代文學文本構成的最先入眼的部分，其實具有重要的結構和釋義功能。扉頁或題下題辭、引語是現代文學文本常見的結構成分，往往是一些篇幅短小、語義深刻的句子。如《蕙的風》題辭：「放情地唱呵」，《彷徨》引《離騷》語等。作者鄭重地挑選這些短句題寫於正文之前，具有特別用心或有對正文「一言以蔽之」之意。在西方學者眼裏，標題、副標題、題辭等甚至被看成文本多樣化開端的途徑之一。〔註10〕

〔註 9〕王國維：《人間詞話》卷上，見滕咸惠《人間詞話新注》，齊魯書社 1981 年版，
　　　　第 41 頁。
〔註10〕（英）安德魯・本尼特等：《關鍵詞：文學、批評與理論導論》，廣西師範大

在中國現代文學文本構成中，也可作如是觀。序跋在現代文學文本構成中，更具有依附性，是進入正文本的門徑，它們一般是副文本中更具體更細緻地關聯著正文的部分。在現代文學作品書後還常附有大量文學廣告，它們也成為重要的副文本。雖然大量廣告是關於他人作品的或作者其他作品的，但也常附有關於本部作品的廣告，如魯迅的《野草》（北新書局 1927 年 7 月版）的廣告中就包括《野草》自身的廣告。這些篇幅短小的廣告語往往也與作品正文本和其他副文本一起成為一個閱讀整體。文字文本之外的副文本還有圖象文本，主要是封面畫和插圖，也包括照片等。插圖在中國古書中已有，而封面畫卻是近現代新書才有的。這些圖象文本對現代文學文本的建構同樣重要。許多現代作家都親自或請好友為自己的正文本設計封面和插圖。這些圖象皆精心設計，或真誠再現作家自己心中的想像，或準確呈示他人筆下描摹的圖景，能為正文本提供一種視界和氛圍，或成為一種特定的抒情方式，甚至直接圖解正文本。圖象文本與文字文本的交融，將現代文學文本組合成一種相互依存的言象系統。

　　而所謂在文本之外，主要是指副文本可視為環繞和籠罩正文本的一種特定場域或生態圈。副文本首先營造的是一種歷史現場。我們通常講回到歷史現場其實那都是想像中情境，而副文本的存在才是我們唯一還能觸摸到的歷史現場。那些作為實物的封面、插圖、廣告、扉頁、版權頁等就是當年的歷史遺跡，就是文物意義上的真正歷史現場。它們不僅是穿越時空而流傳下來的歷史文物，而且是歷史文獻和歷史信息的遺存。其次，副文本與正文本一起組成了現代文學文本生產、傳播的文學場。正文本和部分副文本是作者自己的寫作，圖象、注釋等可能是其他人的解釋，序跋、廣告可能是評論者的意見，廣告、版權頁等基本體現了出版商或編輯的利益。按照布迪厄的理論，「文學場」是擁有不同權力（或資本）的團體或個體組成的網絡或空間，即主要由文學的直接生產者——作家，文學的生產機構——出版商等，文學價值的認定者——評論家等幾種力量控制這個「場」。他們為了取得各自的合法性和特殊利潤而不斷鬥爭。〔註 11〕現代文學文本構成中也恰好有布氏所謂的文學場，而且其構成分子更複雜，如，有當時的合作者、後來的整理者和注

學出版社 2007 年版，第 5 頁。
〔註11〕 （法）皮埃爾‧布迪厄：《藝術的法則——文學場的生成和結構》（劉暉譯），中央編譯出版社 2001 年版，第 262～270 頁。

釋者乃至遠古的先哲（如，引語）的參與。隨著這些文本的不斷重版，這個「文學場」還處於流動與變化之中。往更大處說，這裡形成的是一種有關現代文學文本構成的關係場。這是作家與其他作家、畫家、評論家、編輯、廣告人、出版商、研究者的關係場，他們之間不只有鬥爭關係，還有合作、協約、互惠、雙贏的關係。是文本與文本、圖本、版本的關係場，它們之間具有影響、牽掣、共構、解構等關係。還是作品與作家、時代、文化背景（文壇歷史狀態、文學思潮、文學論爭等，政治、經濟、文化等）的關係場。借用黃仁宇的話，現代文學文本的正、副文本之間可謂「關係千萬重」，它們共同構成一種複雜的文學生態秩序。副文本在文本之外，還可以從互文本的角度去理解。熱奈特正是把副文本作為跨文本關係的一種類型的。中國現代文學的副文本也是正文本的互文本，它們與正文本之間形成濃縮（如標題）、圖解（如圖象）、引文（如扉頁引語）、闡釋（如序跋、廣告文）等複雜關係。

三、多重價值

　　副文本不僅是中國現代文學文本構成的重要部分，對於中國現代文學的研究也具有多重價值。首先，副文本是偏於歷史性的文本，所以它是重要的史料來源。以往人們搜集文學史料，往往會去找傳記、日記、書信、年譜等，卻忽視了離正文本最近的副文本中的史料。這裡有豐富的史料蘊藏。序跋中會涉及關於作家、作品及文學史寫作等多方面史料。如《〈吶喊〉自序》就記錄了對魯迅有重大人生轉折的「幻燈片事件」，胡適《嘗試集》四版自序中交待眾多文壇名家所參與的《嘗試集》刪詩事件等。就連扉頁或題下引語也能提供特殊的史料，它將古代或西方的文獻史料片斷移植於現代的文本中，又使這些史料在新的語境中化作了新的史料的一部分。如郁達夫的小說《采石磯》引杜甫詩作《天末懷李白》中的詩句「文章憎命達，魑魅喜人過」。小說中則寫了清代詩人黃仲則與考據大師戴東原的矛盾，藉此隱喻郁達夫自己與胡適的關係。結果這句詩就成了郁達夫對胡適的泄憤之辭。串起來看，唐代李、杜友誼及遭遇的史實，清代戴、黃相輕的掌故，與現代胡、郁矛盾的佚事就攪合在一起，構成了一種史料的連環套。所以，引語本身是史料，同時它又成為中西、古今史料的黏會劑。即便圖象也含史料信息，故有楊義等人的《中國現代文學圖志》這類由圖出史或以圖證史的文學史寫法。更值得指出的是，與正文本所具有的想像性、虛構性、抒情性等文學本體特性相比較，

副文本更具紀實性、眞實性特徵。這種偏於歷史文本的特性，使它提供的文學史料價值更高。同時，序跋、廣告、附錄等副文本一般是作者或與作者相熟的師友、編輯即時所寫，是知情人對作家和作品等內容的一種及時的具有現場感的歷史敘述，其史料的眞實性遠在作家的回憶錄、口述歷史等之上，其史料的時效性不亞於作家的日記或當時的創作談。符合梁啓超提到的「最先最近者爲最可信」的史料學原則，即所謂「凡有當時、當地、當局之人所留下之史料，吾儕應認爲第一等史料。」〔註12〕要言之，副文本概念的提出實際上是爲現代文學研究和文學史寫作另闢了一塊有價值的史料園地。

其次，副文本更是進入正文本的闡釋門檻，具有闡釋學的價值。與正文本相比，副文本又可謂是一種意圖文本，所以它們往往會成爲一種闡釋引線和閾限。標題是最先入爲主的闡釋意符，它所具有的意向、象徵、隱喻功能，會控制我們的閱讀，如《死水微瀾》《蝕》等。副標題對文本闡釋的限定更具體，如，臧克家詩作《有的人》副標題是「紀念魯迅先生有感」，顯示「人」的標高是魯迅。卞之琳的《魚化石》若非在後來的版本中加上副標題「一條魚或一個女子說」，把詩句「戲劇化」爲魚或女子的臺詞，恐怕會更加晦澀。扉頁引語更是借他人之語明自己和文本眞意。如曹禺在《日出》扉頁通過引自《道德經》、《聖經》的 8 則引語來表微言大義。以往人們只注重劇本的階級主題，而只有關注並讀懂了這被作者精心排列的引語，我們才明白作者的聖哲胸襟和宗教關懷。注釋是對文本的最基本的闡釋，會對文本中的深文奧義、典故、風俗、方言、外語等等作明確注解，掃除閱讀和理解的障礙，使文本在最基本的語義層面不會被誤讀，或避免理解的盲點，實現文本意義的增殖。如卞之琳後來在《雕蟲紀曆》中對自己詩作的自注。廣告則在推銷的本意中表現了對文本的一種通俗的簡短的闡釋，尤其是魯迅、巴金、老舍、葉聖陶等名家所寫的文學廣告往往對作品能做出精妙的闡釋。圖象則是對文本做出的一種形象的闡釋，甚至就是一種圖說和圖解。如《彷徨》的封面畫以煩躁的紅色、不圓滿的太陽、無法邁出的腳等繪畫語言感性地傳達了文本的彷徨、求索的旨意。而蕭紅自己設計的那幅血紅色的似戰馬、似東三省地圖、又似北方婦女形象的《生死場》封面早已隱含了魯迅、胡風和後來劉禾所不斷發現的主題。用古人的話說，是「圖爲貢幽闡邃之具也。」〔註13〕而

〔註12〕梁啓超：《中國歷史研究法》，中華書局 2009 年版，第 93～94 頁。
〔註13〕歐陽東風：《坐隱圖跋》，汪廷訥編：《坐隱弈譜》，廣西大學出版社 2001 年版，

序跋對正文本往往有最完整的闡釋。它會論及作品主旨、結構、版本、文類等，評價作品的優劣、價值等，介紹作者的思想、意圖、創作方法等，交代作品的原型、本事、語境、文化背景等，是關於正文本內外的最完備的導讀性文字。序跋最重要的方面還在於引發我們關於意圖問題的思考。傳統闡釋學的目的在於發現作者的本來意圖，新批評則斥之為「意圖謬誤」。符號學家艾柯的說法則是：「在『作者意圖』（非常難以發現，且常常與本文的詮釋無關）與『詮釋者意圖』……之間，還存在著第三種可能性：『本文的意圖。』」〔註14〕用之於帶有序跋的作品，艾柯的理論無疑更確切。如果說作品正文本呈現的是「文本意圖」，作者的自序跋可代表「作者意圖」，他序跋則是一種「闡釋者意圖」。這對我們認識多序跋的現代文學文本的複雜闡釋關係應該是有啓示意義的。其實，在序跋與正文本關聯中體現出來的三種意圖之間往往沒有一致性。一般說來，闡釋者意圖大於或多於文本意圖，文本意圖大於或多於作者意圖。所以作者在序跋中對作品意圖的闡釋只是他自己意識到的，還有很多文本內涵有待闡發。如，曹禺在初版《雷雨》序言中對天命等闡釋之外，後來又追認他有暴露封建大家庭的意圖。蕭紅的《生死場》（原名《麥場》）前有魯迅的序，後有胡風的跋。劉禾說魯、胡更多地是從「民族寓言」的角度去闡釋文本，她自己則認為作品「表現的也許還有女性的身體體驗，特別是與農村婦女密切相關的兩種體驗——生育以及由疾病、虐待和自殘導致的死亡。」以及婦女成為民族主體的艱難。〔註15〕實際上，魯迅、胡風、劉禾各自表述的都只是闡釋者意圖之一種。所以，闡釋者意圖永遠多於文本意圖。其他副文本所體現的三種意圖的複雜關係亦如是。總之，當我們從副文本與正文本的關聯中去闡釋文本，也許會有新的洞見。劉禾的有新意的闡釋也正是受到《生死場》的封面畫及序跋的啓發。在這裡值得一提的是副文本與作品版本變遷之間的對應問題。即中國現代文學的許多正文本都存在修改和版本變遷現象，所以相應的就有副文本內容、數量等的變化。如《雷雨》、《日出》等在 50～80 年代之間有過多次修改，《雷雨》序言也或修改或刪除或新寫，對正文本也會做出不同的闡釋，《日出》的扉頁引語也有這樣的變化。

第 65 頁。

〔註14〕 （意）艾柯等：《詮釋與過度詮釋》（王宇根譯），三聯書店 1997 年版，第 29～30 頁。

〔註15〕 劉禾：《跨語際實踐》（宋偉傑等譯），三聯書店 2002 年版，第 287～289 頁。

所以，我們在關注副文本的闡釋價值時，不能忽略這種對應性，否則就可能
張冠李戴或導致闡釋混亂。

副文本的發現還有益於闡釋學理論的思考。闡釋學有一個核心觀念或方
法即「闡釋之循環」。狄爾泰的「闡釋之循環」強調的是文本內局部與整體之
間在闡釋中的相互依賴關係，海德格爾則將「闡釋之循環」的範圍擴大，注
意到文本與世界的關聯等，但他們都未關注「副文本」的問題。其實文本內
（正文本）與文本外之間存在著副文本這樣一個闡釋應循環到的中間地帶，
這裡是文學「內部研究」與「外部研究」的連接帶和交匯處。而副文本在闡
釋中的重要性也許在它發生改變時才可以充分顯現。如劉半農的詩作《情
歌》，收入《揚鞭集》時易名為《教我如何不想她》，這一改動就關涉到詩作
的文類限定問題。前一標題明示此詩為愛情詩，後一標題提示它可能是愛情
詩，也可能是愛國詩或思鄉詩。文類是闡釋的出發點，不同的文類框架會讓
作品「所有的細節便都紛紛各就各位地形成一個統一的整體。」〔註16〕即所
有細節都在闡釋中奔向文類限定的目標。如，以愛國詩或思鄉詩解之，我們
就會發現詩中有「浮雲游子意」、「月是故鄉明」等詩句的化用。所以經過對
某一副文本因素的闡釋的循環，整個文本的意義都會發生改變。其他如作品
不同版本封面畫的改換（如張愛玲《傳奇》再版本封面突出書中人物的關係，
增訂本封面顯示壓迫和不安的氣氛）、不同版本的序跋言說內容的變化（如《雷
雨》解放前後序跋對劇本主題的不同解說）、扉頁引語的增減（如《日出》50
～70 年代版本的扉頁只有《道德經》那一則引語）等，經過闡釋的循環，都
會導致不同的文本釋義。所以，副文本為闡釋的循環增加了一個環節，是對
闡釋學理論的某種豐富。

第三，副文本還是文本經典化的重要推手。一般說來，經典化有內外兩
個層面。內在的層面是經典文本的原創及其賦有的經典品質，這取決於作者
的藝術才力和思想深度。外在的層面是讀者的閱讀、學術權威的認同、傳播
機制的作用等，這取決於讀者、研究者、裁決者、傳播者的眼光和標準。而
我們發現，副文本其實已在內外兩個層面參與了文本的經典建構。所有與正
文本一同誕生並作為文本構成的副文本都在作品的原創階段就已經進行著某
種經典化的工作，最典型的是扉頁引語或題下引語。許多引語來自中外文化
經典和文學經典。這種對經典片斷的引用，使正文本享用了經典的精神資源

<hr>

〔註16〕張隆溪：《道與邏各斯》（馮川澤），江蘇教育出版社 2006 年版，第 207 頁。

和文學資源。究其實，這是現代文本的一種用典方式。它無疑會增加正文本的論證說服力、主題表達的深度，更使作者當下的寫作與原典文本構成一種互文性，中外古今互動，千年文脈相連，最終使現代文本的闡釋邊界和深度大大擴展，增加了它的經典品性。當然，50 年代以後，如《創業史》、《山鄉巨變》等作品扉頁引毛主席語錄，也爲作品的神聖化和「紅色經典」化起到一定的作用，但這些作品能否成爲眞正的文學經典還有待時日的淘洗。

權威在經典化過程中的外在干預則體現在序跋之中。無論是正文本原初的序跋，還是後來加上的序跋都會對正文本的經典化起到更大的作用。首先，作序本身尤其是他序，就正是一種促成作品經典化的行爲。因爲所請作序者一般是有影響的人或名人，這自然就會產生名人效應。用傳播學的理論講，名人乃「意見領袖」，他的意見能左右公衆，推進傳播。名人序自然能提高作品影響、傳播和銷售，但更重要的是他們的序是權威者的言論，有助於作品的文學史定位，有助於作品的經典化。如魯迅爲柔石的《二月》和蕭紅的《生死場》等作序、聞一多爲臧克家的《烙印》作序、周作人爲廢名的小說作序等。汪靜之更深諳此道，其《蕙的風》出版時，他邀到胡適、朱自清、劉延陵、周作人等名家作序。所以，請名人作序也許就是現代文學文本最初的最重要的經典化事件，往往有一錘定音的作用。其次，序跋尤其是作品再版本及其以後的序跋中還會有作者或他人對作品如何進行經典化，包括整理、修改、增刪、潤色等的歷史敘述。如胡適的《嘗試集》四版自序中言及自己花了 3 個月的時間刪減、增補、修改《嘗試集》，並請任叔永、陳莎菲、魯迅、周作人、俞平伯等各刪一遍，還吸收康白情、蔣百里的意見對詩作略作修改等。這裡述及的經典化事件，從一定程度上幫助該詩集確立了在中國新詩史鏈條上的經典或範本的地位。更有經典化價值的是許多序跋中對正文本的精準、典範的批評，不僅爲正文本的初步經典化起到積極作用，還使這些序跋本身成爲批評的經典，其中許多批評語段反覆被後來者在研究論文和文學史中徵引，更使序跋所論及的正文本不斷地經典化。而注釋則是整理者在經典化中的學術參與。注釋源自古老的注經傳統，它本身也是與經典相連的寫作形式。作爲副文本，它是對正文本更細節化的經典化。越是被反覆注釋的文本就越具有經典價值，如我們對《魯迅全集》的多次注釋和對一些現代派詩歌的不斷注釋。傳播機制的作用可以物化於廣告、插圖等的製作上。一些現代文學作品的廣告文可能對作品過度經典化，但魯迅、葉聖陶、巴金、老舍、

施蟄存等人撰寫的廣告文，往往能恰如其分，是精闢的微型評論、智性的簡短小品，助成作品的經典化。有些廣告文甚至只是摘引名家的序文，如周作人爲《莫須有先生傳》所作序、徐志摩爲《花之寺》所作序中的一些語句就都被摘引爲該書的廣告語。所以，現代文學的廣告文也在提升著作品的價值，執行著傳播、評價作品等經典化的使命。插圖是對文本的一種更形象更直觀的傳播，幫助了文字文本的閱讀。越經典的作品越被反覆地插圖，如魯迅的《阿 Q 正傳》等。反過來，越是被反覆圖象化的作品也可能越具經典性。可見，副文本已成爲現代文學文本經典化的一種重要推手。

四、負面效用

有西方學者論及互文性概念時指出：「從某種意義上講，一個文本的價值在於它對其他文本的整合和摧毀作用。」〔註 17〕副文本亦如是，它對中國現代文學的文本構成和研究既具有積極的意義，但也有其負面的效用。它是進入正文本的門檻，但也可能是陷阱；是正文本的生態圈，但也可能是牢籠；是對正文本的建構，但也可能是拆解。這種負面效用正體現在如一幣兩面的對應之中。首先，副文本提供的史料如其他史料一樣，存在價值層級。有直接史料與間接史料、經意史料與不經意史料、證據與證詞等的區分，甚至有眞與假之別。所以，其眞實性程度需要甄辨和追問。如，序跋、廣告文中有關作家的身世、作品的本事等基本史實的交代可視爲證據，而對作品的闡釋、歷史定位等評價則只能是證詞。證據固然有不眞實的，證詞就更値得去質疑。序跋受師友等個人情感和時代風氣所限，往往有經意的話語甚至不實之詞和諛詞。廣告文的寫作出於商業目的和營銷意圖，需要招徠讀者，所以往往會以優美的動聽的誇張的吹棒的「證詞」去評價作家和作品。郁達夫就曾抨擊這種做法：「我最怕的就是書店的廣告，如『以一手奠定中國文壇』，『中國有新文學以來的第一部書』、『天才作家』等等文句，所以當出書之際，我要求書店同人，廣告不要太做得過火。」〔註 18〕這樣，序跋、廣告文就可能突出或不見某些史料，甚至提供虛假史料。又如，不同時代的注釋也會受到文學體制、政治風氣或官方意識形態的制約，也會存在偏、漏、瞞、假的問題，所以《魯迅全集》因此就不斷地修改注釋。由於這些原因，副文本提供的史

〔註17〕王瑾：《互文性》，廣西師範大學出版社 2005 年版，第 33 頁。
〔註18〕郁達夫：《達夫代表作‧自序》，春野書店 1928 年版，第 1 頁。

料就有可能誤導讀者，歪曲、遮蔽甚至掩蓋文本及文學史的真相。

從闡釋的角度看，副文本可能也有消極的意義，那就是造成闡釋的遮蔽和限定。與正文本同在的副文本對正文本的闡釋很可能就是首發闡釋或權威者的闡釋，它可能具有定調的作用。後來的闡釋就可能只是在此基礎上的闡揚和發揮而已。這就是一種先在的限定，容易成為後來闡釋者的先見或前理解。如，許多文學史競相引用魯迅在《二月》《孩兒塔》序言中對作品的闡釋，很難見到後來者的再解讀了。即便這些闡釋十分精準，也限定了闡釋的豐富性。更何況還有突破闡釋的邊界，對正文本進行錯誤闡釋和過度闡釋的現象，此時，闡釋者往往「將文本捶打成符合自己目的的形狀。」〔註 19〕巴金在《家》的初版本後記中曾認定高家是一個資產階級家庭，但 50 年代以後為了突出反封建主題，《家》的許多新版本的序跋便改說高家是封建地主家庭。在過度提升反封建主題的時候，完全抹去了上世紀初這類大家庭轉向工商業所新生的官僚資產階級性質。作家闡釋自己的作品尚且出錯，他人闡釋作家的作品也不可能完全恰適，因而就出現了《蕙的風》的作序者們關於汪詩是否纏綿問題說法不一的情況。所以，解構學家斯皮瓦克論及序言時就說：「序言，大膽的通過另外的方式重複和重構作品，展示的僅僅是這樣一種已經存在的情形：對作品的重複總是異於作品本身。」〔註 20〕其他如圖象對文本的固定形構，題辭和引語的誤導或悖反，廣告的營銷措辭和商業語氣等都會使闡釋疏離正文本，導向不當或錯誤的闡釋方向。這都是副文本在闡釋時的負面效用。而副文本在文本經典化時的負面效用也與闡釋相關，經典化的一項重要舉措就是闡釋。有些副文本如序跋、廣告文、附錄文等因與正文本同時產生，所以它們對副文本的闡釋是近距離的。沒有時空的遠隔，就不可能歷史地公正地評說正文本的藝術價值和文學史演進價值，所以也就不能達成更有效的經典化。他人寫的序跋、廣告文等還可能對作品過度經典化，如放大作品的優點，遮掩文本的不足，擡高其歷史定位。正如魯迅所說「既做廣告，自然要說好。」〔註 21〕序跋、廣告文等所具有的廣告性使它們的經典化功效也應該打點折扣。

〔註 19〕（意）艾柯等：《詮釋與過度詮釋》（王宇根譯），三聯書店 1997 年版，第 30 頁。

〔註 20〕李應志：《解構的文化政治實踐》，三聯書店 2008 年版，第 5 頁。

〔註 21〕魯迅：《魯迅全集》第三卷，人民文學出版社 2005 年版，第 322 頁。

在揭示歷史真相、闡釋文本意義和作品經典化等方面的負面效用，使副文本的消極價值呈現出來。我們可借意大利作家卡爾維諾在談及經典闡釋時的話來說：「這裡廣泛存在著一種價值逆轉，它意味著導言、批評資料和書目像煙幕那樣，被用來遮蔽文本在沒有中間人的情況下必須說和只能說的東西——而中間人總是宣稱他們知道得比文本自身還多。」〔註22〕在卡爾維諾所說的這種價值逆轉中，我們看到了副文本對正文本遮蔽、拆解、顛覆甚至摧毀的可能。而這正中解構主義批評家的下懷，即解構批評可利用正、副文本的衝突和副文本之間的齟齬，找到文本裂隙，從而「『解析』文本之構，從中多向度地『釋放』出意義的力量。」〔註23〕李歐梵就是從《狂人日記》的文言序和白話正文的比較中重新解讀了這篇小說：引言中「狂人」已治癒狂病且赴某地候補去了。「這就說明他已經回到了『正常』狀態，也已經失去了原來那種獨特的思想家的清醒。引言中既由暗含的作者提供了這種『團圓結局』，事實上也就指出了另一暗含的主題，即『失敗』。『日記』的最後一句『救救孩子』是試圖解決問題的一條路，但是這一呼籲是由病中的『狂人』發出的，現在這人既已治癒，就連這句話的力量也減弱了。這本身就是一個複雜的反諷。」〔註24〕又如，《日出》發表以後，有人批評曹禺左右討好，說劇本一面宣傳階級鬥爭，一面又講階級調和。其實，這種批評完全可以從劇本的扉頁引語切入。關於《道德經》的那則引語揭示的是「損不足以奉有餘」的社會不公，而那些引自《聖經》的話則要求人們忘卻仇恨、皈依耶穌。所以，我們從這副文本之間的矛盾中，從副文本與正文本的裂隙中，就能看到作品的階級主題和宗教主題的並在，發現文本的悖反或複調特性，或者至少可以發現作者的兩種看似矛盾的寫作意圖。這樣，副文本的負面作用有時也可以體現一種轉化的辯證法，完成價值逆轉，即成就一種解構批評方式。

中國現代文學副文本是一個還有待深化和細化的研究課題。這項研究不但顯示了副文本自身對於中國現代文學研究在史料、闡釋、經典化等方面的價值，還具有方法論的意義。這首先是為我們打開「文本」概念和開放中國現代文學文本提供了特殊的路徑，也使我們在進行文本的再解讀乃至重寫文

〔註22〕（意）伊塔洛·卡爾維諾：《為什麼讀經典》（黃燦然等譯），譯林出版社2006年版，第5頁。
〔註23〕傅修延：《文本學》，北京大學出版社2004年版，第131頁。
〔註24〕李歐梵：《現代性的追求》，三聯書店2000年版，第26頁。

學史時有了某種從細節和邊緣處切入進行創新的可能，在一定程度上豐富了中國現代文學的研究方法。同時，通過這項研究也再次證明了辯證思維在現代文學研究中的科學價值。那就是：正看，副文本對於現代文學及其研究有整合和建構的功效；反觀，則具有解構乃至顛覆的作用；分觀，副文本在文本之外；合視，它又在文本構成之中。在這種正反分合的研究過程中自有一種辯證的邏輯，祛除我們進行文學研究時的偏執之弊。而關於副文本與正文本的相互依賴關係，熱奈特在他的《門檻》一書中早有既辯證又形象的思考：「副文本只是輔助物、文本的附件。沒有副文本的文本有時候像沒有趕象人的大象，失去了力量；那麼，沒有文本的副文本則是沒有大象的趕象人，是愚蠢的走秀。」〔註 25〕這也是副文本研究給予中國現代文學研究要演出精彩節目的一種警醒！

（原載《中國社會科學》2012 年第 6 期）

〔註 25〕朱桃香：《副文本對闡釋複雜文本的敘事詩學價值》，《江西社會科學》2009 年第 4 期。

現代文學副文本的史料價值

　　我們可以說，一切文獻、遺蹟及遺物皆具有史料性。但是文學的史料來源與歷史、哲學的史料來源有差異。按傳統分類法，經、史、子、集皆可成爲歷史、哲學的史料來源。其中收入集部的文學作品可以爲歷史、哲學提供史料，反過來，文學可能就沒有歷史、哲學那樣廣大的史料來源。文學的史料來源有自己的領地。同時，談文學的史料來源還要注意到文學的本體特性。文學的本體特性是它的想像性、虛構性、抒情性等，這樣，純文學的文本固然可以作爲文學史料，但文學史料可能更多的來自那些兼有文學性的副文學文本，如書信、日記等，或與文學史相關的純歷史文本，如年譜、年鑒等。在此基礎上，我們還應看到現代文學與古典文學的史料來源也有所不同。這主要是現代文學文本的製作增加了一些新的要素，如封面畫、扉頁題辭（引語）、廣告文等。這樣，我們又可以把文學文本分爲正文本和副文本，正文本體現著文學的本體特徵，副文本則偏於歷史的性質；正文本固然可以作爲文學史料，而副文本提供的文學史料更多，價值或許更高。副文本是法國敘事學家熱奈特的概念，我們借用過來通指現代文學正文本周邊的扉頁題辭（或引語）、序跋、注釋、廣告文、附錄、圖象、筆名等（期刊中還有發刊詞、編者按等）。本文不想全面討論現代文學的史料來源問題，只想側重談談其副文本的史料問題。

一

　　副文本作爲環繞和穿插於正文本或期刊中的輔助文本，其存在的目的主要是對正文本及其作者有所說明和交代，這說明它們主要是一種及時的報料

性文本。時過境遷，這些文本透露的關於作者和正文本的歷史信息也就成爲了史料。所以，仔細地清理這些副文本可以發現大量的現代文學史料。有時，我們可以直接從副文本中發現史料，但更多的時候，副文本中的史料要靠聯繫正文本或其他文字去分析、考辨才能使之凸顯出來。

我們先看序跋。序跋是蘊藏史料最多的副文本之一。在古代由於沒有文學期刊、報紙等發表媒介，所以序跋只能依附於所出版的書籍。而現代，由於多了這些發表媒介，序跋既可先於或同時在報刊發表，亦可寄生於作品的某一版本。不管這些發表媒介和載體有何差異，序跋的史料價值是古今共認的。古今序跋集的編輯，向來也主要是把它們當作史料集，而非散文集。因爲序跋所蘊涵的史料價值遠大於其散文的藝術價值。現代文學作品中的序跋往往涉及關於作家、作品及文學史的多方面史料。序跋能反映作家的生平經歷尤其是其文事交際關係，如作家與作家、批評家、編輯、出版家的關係，作家參與的文學論爭等，像《〈吶喊〉自序》所記錄的對魯迅有重大人生轉折的「幻燈片事件」、許欽文《無妻之累》序跋中對他捲入的當時轟動滬杭的兇殺案的交代等。序他跋本身更是作家與序他跋寫作者關係的見證，如魯迅爲左翼青年作家所寫的大量序跋，周作人爲自己學生所寫的那些序跋等。作家的思想、藝術觀也常常通過序跋來表達，如魯迅、沈從文等作家的序跋。序跋中更有關於作品寫作動機、生產過程、出版、傳播、接受等方面的信息，尤其是作品的修改和版本變遷等方面的交代，魯迅、郭沫若就常在序跋中對這方面交代得非常詳細。序跋甚至敘述或構成了文學史的重要事件。如胡適《嘗試集》四版自序中交代魯迅、周作人、俞平伯等眾多文壇名家所參與的《嘗試集》刪詩事件，1932年《地泉》重版時的五篇序所形成的「革命文學」批評事件。所以，序跋是副文本中最豐富的現代文學史料來源之一。另外，有些作品所收的附錄文章，往往是與作家尤其是作品相關的評論、說明文字，其內容和史料價值差不多等同於序跋。

現代文學作品幾乎都有序跋，報刊也常發表序跋，所以序跋數量大。數量居其次的副文本當屬廣告文。有依附於作品單行本的大量廣告文，如魯迅《野草》中附有 8 個頁碼的包括《野草》在內的 25 部作品的廣告，《良友》文學叢書附有關於叢書的眾多廣告。眾多的現代文學期刊也刊登了難以計數的廣告，如《文學》曾爲 133 部作品做過廣告，《現代》更多達 500 多則作品廣告文。這些篇幅短小的廣告文在推介、宣傳作家作品的同時也留下了大量

珍貴的文學史料。關於作品的廣告文往往會介紹作品內容、特點、價值、字數、價格、裝幀、修改、版本、出版機構、發行人等史料。如《志摩的詩》的再版廣告就介紹該詩集的增刪、修改問題，爲該詩集的版本、異文研究提供了指導。韋叢蕪《君山》詩集的廣告提到了「林鳳眠封面，司徒喬插圖十幅」，爲這本書的裝幀研究提供了證據。關於期刊的廣告往往會交代期刊辦刊宗旨、組織機構，刊物的欄目、特色、撰稿人等信息，如《文學》雜誌在《生活周刊》上刊登的廣告就成爲研究該刊的創刊、發展等方面的重要史料。這些廣告文還會涉及新文學作家的生存狀態、作家掌故、文壇現象乃至一些重要文學事件。如魯迅、高長虹、韋素園寫的一些廣告文就成爲魯高交惡事件的細節和證據。丁玲被捕事件也在《現代》、《文學》等期刊上的廣告文中有所反映。總之，這些廣告成爲新文學生產、傳播、接受的重要文獻和證據。同時，許多作家都寫過廣告，這些精美的廣告文往往不署名，而作家的文集往往又不收廣告文，這就使廣告文成爲作家的佚文，爲現代文學的輯佚提供了材料和空間。現代文學有許多單行本上的封面、插圖往往也不署名，而廣告文又往往會提到其畫者，如上面提到的《君山》的廣告文，所以廣告文又成爲圖象輯佚、考證的重要材料。

扉頁或題下的題辭（或引語）在中國是現代文學作品才有的，它一般比廣告文更短，往往不能稱其爲文章而只能稱爲語句或語段。它雖然短小卻依然蘊涵著大量史料。其中，扉頁引語引的是中西經典或古今詩文中語句，類似於用典，將古代或西方的文獻史料片斷移植於現代的文本中，既凸顯了古代或西方的史料，又使這些史料在新的語境中化作了新的史料的一部分。如郁達夫的小說《采石磯》引杜甫詩作《天末懷李白》中的詩句「文章憎命達，魑魅喜人過」。小說中又寫了清代詩人黃仲則與考據大師戴東原的矛盾，藉此隱喻郁達夫自己與胡適的關係。結果這句詩成了郁達夫對胡適泄憤之辭。串起來看，唐代李、杜友誼的史實，清代戴、黃相輕的掌故，與現代胡、郁矛盾的佚事就攪合在一起了，構成了一種史料的連環套。高長虹在《走到出版界》一書的扉頁「卷頭語」引《莊子·秋水》中莊子與惠子相交的故事來影射他與魯迅的關係，也是一種史料的勾連。所以，引語本身是史料，同時它又成爲中西、古今史料的黏合劑。至於那些自題的題辭所含的史料價值就更明顯了。那些「獻給某某某」的題辭是作家與被獻者人際關係的見證，如蘇雪林《綠天》扉頁的題辭「給建中——我們結婚的紀念」，證明蘇雪林結婚初

期有過一段甜蜜、滿意的婚姻生活。于賡虞詩集《魔鬼的舞蹈》題辭「獻與廬隱女士」顯示了他們之間的友情。有些題辭隱含著作家與文學運動的關聯，如，葉聖陶《未厭集》扉頁題辭既解釋了書名的含義，更暗示了他與1928年文學論爭的關係。至於像《暴風驟雨》等作品扉頁引用毛語錄，那是作家和作品意識形態傾向的表徵，《日出》等作品扉頁引宗教經典，則是作家和作品宗教意識的見證。另外，題辭和引語在作品的某一版本中出現，卻在其另一版本中刪去等，這往往是辨識版本的標誌，這時它又成為文學作品版本研究的史料了。

注釋雖然有作家自己的即時注釋，但更多的是他人和後人的注釋，所以它主要是一種外生的和後生的副文本，但它終究會加入到正文本的意義生成和結構之中。注釋是對作品作細部的說明和解釋，它有助於作品的意義增殖和深度理解。而從史料角度看，它提供了關於作品和作家的全方位的史料，其廣度超過序跋。它會進入作品的所有語言細部，涉及文學文本內外的所有知識。它注釋正文本，也注釋副文本，如《彷徨》的扉頁引語就有注。正文本中又可分題注和文內注。題注會涉及作品的發表處、版本變遷、標題變異乃至作品寫作的背景等文學史料。內文注釋的內容更廣。以《魯迅全集》為例，注釋內容包括：（1）人物類（人名、神話傳說和各類作品中的人名），（2）書籍和作品類，（3）報紙、刊物類，（4）團體、流派、機構類，（5）國家、民族、地名類，（6）歷史事件及其他事項類，（7）引語、掌故、名物、詞語類，（8）外文詞語類，（9）魯迅生平活動類，（10）魯迅筆名類。〔註1〕所以，這些注釋可謂是一種史料的百科全書。它不僅蘊涵關於文學的史料，也涉及文學以外多種學科門類的史料。

圖象包括封面畫、插圖、照片等，圖象尤其是封面畫和插圖有圖解正文本意義的功能，但圖象也含有史料信息。故有由圖出史或以圖證史的文學史寫法。如鄭振鐸的《插圖本中國文學史》、楊義等人的《中國現代文學圖志》。《良友》等畫報中也有以圖象形式呈現的文學史料。一些現代期刊中更有具體的以圖寫史或以畫寫史的例子。如1936年2月15日創刊號《六藝》雜誌上的「文壇茶話圖」再現了三十年代文壇格局、動向及其沙龍性質。1956年第1期《文藝報》上的「萬象更新圖」，也以漫畫形式表現了新中國一體化文學生產中作家的隊伍布陣、生活變化、藝術走向乃至文藝運動（如批胡風）

〔註1〕參考《魯迅全集》第16卷，人民文學出版社1981年版，第73～618頁。

等。一些圖象則留下了更具體的文學史料，如，葉靈鳳所作的載於《戈壁》半月刊上的漫畫「魯迅先生」，畫出了他與魯迅先生之間的文人恩怨。孟克所作的刊於《雜文》月刊第三號的「魯迅漫畫像」則記錄了魯迅對小品文危機的批判。而與正文本同時出現的那些封面畫、插圖等也具有史料性。如魯迅在《墳》的扉頁所畫的那只斂翅於胸、睜隻眼閉隻眼的貓頭鷹正是魯迅此時心緒和形象的寫照。蕭紅自畫的《生死場》封面也形象地體現了東三省淪陷的歷史事件和東北作家的鄉愁。葉靈鳳所畫的郭沫若詩集《瓶》的封面畫則曲折地指向了郭沫若《孤山的梅花》一文所記錄的愛情佚事。一些圖象則是作家與作家或畫家文事交往的見證。如魯迅爲高長虹《心的探險》所作封面畫，陶元慶所畫的「大紅袍」經魯迅之手用作許欽文小說集《故鄉》的封面，還有聞一多爲徐志摩《猛虎集》、《巴黎的鱗爪》所作的封面畫，等等。有時候一部作品有不同的封面畫或插圖，這時它們就成爲了作品版本研究的鑒別史料。如張愛玲小說《傳奇》的初版本、再版本、增訂本不同的封面畫，錢鍾書《圍城》不同版本的不同封面畫等都是如此。

二

　　副文本中的史料有何特點，有何價值，其價值是否有等級差序等也是應該討論的問題。總體而言，副文本中的史料比正文中的史料更眞實、更完備。現代文學作品尤其是全集、選集等，當屬於集部。有許多歷史學家都討論過古代的經、史、子、集等的史料價值差序。其中，談到集部之書，翦伯贊說：「集部之書，並非專記史實之書，大抵皆係純文學的，至少亦爲含有文學性的著作，其爲研究文學史之主要的資料，盡人皆知。章實齋曰：『文集者，一人之史也。』其實……詩詞歌賦、小說劇本，又何嘗不是歷史資料，而且又何止一人之史。……而且其中的歷史記錄，往往是正史上找不出來的。」〔註2〕梁啓超早在其《中國歷史研究法》中就談到類似的觀點。這些觀點對於研究現代文學作品的史料價值具有啓發意義。當然，我們在此首先要區分歷史學家的史料與文學史家的史料以及文學作品中的歷史史料與文學史料的問題。在此基礎上，更應該區分開正文本的文學史料和副文本的文學史料。那麼，現代文學作品的正文本作爲純文學文本，當然可以提供關於現代史的史料，而它們自身也正是現代文學史的證據。但是要在正文本中找出更具體更眞實的文學史料就得靠我們去挖掘、

〔註2〕翦伯贊：《史料與史學》，北京出版社2005年版，第64頁。

比較和分析了。如作品如何體現了作者的思想，有無自敘傳的成分，異文如何表現了作者的思想蛻變、作品的版本演進等。所以，正文本總體上並不能提供太多的可靠的文學史料。這是正文本作爲純文學的特性所決定的。而副文本總體而言是偏重於實用的，如序跋、廣告文，或偏重於研究的，如注釋。所以，它們不僅呈現了更多的文學史細節，如作品的裝幀、出版、傳播等，作品的寫作、修改、接受等，作家的身世、創作動機等，還有文壇現象、時局變化、歷史語境，等等。更重要的是，這些歷史材料具有相對的客觀性、眞實性和科學性。

　　說到具體的副文本要素，它們則可能體現出不同的史料價值特點和等差。如序跋一般是作者或與作者相熟的師友即時所寫，是對作家和作品等內容的一種眞實、及時的交代和評價。其史料的眞實性遠在作家的回憶錄、口述歷史等之上，其史料的時效性不亞於作家的日記或當時的創作談。符合梁啓超提到的「最先最近者爲最可信」的史料學原則，即所謂「凡有當時、當地、當局之人所留下之史料，吾儕應認爲第一等史料。〔註 3〕」而在這第一等的史料中，其史料價值還可分等。如，分出「證據」類史料和「證詞」類史料。作家或師友的序跋及序跋中對基本史實的交代可謂「證據」；而對作品思想傾向、歷史地位、藝術特徵或風格等的評價，則可能會受個人情感、時代風氣等所限，所以只能算是「證詞」。如汪靜之《蕙的風》有胡適序、朱自清序、劉延陵序等眾序及序中對交往關係的介紹等是證據，而他們對汪詩風格及地位的評價則爲證詞，需要後來的研究者拿出更可信的證據去加強或否定它。正如柯林武德所說：「由摘錄和拼湊各種不同的權威們的證詞而建立的歷史學，……實際上根本就不是歷史學」〔註 4〕一樣，序跋中的證詞可以去質疑，需要去驗證。因爲證詞式的話語中可能有諛詞或不實之詞。這種現象在現代文學的廣告文中體現得更明顯。因爲廣告出於商業目的，需要招來讀者，所以往往會以優美的、動聽的、誇張的、吹捧的語句去評價作家和作品，往往會以「最」、「第一」等有違歷史眞實的極端語言去寫「證詞」。郁達夫就曾抨擊這種做法：「我最怕的就是書店的廣告，如『以一手奠定中國文壇』，『中國有新文學以來的第一部書』、『天才作家』

〔註 3〕梁啓超：《中國歷史研究法》，中華書局 2009 年版，第 93～94 頁。
〔註 4〕（英）R.G.柯林武德：《歷史的觀念》，中國社會科學出版社 1986 年版，第 291 頁。

等等文句，所以當出書之際，我要求書店同人，廣告不要太做得過火。」〔註5〕所以，序跋及廣告文中的這一類證詞只能是一種有意的或經意的史料，甚至可能是一種歷史的煙幕彈，沒有可信度。正像傅斯年所言：「經意便難免於有作用，有作用便失史料之信實。」〔註6〕不過，廣告文雖有經意的言詞，卻也留下了大量不經意的史料。如《志摩的詩》的再版廣告文（《新月》第1卷第8號），本意是要宣傳詩集經詩人修改後「內容煥然一新」，卻無意中提供了詩集的修改及版本變遷的史料。上文提到的《君山》的廣告文也有意拉名畫家來吸引讀者，卻不經意中留下了裝幀、輯佚方面的史料。總之，經意的「證詞」的史料價值不及不經意的「證據」。當然，有許多現代文學廣告文是魯迅、巴金、葉聖陶等名家所寫，其史料總體上是真實可信的。

注釋尤其是經典性作品的注釋往往能提供最完備的史料。它在副文本中不但涉及史料內容最全，而且還可以不斷生長、完善。有的作品既有作者原注，又有研究者的新注，如收入周良沛《中國新詩庫》中的卞之琳的一些詩歌。又如陳永志的《女神校釋》則彙集了《女神》作者原注、不同版本的注和校釋者的新注，已相當於古籍研究中的「集注」。而且隨著時代推進，它還可以不斷的擴展和完備。從原則上講，作者自注勝過他注，同一時代的注勝過較遠時代的注。但現代文學的注釋者們基本秉持的是研究者的科學態度，不斷改正舊注中的錯誤，使得注釋提供的史料，不僅完備，而且基本上真實可靠。如《魯迅全集》經過一代代注釋者的努力，到2005年的最新版，注釋最多且相對最可靠，成為現代文學注釋中的範本。注釋可以有集注，圖象也可以彙集。作品不同版本或者作者在不同年代的不同的圖象材料，都會是一種真實可信的史料，而且是直觀的形象的史料。如魯迅畫的兩種貓頭鷹圖象，郭沫若五十壽辰時懷抱五尺多高、上刻「以清妖孽」四字的巨筆並手扶幼子的照片，張愛玲《傳奇》的三個不同的封面等都是極為珍貴的可視史料，是我們真正能返回歷史現場的憑據。而且這些原有的圖象本身就是一種歷史的遺迹，它們和作家的故居、故物一樣具有文物的價值。其他如扉頁題辭、筆名等皆可分析出其歷史信息，挖掘出其中隱含的經意的或不經意的史料。如筆名是作家或逃避文網或隱藏深意的結果，是經意的史料。但它在不經意中又成為後來者搜集作家佚文的憑據了。

〔註5〕郁達夫：《達夫代表作·自序》，上海春野書店1928年版，第1頁。
〔註6〕傅斯年：《史料論略及其他》，遼寧教育出版社1997年版，第30頁。

三

　　副文本所提供的史料也會對現代文學的研究產生重要的影響。首先，副文本概念的提出實際上是爲現代文學研究另闢了一塊史料園地。現代文學研究的史料來源通常有幾個方面，一是歷史遺物，包括作家的故居、故物、手稿等，作爲文物的報紙、期刊、作品的原版本等。二是純歷史文本，如家譜、年譜、年鑒、檔案、方志、文學史著述等。三是純文學文本，即作家的純文學創作部分：詩歌、小說、戲劇、文藝性散文。四是介乎歷史與文學之間的文本，可稱之爲副文學或亞文學文本，包括書信、日記、傳記、遊記、回憶錄、掌故散文、書話等。除此之外，我們還可能忽視一些介於文學、歷史和傳播、出版之間的文本，如序跋、廣告文、發刊詞。當然更不重視那些一般稱不上文本的文本碎片，如扉頁題辭或引語、注釋、筆名、圖象文本等。而實際上，它們蘊藏著豐富的文學史料，是現代文學重要的史料來源之一。同時，即便是我們注意到這些文本和文本碎片的史料性，但又孤立地去看待和使用它們，其文學史料價值也不能很好地體現。而當我們用「副文本」這個概念把它們統合起來，它就更能夠引起文學史家的注意，並更能凸顯其特色和價值。其一，在與正文本的文學本體特性的比較中，我們更能體認副文本的紀實性、眞實性特徵，它的偏於歷史文本的性質，它的文學史料價值。其二，讓我們明瞭，副文本所提供的史料既指向正文本也指向正文本之外的廣大領域，讓我們注意到正文本其實是存在於副文本所呈現的史料語境之中或當時的文學生態圈之中。所以，副文本的概念不僅讓現代文學的史料研究更細化，而且會使現代文學的史料來源更獨特。

　　其次，副文本中的史料也參與了現代文學史的建構。傅斯年曾說：「史學便是史料學。」〔註7〕這凸顯了史料對於歷史學的作用（當然歷史的寫法還有「史觀」等重要因素）。副文本的內容甚至形式本身就是遺留態的文學歷史，或者說就是現代文學史的史實。其中，它們所體現出的文學事件，甚至就可以說是現代文學的原態歷史。如《地泉》的五人序的會集、《中國新文學大系》眾導言的寫作、良友文學叢書系列廣告的刊登、魯迅和高長虹通過廣告所進行的交鋒等。同時，副文本也通過自身的書寫來建構現代文學史。它們爲正文本的解讀提供著歷史信息和歷史語境，書寫著某一作品的生產史、傳播史、

〔註7〕　傅斯年《史料論略及其他》，遼寧教育出版社 1997 年版，第 3 頁。

版本史等，書寫著某位作家的交往史、成長史等。擴大來看，副文本寫出了整個現代文學的出版文化史、文學思潮及論爭史、文學社團流派史、文類發展史等。若把某些副文本系統地整合起來，也可以建構更有特色的現代文學史。如已有的《中國現代文學圖志》、《中國現代文學編年史——以文學廣告爲中心》，還可以去寫現代序跋文學史等。這既可見出某種副文本因素自身的歷史，更可寫出某種副文本所建構的現代文學史。總之，副文本與現代文學史共生同步，是紀實的、即時的、極具時效性的現代文學史。它顯現、還原並建構著現代文學史。

不過，副文本提供的史料也有可能對現文學研究和文學史的寫作形成某種遮蔽。這一方面是由於某些副文本有特定的寫作目的，所以提供的可能是經意的史料或虛假的史料，如序跋的寫作受個人情感左右，廣告文的寫作有營銷的意識。另一方面，副文本的寫作還受到時代和意識形態的影響，如序跋、廣告文往往是即時的寫作，對許多文學現象或作家、作品等還不能作準確或正確的把握，或突出、或不見某些史料。又如不同時代的注釋就會受到文學體制、政治風氣或官方意識形態的制約，《魯迅全集》的注釋就很典型。由於這些原因，副文本提供的史料就可能不眞實、不可信，或誤導、或偏頗、或虛假，從而遮蔽我們的視野，遮蔽文學史的眞相。所以，對這些史料，我們應加以分析、比較和考證。總之，對副文本的史料價值，我們應有辯證的認知態度，既能看到其正面價值，也能看到其負面效應。

（原載《北京社會科學》2014 年第 2 期）

新文學廣告與史料

　　新文學廣告指的是為新文學作品、新文學期刊等所做的廣告。在當時，新文學廣告的發佈主要以新文學圖書、新文學期刊及其他報刊為媒體，也有單獨製作的廣告宣傳冊和廣告傳單等。為新文學做廣告本是出版商、作家或編輯進行促銷的商業行為，但它最終卻成為新文學活動的有機組成部分。新文學廣告參與和見證了新文學的生成、發展和傳播過程。這些廣告文是精美的文章，不乏凝練、靈動、幽默和詩意，有許多理應成為現代廣告文寫作的經典範本。它們更是微型的評論，往往能縮龍成寸、詞約義豐並精闢入微地把握作品的特點和作家的風格。由於有魯迅、巴金、葉聖陶等一大批作家、編輯參與新文學廣告的製作，新文學廣告尤其是那些廣告文，在今天對我們來說是一筆寶貴的精神遺產。像朱自清寫老舍的評論，一開篇就引用了關於老舍作品的廣告語。尤為重要的是，這些新文學廣告具有史料的價值，其中貯存和隱含有新文學生產、銷售、傳播等方面的大量歷史信息。如，有作品的修改和版本變遷的提示，有文學期刊的創辦和發行的內幕，有文學運動、文藝鬥爭的留痕，有作家或編輯之間關係的呈現，等等。總之，新文學廣告是新文學研究中不可或缺並值得發掘的史料。本文特以 20 世紀 30 年代的三個較重要的廣告事件為例來呈示新文學廣告所具有的重要價值。

　　　　　　　　　　　　一

　　30 年代初，《小說月報》在持續了二十年後終於停刊，左翼的刊物大多受到打壓或被迫停刊，《論語》等閒適風格的刊物又為多數作家不齒。他們迫切需要一個能自由發言的園地。於是，在眾人的努力下，1933 年 7 月 1 日，《文學》

創刊。創辦刊物，要在短時間內獲得廣大讀者的青睞，在報刊上做廣告自然是少不了的。張靜廬在談及雜誌發行時認為：「廣告一定要登在有廣大銷路或與這刊物的性質有相互關聯的，多登幾行或多登幾家。」〔註1〕由於《文學》與《生活周刊》均由生活書店發行，在「每期銷數達到十五萬五千份」〔註2〕的《生活周刊》上發佈廣告當然是最理想的選擇。此處就是選取《生活周刊》上的數則廣告來逐一論述《文學》創刊前後的過程。

在《生活周刊》第 18 期（1933 年 5 月 6 日）上第一次刊出了《文學》誕生的預告：

> 這是由文學社負責主編生活書店擔任出版及發行的一種文學月刊。文學社是集合全國而成的一個組織，它編行這月刊的目的，在於集中全國作家的力量，期以內容充實而代表最新傾向的讀物供給一般文學讀者的需求。它為慎重起見，特組九人委員會負責編輯，聘請特約撰稿員數達五十餘人，幾乎把國內前列作家羅致盡盡。內容除刊登名家創作，發表文學理論，批評新書新報，譯載現代名著外，並有對於一般文化現狀發批判；同時竭力介紹新進作家的處女作，期使本刊逐漸變成未來時代的新園地；又與各國進步的文學刊物常通消息，期能源源供給世界文壇的情報。

這則預告可稱《文學》的出版宣言。它包含了許多有價值的史料：明確了它的所屬；它的辦刊初衷；它的運作組織機構；刊物的欄目以及它的傾向和最終目標等。要研究《文學》，這段文字不可忽視。

事過半月，在《生活周刊》第 20 期（1933 年 5 月 20 日）上又刊出了《文學》出版前的第二張廣告。用了一整頁的版面，比第一次的內容更豐富，提供的史料也更多。特別增加了一個副標題：「一九三三年中國文壇之生力軍」。在第一次預告的基礎上，除了刊出特價預訂等內容外，就是將本刊編輯委員及特約撰稿員公佈出來：

> 本刊編輯委員會（9 人）
>
> 郁達夫　茅　盾　胡愈之　洪　深　陳望道
>
> 徐調孚　傅東華　葉紹鈞　鄭振鐸

〔註 1〕張靜廬：《在出版界二十年》，江蘇教育出版社 2005 年版，第 147 頁。
〔註 2〕范堯峰：《〈生活周刊〉、生活書店與中華職業教育社》，《新文學史料》1981 年第 1 期。

本刊特約撰稿員（48人）

丁　玲	冰　心	王統照	王伯祥	王魯彥
方光燾	巴　金	田　漢	白　薇	朱自清
老　舍	杜　衡	沈起子	周建人	周作人
周予同	金兆梓	施蟄存	俞平伯	胡秋原
胡仲持	耿濟之	夏丏尊	陸侃如	陸志韋
張天翼	陳受頤	梁宗岱	許地山	郭紹虞
馮沅君	楊丙辰	鄭伯奇	趙萬里	適　夷
黎烈文	劉廷芳	樊仲雲	魯　迅	謝六逸
謝冰瑩	戴望舒	豐子愷	穆時英	穆木天
魏建功	嚴既澄	顧頡剛		

從編委會和撰稿員的組成看，《文學》的起點很高，真正達到了「幾乎把國內前列作家羅致盡盡」。它囊括了 30 年代各種團體流派的作家，達到了兼容並包。而且多數是名家。專業範圍也很廣泛，詩歌、小說、戲劇、雜文等各領域均有名角。《文學》能聯絡這麼多作者（它後來的作者在 300 人以上），在 30 年代的雜誌中可以說是少見的。

　　四周後，在第 24 期（1933 年 6 月 17 日）的《生活周刊》上又刊出了《文學》創刊號的要目預告，它設置了「論文」、「小說」、「詩」、「散文隨筆」、「雜記雜文」、「國外通訊」、「書報述評」、「書報及插圖」八個欄目，並逐一把每篇文章的作者注出。作家陣容強大，共有 30 餘位。魯迅在本期就有兩篇文章。一篇是雜文《又論「第三種人」》作為《文學》的開篇；一篇是隨筆《談金聖歎》。

　　創刊號雜誌的銷數，一定會比平時的或是後二三期的為多，所以第一期雜誌編得比較精彩或發行得普遍與未來的銷數有極大的關係。〔註3〕《文學》創刊號出版後，它的反響和發行情況在廣告中可以看出。創刊號發行才兩周，《文學》又在《生活周刊》第 28 期上（1933 年 7 月 15 日）刊出了廣告：「本月刊自七月一日出版後猥蒙海內外人士謬加讚譽紛紛賜函訂購創刊號出版業已售罄現特發行再版……」8 月 5 日（《生活周刊》第 31 期）又刊出廣告：「本創刊號於七月一日出版不五日即發行再版現又告售缺特三版印行以副愛好文藝諸君之盛意本號為特大號……」僅一個月時間，《文學》創刊號就發行三版，

〔註3〕張靜廬：《在出版界二十年》，江蘇教育出版社 2005 年版，第 142 頁。

五日就售罄，受歡迎程度可想而知。這些廣告材料對研究《文學》創刊後的反響是極有參考價值的。四個月後，《生活周刊》第44期（1933年11月4日）又有《文學》的廣告，除有一卷五號的文章要目廣告外，還有創刊號至第四號的重版廣告，內容如下：「創刊號於七月一日出版後，以內容豐富，取材新穎，售價較其他文藝刊物為廉，因之備受社會歡迎，行銷海內外，至為暢廣，創刊號已五版發行；第二號（屠格涅夫紀念）四版；第三號三版；第四號已再版出售，歡迎預定。」這段文字，總結了《文學》為什麼如此暢銷的原因，又介紹了重版的次數，有種成功者的口氣。而《生活周刊》第47期（1933年11月25日）上的《文學》廣告又告訴我們：「本刊自創刊號至第五號雖一再重版，但常以時間過促，致訂戶方面，遲遲未能補齊，……第二號至第五號亦已四版或三版出售。」由此可知，隨著時間的推移，《文學》的訂戶逐漸增加，出現供不應求的情況。鑒於《文學》良好的銷售情況，在12月初出版第六號後，馬上又著手編印第一卷合訂本，在《生活周刊》第50期（1933年12月16日）上的《文學》「新年特大號」廣告中，刊出了合訂本的消息。原文如下：「本合訂本係自創刊號至第六號重行編印，卷首附有總目索引，布面精裝，外加精美紙盒一隻，實價銀二元。」

從《文學》創刊前的廣告中，我們能梳理出它的辦刊緣起和目的，瞭解它是一個什麼性質的文學刊物；從撰稿人員的組成中，瞭解它的「雜」，從「雜」中又可以看出它的「專一」。正如在創刊號的《社談：一張菜單》中所說：「我們這雜誌的內容確實是雜，這似乎用不著我們特別的聲明，讀者只消一看本志負責編輯人和特約撰稿人的名單便知端的。」但是，「我們當然有一個共同的憧憬——到光明之路，……我們這雜拌兒似的雜誌裏面仍舊有點不雜的地方。〔註4〕」從它發行後的重版廣告中，又可以知道這份刊物在文壇產生的巨大反響。另外，我們從它第一卷（共六期）所刊行的文章要目中，還可以看出一些名家對這份刊物的強力支持，如魯迅在前兩期上就發表了四篇文章，茅盾、巴金、老舍、鄭振鐸等均在三篇以上。對文壇新人的大力扶植也是它的成績，如大量發表了黑嬰、臧克家等人的創作。由這些內容可知，廣告參與了《文學》月刊的傳播，擴大了它的影響。同時，這些廣告中也留下了《文學》誕生、發展的大量信息。

由《文學》的宣傳廣告所含有的重要史料，我們不難想到，在新文學發

〔註4〕編者：《社談：一份菜單》，《文學》第1卷第1期，1933年7月1日。

展歷程中，文學期刊多達數千種，而這些刊物爲了擴大影響，在創刊前後也多有廣告，這些數量眾多的廣告文本無疑會對新文學期刊的研究提供大量的原始資料，需要我們仔細地收集、整理和研究。

二

在《文學》創刊前的 5 月 14 日，上海又發生了一件轟動整個文藝界的大事，「左聯」女作家丁玲被國民黨秘密逮捕。四五天後，文藝界差不多都知道了這個消息。丁玲的被捕，作爲國民黨壓制進步文藝，加強思想控制的典型事件，自然會遭到一些進步人士的反對。在文藝界，爲了不使廣大讀者忘記丁玲，爲了表達對此事的關注和抗議，發表她的文章和出版她的作品當然是一種最好的方式。而這自然要大做廣告。這裡結合《現代》、《文學》、《人間世》三份刊物上有關丁玲的文學廣告，來再現這場文藝界機智的抗爭。

《現代》雜誌首先打破了沉默，在第三卷第二期（1933 年 6 月 1 日）的《編者綴語》中，表達了對此事的關注：「在五月十四日那天，我們就聽到她因政治嫌疑被捕了。一個生氣躍然的作家，遭了厄運，我們覺得在文藝同人的友情上，是很可惋惜的，願她平安。」緊接著的第三卷第三期（1933 年 7 月 1 日）特別編印了一頁圖版，題爲《話題中的丁玲女士》，除有丁玲女士的近照、胡也頻遺孤照片、丁玲之母照片外，還有一段文字說明：「女作家丁玲於五月十四日忽然失蹤，或謂係政治性的綁架，疑幻疑眞，存亡未卜⋯⋯」魯迅在得知丁玲傳言被槍斃後，奮筆寫下了《悼丁君》一詩，並「建議馬上出版丁玲未完成的長篇小說《母親》，要在各大報上登廣告，大事宣傳。〔註5〕」1933 年 6 月，良友出版公司把《母親》作爲「良友文學叢書」之一單行出版，並在《文學》、《現代》和《人間世》等刊物刊出了廣告，《文學》（創刊號）上的廣告文字如下：

> 這是寫前一代革命女性的典型作品，作者以一九一一年辛亥革命爲背景，敘述自己的母親在大時代未來臨以前，以一個年輕寡婦，在舊社會中遭遇了層層的苦痛和壓迫，使她覺悟到女性的偉大使命，而獨自走向光明去。

這則廣告頗有意味，1931 年 2 月，丁玲的丈夫胡也頻作爲「左聯五烈士」被國民黨殺害，她也成了寡婦，而她現在正在努力奮鬥的未竟事業，不也正

〔註 5〕孫瑞珍、李楊：《丁玲是屬於人民的》，《新文學史料》1982 年第 1 期。

是她「走向光明去」的實際行動嗎？表面上是在讚美《母親》，實際上是讚美丁玲，對丁玲的革命事業給予了高度評價。稍後，在《現代》第三卷五號（1933年9月）和《文學》第一卷三號（1933年9月）上，又登出了《母親》的書評，《現代》上的書評第一句為：「《母親》出版了，但丁玲卻在這以前的時候失蹤了。」開篇就對此問題給予了關注，目的也是為了讓讀者引起注意。《文學》上的書評第一段有這樣的文字：「現在她的蹤跡還是一個『謎』，這部《母親》便是她最近或許也就是最後的作品了。」關切和惋惜之情溢於言表。在《文學》創刊號上，還刊出了丁玲的《一個女人》（中華書局發行）的廣告：

> 丁玲女士是我國成功的女作家之一，她以流暢動人的文筆，描寫了現代新女性的心理和行為，無處不獨具隻眼，本書包括她的六篇創作小說，可以說是一般現代女性的寫真集。

篇幅儘管短小，但給予丁玲很高的評價，能激起讀者強烈的閱讀興趣。接著，在《文學》第一卷二期（1933年8月1日）上，又刊出丁玲的《水》（新中國書局出版）的廣告：

> 《水》是丁玲女士最近的小說集，女士在中國的文藝界可說是最進步的作家之一，凡讀過她的小說的無不覺得她的作品寫得確實而有強力，能夠抓住讀者的一顆心，本集中的《水》，長三萬餘字，係寫我國去年大水災的情形，句句呼出農民的苦痛，希望我們不要忽視過大多數人的苦痛，應該來替這大多數人謀點利益。其餘像《田家沖》等數篇也沒有一篇不是思想新穎，給我們一條向新社會之路的。全書約十萬言，用道林紙精印。

讀了這則廣告文字，我們不得不感到震撼，在這白色恐怖下，還有這麼大膽的編輯。在許多報紙和刊物都保持沉默，不作報導的情況下，而剛創刊的《文學》上就刊出了這麼「左」的文字。此外，在《文學》第一卷三期（1933年9月1日）的《文學畫報》欄裏也特別編印了一頁圖版，題為《丁玲留影及其手迹》，以示對她的「懷念」。

丁玲的好友蓬子在丁玲失蹤以後，不但四處奔走展開營救，而且也用自己的筆表達了對丁玲的懷念。蓬子迅速選編出《丁玲選集》，由天馬書店發行出版，先在《文學》第一卷五期（1933年11月1日）上發出了預售廣告：

> 關於丁玲，用不著我們再來介紹了，這一個選集是蓬子編輯的。蓬子是丁玲所認為知道她最深切的朋友之中的一個，對於編輯她的

選集，自然是最適當的，卷首有丁玲的近影和她的原稿墨迹，並蓬
子萬餘言的長序，附錄二個，一是丁玲對創作的自述。一是關於丁
玲的記載和批評。凡是要知道丁玲，紀念丁玲的，對這選集的出版，
當然是很同情的吧。爲優待直接讀者起見，我們也來一次特價預約。

　　而在《文學》第一卷六期（1933 年 12 月 1 日）刊登的該書正式出版的廣
告文字又有變化，部分抄錄如下：

丁玲女士是中國今日文壇上最前進的青年作家，她的忽然失
蹤，已引起了國內外文藝界的極大注意，因之她的作品便格外被重
視了，這一個集子，是蓬子選編的，全書共選七篇，依著作的先後，
依次排列著，正如展開了一幅丁玲的思想行進的圖案……

　　這兩段文字結合起來理解，會使我們對該書的認識更全面。文章按先後
順序編排，無疑給讀者一個成長中的丁玲形象。兩段文字均包含了對「逝者」
的無限懷念，也隱含了對反動當局的強烈控訴。

　　現代書局也在 1933 年 10 月出版了丁玲的又一部著作《夜會》，並連續在
《現代》的第三卷三期（1933 年 7 月）至第四卷四期（1934 年 2 月）上刊發
廣告，有如下文字：

丁玲女士失蹤了，她留下給我們的婉約的作風，奔放於紙上的
熱烈的情感眞是抓住每個時代青年的心而使之奮起的。本集是她失
蹤前的最終的近作。

　　接著，在第四卷五期（1934 年 3 月）上，又有《丁玲選集》的書評，較
詳細地介紹了丁玲一生和她的創作。

　　國民黨當然不會允許如此名目張膽的抗議。1934 年 2 月，國民黨中央宣
傳委員會發出密令，一舉查禁圖書 149 種。丁玲不但被軟禁，而且她的書也
被禁止出版或發買。如《夜會》以有「鼓吹階級鬥爭，詆毀政府當局之激烈
表現」而被禁，《水》因「或描寫農民暴動或描寫地主與佃戶對抗情形或描寫
學生在工人群眾宣傳反動情形」被禁，《一個人的誕生》、《韋護》亦被禁止發
售，《一個女人》暫緩發售。《自殺日記》和《在黑暗中》被列入暫緩執行查
禁之書目。〔註6〕但是，文化界並未因此被嚇倒，而是更巧妙地抗爭。由於《母
親》未被禁，所以良友圖書出版公司就大肆宣傳《母親》，如從《人間世》第

〔註 6〕 倪墨炎編注：《三十年代反動派壓迫新文學的史料輯錄》（續二），《新文學史
　　　　料》1989 年第 1 期。

5 期（1934 年 6 月 5 日）開始，連續數期刊載《母親》的廣告。作爲丁玲的
又一位朋友沈從文以「女作家丁玲的一生」寫了《記丁玲》一書，儘管當局
無端要求作大量刪改，但最終還是作爲「良友文學叢書」之一於 1934 年 9 月
出版。分別在《文學》的第三卷四期（1934 年 10 月 1 日）和《人間世》第 11
期（1934 年 9 月 5 日）上登出了廣告。內容如下：

> 丁玲女士的一生，可以說只有沈從文先生知道得最清楚。本書
> 從丁玲的故鄉和她的父母寫起，作者特有的那枝生花妙筆，把一個
> 衝破了舊家庭束縛到大都市裏來追求光明的新女性活現在讀者的眼
> 前，是中國新文藝運動以來第一部最完美的傳記文學。

在很短的文字裏，極力表達出對丁玲的讚美，也傳達出對傳主的懷念。

在「良友一角叢書」系列廣告（如《人間世》第 16 期）中，因爲涉及部
分被禁書目，於是就在書名的前面用「×」注出，特別注明「有×者暫停發
售」，丁玲的《法網》就是這類。在現代書局的「現代創作叢刊」系列中，丁
玲的《夜會》由於被禁，所以在廣告中，除對本書進行內容介紹外，在著者
名下特別標出「發賣禁止」（如《現代》第四卷六期）。這些廣告是曲折的反
抗，使我們更加看清了反動派對進步文藝進行殘酷「圍剿」的本質。這些廣
告也是一種巧妙的宣傳，它抓住了讀者越禁越想讀的心理。因爲「雪夜閉門
讀禁書」曾被視爲讀書人的一大樂事。

透過丁玲被捕以後所刊發的廣告文，我們可以清晰地瞭解當時文化界圍
繞丁玲所作出的不懈的鬥爭。這些零散的廣告文字，對研究 30 年代文化上的
「圍剿」與「反圍剿」很有價值。它們雖然短小，卻蘊藏著文學運動和文學
鬥爭的豐富信息。

三

30 年代的上半期，文化出版界的又一件大事是《中國新文學大系》編輯
和出版。這項歷時兩年多，由趙家璧發起，蔡元培寫《總序》，魯迅等 10 位
著名作家共同編輯的十卷本《大系》，是對第一個十年中國新文學的一次驗收
與總結。大系的編纂者們是各個文學門類和學術門類的專家，他們對這套大
系的各個類別都有獨到的見解。他們的標準和好惡直接影響了大系內容的編
纂。這套大系不但已成爲研究第一個十年新文學的重要史料，它本身也已成
爲研究的對象。人們已開始從不同角度來研究這套大系，但對與大系有關的

廣告卻重視不夠。實際上，大系的系列廣告為我們更好地理解大系提供了許多詳實的史料。

　　良友圖書印刷公司很重視圖書發行的廣告宣傳。對《中國新文學大系》這樣的出版壯舉自然要大做廣告，而且廣告的樣式眾多並各具特色。大系的廣告大概有五類樣式。第一種是大系樣本，厚四十餘頁，它以書的形式詳細地介紹了大系，但它的發行數量很少。〔註7〕

　　第二種是單張的宣傳廣告（這裡所介紹的來源於《人間世》第 24 期，1935年 3 月 20 日），它是夾在良友出版的雜誌中附送給讀者的。它的內容是樣本內容的縮印，具有重要的史料價值，所以應逐一選取重點內容來介紹。這張廣告左上側是趙家璧寫的《編輯中國新文學大系緣起》，共四段文字，先說編輯大系的重要意義。接著介紹十大卷的內容，第三段原文如下：

> 　　所有從民六至民十六的十年間的雜誌、副刊、單行本，全是我們編輯時所用的資源，我們自以已盡了我們最後的力量，搜羅得不讓一粒珍珠從我們的網裏漏掉，中國新文學大系的第一個十年共分十大冊，理論分建設理論和文學論爭集兩冊，小說以文藝團體為分界分一二三集，一集選文學研究會諸家；二集選新青年語絲社等諸家，三集為創造社諸家。散文共兩集，以作家為區別，詩集一，戲曲集一，另附史料索引一厚冊。足供讀者參考，每冊除選材外，另由編選人作一長序，論述該部門十年來發展的經過，更論述當代重要的作家和作品。全書之前，又冠以總序，闡述新文學運動的意義，我們所以這樣做，是為了使這部大系不單是舊材料的整理，而且成為歷史上的評述工作。

　　這段文字，可以稱得上是大系的「地圖」，給我們大致勾勒了大系的體制。從而使我們對十年來的文學情形的認知清晰起來。如果把大系作為一種史料的輯錄，我們憑這一「地圖」就很容易找到所需的資料。

　　《總序》由蔡元培執筆，夾頁廣告上只有《總序摘要》，是他的手迹版，數百字的節要，已把萬字總序的精神包括在內了。十位編選者的《編選感言》，

〔註7〕趙家璧在《話說〈中國新文學大系〉》中還提到，在大系第三版印普及本時，還重新編印了一本三版的樣本，厚達 60 頁，增加了《輿論界之好評摘錄》，摘錄了全國各地七種報刊的評語（內容與下面介紹的第三種廣告樣式同），還用了 25 頁篇幅把九卷的全部目錄（除《史料‧索引》卷外）編入，供預約者參考。見《新文學史料》1984 年第 1 期。

也是手迹版，這些文字還有許多沒收有進他們後來的文集中。「感言」中，有許多是他們對該部書的精闢的見解，這些權威的論斷值得重視。如胡適的文字：

> 我的工作是很簡單的，因爲新文學的建設理論本來是很簡單的。簡單說來，新文學只有兩個主要的理論：（一）要做「活的」文學。（二）要做「人的」文學。前者是語言工具的問題。後者是內容的問題。凡白話文學，國語文學，吸收文言文學的成分，歐化的程度，這些討論都屬於「活的文學」的問題。「人的文學」一個口號是周作人先生提出來的估量文學的標準。

作爲新文學的發起人，在新文學已取得很大成就的 30 年代來回顧這段歷史，胡適自然有發言權。在這裡，他對新文學的建設理論給予了精練的概括，而這些結論使我們對新文學的思考和研究有一種方向感。又如朱自清的《感言》內容對理解新詩的發展過程很有參考意義：

> 新文學運動起於民六，新詩運動也起於這一年，民八到十二，詩風最盛。這時候的詩，與其說是抒情的，不如說是說理的。人生哲學，自然哲學，社會哲學，都在詩裏表現著。形式是自由的，所謂「自然的音節」。民十五《晨報詩刊》出現以後，風氣漸漸變，一直到近年，詩是精緻的路上去了。從這方面說，當然是進步。但做詩的讀詩的都一天少一天，比起當年的狂熱，眞是天淵之別了。
>
> 我們現在編選第一期的詩，大半由於歷史的興趣。我們要看看我們啓蒙期的詩人努力的痕迹，他們怎樣從舊鐐銬裏解放出來，怎樣學習新語言，怎樣尋找新世界。雖然他們的詩理勝於情的多，但倒是只有從這類作品裏，還能夠多看出些那時代的顏色，那時代的悲和喜，幻滅和希望。
>
> 爲了表現時代起見，我們只能選錄那些多多少少有點新東西的詩。

三段文字，先是對新詩的發展特徵和整體風格下了一個論斷；接著對新詩詩人努力的方向和新詩與時代的關係有一個概括性的描述；最後提出本集的編選標準。全文三百字左右，但卻是一篇精彩的詩評。

同時，在每位編選者手迹的下面還有本集內容說明的文字。如《散文二集》是這樣寫的：「《散文二集》由郁達夫編選，本書所選作家如魯迅，周作

人，茅盾，朱自清，林語堂，葉紹鈞等數十人，由郁達夫先生作二萬字導言一篇，對於五四時代和以後十年間的散文詳細評述。」

這些文字把此書的要旨說得一清二楚，對我們研究大系同樣具有方向性、指導性的作用。

在這張廣告的背面，還附錄了八位知名作家對大系的好評。從這些評語中可見當時文藝界對此壯舉的高度認同。如冰心說：「這是新文學以來最有系統，最巨大的整理工作，近代文學作品之產生，十年來不但如菌的生長，沒有這種分部整理評述的工作，在青年讀者是很迷茫紊亂的。這些評述者的眼光和在新文學界的地位是不必我來揄揚了。」這是借其他作家之口來做廣告。廣告背面的右下方是廣告編纂者的廣告詞：「有了這部《新文學大系》，等於看遍了五四運動以來十年間數千種的刊物雜誌和文藝書籍。專家選擇了最好的作品，可以省卻你的許多時間和金錢。」這段充滿算計的廣告詞卻是在為讀者著想，確實體現了廣告的智慧。

第三類樣式（見《申報》1935 年 5 月 6 日第四版）主要以當時國內重要的報刊如《申報》、《中央日報》、《大晚報》、《中華日報》等對大系的評價為主要內容，目的是表明：「輿論界的評判勝於宣傳式的廣告，也是讀者最可靠的顧問。」這些評價對大系是另一種宣傳，但現在對我們研究大系也有一定的文獻價值。如《申報》的評價是這樣的：

> 目下中國的出版界，古書在翻印了，新書也在編選了，凡為一個中國現代青年的我們，應該去讀古書，研究一點古學問呢？還是應當去讀新書，吸收一些新知識呢？以我們的眼光看，現代中國青年應該讀新書，而不應該讀古書，因此，當翻印古書之風正在盛的今日，我們還能有這一部《中國新文學大系》可看，這真可說是現代中國青年的幸運。

這使我們對編撰大系的歷史意義的理解又深入了一步，它不但是對新文學十年來成果的收集整理，也是鞏固了新文學的實績，使新文學徹底戰勝 30 年代盛行的復古之風。

第四種樣式是，除印有大系「十大部之內容說明」的廣告文字（與第二種同）外，在每部說明文字的上方還刊登作者的照片或剪影，加上蔡元培先生的照片，共 11 張。大系的這種廣告圖文並茂，能起到很好的廣告效果。僅這些頭像就有吸引力，能讓讀者一睹這些作家的風采。

第五種廣告類樣式比較簡單（見《論語》第 62 期，1935 年 4 月 1 日），居中印了 10 巨冊精裝的書脊書影，給讀者留下深刻印象。左邊是「二十萬字導言」，右邊是「五百萬字題材」等廣告文字。書影下面列出了各部的書名和作者的手寫體簽名。最下面是趙家璧寫的《編輯中國新文學大系緣起》。

以上幾類廣告文字，各有特色，充分展示了大系出版者在廣告上所表現出的商業策略。這些廣告不但是 30 年代文學廣告的樣本，也是現今文學廣告可資借鑒的範本。更重要的是，這些廣告貯存了大系編纂的緣起及大系的內容、體制、編者、批評、發行等豐富信息，是研究大系的最好的實證材料。大系的編纂，作為新文學經典化過程中的一次重要事件，值得深入研究。而這項研究有了當年大系廣告這類實證材料，將更具有學術價值。實際上，大系的廣告也已成為了參與新文學經典化的重要內容。

四

從上面選取的三個事例來看，新文學廣告的價值有待重估。但對新文學廣告的系統、深入的研究還有一定的難度。首先，由於新文學廣告多登在報刊的不顯眼的位置，而且雜亂無序，很不容易加以收集整理。正如樊駿先生所說：「……有關文學作品的廣告等，也都理應在文學史料中佔有一席位置，它們散佈的範圍很廣，有用的內容又大多相當零碎，宛如在大海中撈針，不易搜羅，更容易為人們所忽視。」〔註8〕對於作家來說，這些廣告文字，其文集很少收入，已成了不受重視的佚文。從商業角度看，廣告的目的在於宣傳，誇大其辭是不可避免的現象。如何從這些帶有誇飾成分的文詞中找出有價值的史料也是一個非常棘手的問題。同時，新文學是在社會時局極度動蕩、文化「圍剿」十分殘酷的環境裏艱難發展的。有的廣告文字已經見報，但書卻還沒有寫作。這些廣告文字我們很難辨析，很容易信以為真。如「良友文學叢書」曾刊登了郁達夫的《狹巷春秋》、鄭伯奇的《途上》、郭沅新（鄭振鐸）的《子履先生及其門徒》、施蟄存的《銷金鍋》和穆時英的《中國行進》五部小說的廣告，但後來這些書並未出版，刊登的廣告成為虛頭。〔註9〕另外，我們一般的研究者只能讀到一些影印期刊，而這些影印期刊中許多廣告頁卻沒

〔註 8〕樊駿：《這是一項宏大的系統工程》（上），《新文學史料》1989 年第 1 期。
〔註 9〕張澤賢：《書之五頁：民國版本知見錄》，上海遠東出版社 2005 年版，第 249
～250 頁。

有被影印。這些都增加了考察新文學廣告的困難。隨著新文學研究的深入，科技手段的引進，書刊收集和整理的愈來愈系統化，新文學廣告的研究將會有更多的便利條件。

（原載《中國現代文學研究叢刊》2007 年第 4 期，本文與彭林祥合作）

新文學研究的版本意識

　　在意識形態、審查制度、傳播方式、語言規範和文學成規等外力的作用下，在作家「悔其少作」等內因的驅動下，許多新文學作品都出現了眾多版本。在不長的歷史時段內，其版本密度之大，為中國文學史甚至世界文學史所少見。這帶來了新文學研究的特殊性和複雜性，也迫使我們去追問新文學研究的嚴謹性和有效性的問題。在這種情形下，建樹一種版本意識就至關重要。它會使新文學研究真正沉下去、拓展開並最終對具有眾多版本的新文學作品作出完整的公正的歷史評價和美學評價。

一

　　版本是新文學作品的根本，也是新文學作品研究乃至作家研究的根本。我們要使新文學研究回到這個根本，首先就應具有起碼的版本「知識考古」意識，從不同的層面去認清新文學作品的版本「本」性。

　　新文學版本與古籍版本相比，有不同的「本」性。最顯在的當然是印刷、裝訂等成書方式的不同。比如，新文學版本少有石印本，卻有《初期白話詩稿》那樣的珂羅版影印本；少有《揚鞭集》那樣的線裝本，更多的是平裝本，還有別具一格的毛邊本（如《吶喊》）等。最根本的則是異本問題上的差別。古籍的異本是在年代久遠的流傳過程中，由傳抄、誤刻、校勘、散佚、評點或妄改而成。新文學的異本卻是在作者有生之年就大量出現，既有因被禁而出現的偽裝本、易名本，也有因載體不同而出現的連載本、單行本、文集本等，更有作者自己修改而成的異本，即修改本。異本如此之多，就有一個從中尋求「善本」的問題。於是，我們又會發現新文學的「善本」與古籍「善

本」的差異。古籍的善本是指那些舊本、足本、精本。在新文學中，如果依此標準去求善本，則只能包括初版本和精校本。但新文學作品卻往往還有發表本或連載本、修改本和定本，我們又如何從中求善本呢？發表本往往是最「舊」的，可作善本，但它可能是隨刊隨寫的，並不完善。定本是精校的，可作善本，但它已失作品的本來面目了。「善本」的本質意義應是「眞本」或作家的原文本，那麼，凡是出自作家手筆的修改本也都可作善本，但這些修改本往往可能作過大量刪削，已非足本了。因此，在這裡，就有必要區分版本（edition）與文本（text）的概念，考慮善版本與善文本的關係，從而提出一個「新善本」的概念了。

我們還必須去發現新文學作品在版本變遷過程之中的不同「本」性。從版本變遷的角度看，新文學作品有發表本、初版本、修改本和定本之分。這些版本之間不像古籍版本那樣體現爲一種傳播關係，而是體現爲一種密切的源流關係或遞進的修改關係。也就是說，新文學的版本變遷主要體現爲一種修改過程或修辭過程。所以，在作品發表本或初版本以後的眾多版本都可以稱之爲修改本。新文學作品中雖然也有不能體現作家意志的修改本，如，因遭禁而出的刪節本或手抄本等，但畢竟是少數，而且這些版本也不能納入版本變遷的遞進關係中，不能以固定的形式流傳。在現代版權社會，不可能有像評點家的修改版古典名著流傳下來的情況。所以，作品的修改本主要還是作家自己修改的，雖然也有被迫修改的。值得注意的是，由作家自己弄出的修改本體現爲不同的「本」性。建國前的修改本往往出現在從發表本到初版本的轉換之時。雖然有注重內容性修改的修改本，如郭沫若的《女神》用「馬克斯」代替「羅素」、「恩格爾斯」代替「哥爾棟」等。但更多的修改本重在誤植的訂正、語詞的潤飾、藝術的完善等方面，如《家》的初版本、十版改訂本等。「十七年」時期的修改本雖然有出於藝術完善考慮的，但更多的是非藝術性修改。有響應現代漢語規範化運動的修改本，如《倪煥之》的「文集本」，有迎合新的國家意識形態和新的文學規範的修改本，如《雷雨》、《駱駝祥子》等的「開明選集本」。新時期，眾多作家的文集本的修改又以藝術上的改進爲主，「文化大革命」時流行的一些手抄本或「潛在寫作」在這時也完成了藝術的修飾工作。此外，一批離開新中國的作家也在不同時期出於藝術或意識形態的考慮修改了舊作。如，胡適在臺灣出《嘗試集》修改本，蘇雪林在臺灣出《棘心》增訂本，張愛玲在美國改寫《十八春》等。在眾多的修改

本中，定本的那次修改關乎內容性的修改往往較少，而藝術性修改則較多，如《雷雨》、《圍城》的定本。有意思的是，許多作品的定本是作家生前的最後改定本，是作品版本變遷的終止，但作家作古以後的全集的編選又往往回到作品的初版本或發表本。一部作品版本變遷的過程我們已看不到了。

　　從版本內容的整體構成來看，一部作品的版本除了正文本之外，還包括其他一些版本內容，如標題、封面、插圖、扉頁引言、序跋、注釋、版權頁，等等。法國文論家熱奈特把這些版本內容稱之爲「副文本」〔註 1〕。這些版本內容是作品版本的有機構成，是識別版本的特殊標誌，是研究版本應重視的內容。其中，任何一種版本內容的改變都可能改變版本「本」性。標題方面，如《桑乾河上》是其初版本標題，以後版本的標題爲《太陽照在桑乾河上》，《教我如何不想她》的原題爲《情歌》等等都體現了差異。封面，如《傳奇》增訂本封面與初版本封面極爲不同，《圍城》的不同版本有不同的封面。插圖，如《創業史》不同版本的插圖風格就不一樣，初刊本的人物插圖極爲本色，後來的版本人物插圖就體現「三突出」的原則了。扉頁引言，如《日出》初版本有 8 則引言，後來的有些版本只留《道德經》中的 1 則引言，有的版本則 1 則也無。序跋的變動也很大。許多新文學作品不同的版本有新、舊不同的序跋，作者對許多問題的說明差異也很大。如《家》在解放前的序、跋中說高家是「資產階級家庭」，在解放後的序、跋中卻說高家是「封建地主家庭」。有無注釋也能區分版本「本」性。初版本一般都無注釋，解放後的許多修改本則都是注釋本，注釋本起到了一種通俗化的作用，如《死水微瀾》、《無望村的館主》等的注釋本對方言、地方風俗等都有詳細的說明，減少了地域隔閡和時代隔閡。最後，版權頁則是一部作品的晴雨錶，能反映作品版本變遷、發行情況等重要信息。所有這些版本內容都與不同的正文本一起構成了一個生命整體，形成了不同版本的特殊個性，留下了不同時期的歷史印記。任意地將它們剝離開來或亂加調整都無法讓我們看到一個版本的本來面目，都無法讓我們回到每個版本的歷史現場。像《中國新文學大系》只收作品初版本正文本卻去掉序、跋的做法，像許多作家的文集收了特定的版本卻不收它應有的封面、插圖等做法都是缺乏版本意識的表現，都改變了特定版本的「本」性。

〔註 1〕熱奈特在談跨文本關係類型時提出「副文本」概念，見史忠義譯《熱奈特論文集》，百花文藝出版社 2001 年版，第 71 頁。

　　此外，新文學各種文類作品的版本也具有不同的「本」性。大致說來，長篇作品如長中篇小說、多幕劇等除了有連載本之外，往往有不同的單行本。短篇作品如散文、抒情詩往往只能依附一個集子而成單行本，但由於文字內容的差異，其單篇作品也會形成寬泛意義上的不同版本。敘事性作品如小說、戲劇的版本密度最大，因爲它們改動最多，而且這些改動會牽涉到情節、結構、人物乃至題旨。抒情性作品中，詩歌版本密度最大，因爲這種文類最尙錘鍊之功。散文一般改動較少，因而其版本密度最小。詩歌和散文即便是修改往往也只是字、詞、句方面的增刪、調整，如《嘗試集》、《蕙的風》、《寫在人生邊上》、《龍蟲並雕齋瑣語》等都是如此。像戴望舒的《過舊居》那樣大篇幅改寫的少。在所有文類中，戲劇的版本情況比較特殊。這類作品寫出後主要是爲了演出，其版本變遷會與演出互動。所以其版本除了有適合於一般讀者的閱讀本之外，還有適合於表演的演出本。如《雷雨》的初版本至今仍是一個閱讀本，其後的修改本都因要適合於演出而刪去「序幕」和「尾聲」，都只能算演出本。在將近半個世紀的時間內，中國讀者所讀到的《雷雨》其實都是遭刪改的不同演出本。戲劇的閱讀本往往是劇作家個人的作品，而演出本可能融入了導演、演員、觀眾的集體智慧。這裡的演出本還不包括由導演或其他人根據原作改編的演出本。有時，劇作家也會借用這類演出本。如老舍的《龍鬚溝》，其初版本是據老舍原稿本印的，北京人藝又有一個演出本，1953 年老舍借用了這個演出本的一部分對話和穿插以及全部舞臺布景說明，又弄出一個新的版本。所以，戲劇的版本變遷在新文學各種文類中可能是最複雜的。

二

　　新文學研究中版本意識的建樹，還意味著我們的研究視域的拓展，意味著在新文學研究中找到一些新的結合點。

　　面對新文學作品版本的複雜性，我們首先想到的自然應該是版本學的研究方法。版本學的研究方法能幫助我們爲新文學作品正本清源。版本學的研究離不開目錄學、校勘學、考據學的技術和方法。統而言之，這其實就是一種樸學的研究方法。這種研究方法類似於考古學，是版本考古學。王國維等治史學時注重地下的文物與地上的文獻相結合的「二重證據」，版本的研究也需要有「二重證據」，即版本實物與其他文獻材料的結合。這種研究的具體內

容是要搜尋版本實物、鑒別版本眞偽、弄清版本源流、考訂版本差異、比較版本優劣。簡言之，就是所謂「正本清源」。由於新文學版本的形成及其版本「本」性不同於古籍版本，所以，新文學版本的研究側重點就有所不同。如，在古籍版本研究中，眞偽鑒別最重要，新文學版本的研究重點則在版本源流的清理和版本優劣的比較；古籍版本的研究以追求原文本爲目標，新文學版本的研究則更關注異文和版本變異過程，等等。有了這一番紮實而樸實的版本研究，新文學研究就不會變成遊談無根之學。

當我們注意到新文學作品的版本變遷過程時，我們又會很自然地想到「淵源批評」或「演進批評」的方法。這些方法屬於創作學的範疇，也可以說是一種動態的文學版本學。淵源批評研究的是一部作品發表或出版前的創作過程，尤其注重作品的手稿研究，即研究作品成爲社會產品之前作家在手稿本中的取捨和調整過程、構思的未定性及原創動機的變化等。這種研究注重作品的淵源卻不同於本事研究，它追溯的是作品的前文本狀態。比如，要研究《茶館》，就應該追溯它的前文本——老舍的一部舊稿《秦氏三兄弟》。從中我們就能明瞭這部經典劇作的淵源所自。當我們把《桑乾河上》的手稿本與初版本比較時，我們也會發現有許多重要的調整。另一個概念「演進批評」的涵蓋面更大，它研究的是從手稿本到發表本或初版本以後的各種版本的演進過程。魯迅所引惠列賽耶夫《果戈理研究》中「應該這麼寫」和「不應該那麼寫」的那段話，〔註2〕告訴我們的正是一種演進批評的方法。通過對新文學作品各種版本的演進批評，我們能夠看到一部名著成長或退化的軌迹，能從中悟出文學創作之道。

新文學的版本變遷其實也可以說都落腳於作品語言的修改，這爲語言學、修辭學、語義學的研究打開了一片天地。20 年代的文學革命是漢語現代化的重要運動，50 年代又興起了一場現代漢語規範化運動，這些都在新文學作品的版本變遷中留下了深刻的歷史印痕。新文學的不同版本保留了不同時期的漢語特點，也顯示了方言與普通話差異的程度，成爲語言學研究的極好材料。同時，新文學版本變遷中還有些語言的修改只是一種語言的潤色，這又屬於修辭學的範疇。新文學的版本變遷成就了語言學、修辭學的研究，反過來，這類研究也可以作爲新文學研究的特殊角度。因爲它們會爲新文學版本「本」性和文本風格的研究提供更具體、更豐富的佐證。新文學的版本變

〔註 2〕魯迅：《魯迅全集》第 6 卷，人民文學出版社 1981 年版，第 311～312 頁。

遷與語義學的關係也是這樣。新文學版本變遷中的語言修改涉及到詞語的一般的、主要的意義與特殊的邊緣的意義的選擇等問題。語義學的研究可以從中取例，尤其是與語義學密切相關的「單位觀念史學」〔註3〕可以從中取例。如「革命」、「命運」等重要觀念詞語在不同時期、不同版本中的意義滑度就非常典型。對這些關鍵詞語進行研究不僅具有思想史的意義，對新文學版本釋義差異的研究也具有重要的價值。

對新文學進行傳播和接受方面的研究已不是什麼新鮮課題，但是當我們把新文學的版本變遷與傳播、接受連在一起時，我們會發現這正是新文學傳播史、接受史的一個重要方面。新文學的版本變遷從這種意義上說正是傳播與接受的結果。它與傳播媒介、傳播方式、傳播機構、傳播制度等有直接或間接的關係，它受到傳播主體包括把關人（編輯、審查者、出版家等）、接受者（讀者、觀眾、評論家、傳抄者等）或深或淺的影響。〔註4〕其中如「把關人」（又稱「把門人」）對作品版本和文本變遷的重要影響。50～80年代，許多編輯都參與到作品生產和異本製造工作中來。1954年，人民文學出版社要重出《子夜》，編輯龍世輝就在開明書店版《子夜》中貼上「此處黃色描寫，應改」等紙條。茅盾就是根據龍世輝的標示進行修改的，結果弄出了《子夜》的修改本。王蒙的《組織部來了個年輕人》在《人民文學》發表時則直接被編輯秦兆陽修改，標題改為《組織部新來的青年人》，主人公林震與趙惠文之間的微妙感情也是編輯改就的。「把門人」是旁觀者清，但他們參與的修改也許會使作品更靠近時代本質或時代「共名」，而損害了作品的豐富性和作家的主體性。對於這一類傳播現象，基於一種版本意識去研究，可能更容易切近研究對象。

而當我們將新文學版本的研究與闡釋學相結合時，我們就不會孤立地靜止地去闡釋一部（篇）作品，我們就會從版本差異中去發現文本差異。許多新文學名著的新版本對性、愛情、政治、歷史、宗教等重要內容進行了系統的集中的修改，我們會很容易發現同一種內容的修改之間的有機聯繫，也就能很容易地發現這類修改對文本釋義和文本本性的改變。如《駱駝祥子》1955

〔註3〕單位觀念史學（History of Unit Ideas）研究觀念史的要素，那些基本的、一貫的和復現的單位觀念。包括對一個時期或一個運動所奉為神聖的字眼、短語的研究。參考陸文虎《「圍城」內外》，解放軍出版社2004年版，第163～168頁。

〔註4〕 金宏宇：《新文學的版本批評》，武漢大學出版社2007年版，第45頁。

年的版本是個潔本，《天國春秋》1957 年的修改本是一個去愛情的版本，《青春之歌》的再版本更意識形態化，《棘心》的修改本更帶宗教色彩，等等。而一些細小的修改，如字、詞的調換等會不會牽一髮而動全身，我們借助闡釋學的一個基本規則「闡釋的循環」就能明瞭。對「闡釋的循環」這個規則曾有不同的解說。我們綜合狄爾泰、海德格爾、錢鍾書的觀點，再加上熱奈特的「副文本」概念，就可以有一個比較完整的表述。〔註5〕即對文本的闡釋必須經由字⇄句⇄篇⇄全書（包括「副文本」）⇄文體⇄作者崇尚⇄流行文風⇄歷史語境等的反覆而返復的過程。如此才能實現文學闡釋的「園覽」、「互看」、「合視」和「通觀」。或如理查德・羅蒂所言：文本的連貫性是在闡釋車輪最後一圈的轉動中才突然獲得。這樣一來，新文學作品小到字詞的潤飾，大到章節的調整；內至正文本、副文本的修改，外至作者思想心態、時代流行文風、社會歷史語境的變化，經過闡釋的循環或闡釋車輪的轉動，都能導致文本語義系統和藝術系統的改變。因此，我們就會發現新文學作品不同版本之間的關係其實就是不同文本之間的關係。〔註6〕這類發現正是版本研究與闡釋學相結合的結果。

三

具有版本意識，還要求我們為新文學研究確立一些基本的版本原則。在以往的文學研究中，已經有人注意到這種原則問題。如，中國古籍版本學告訴我們在文學研究中要尋求並依據「善本」；章勒克和沃倫在《文學原理》一書中則強調文學研究的第一步是要選擇一個精校本；沃爾夫岡・凱塞爾在其著作中認為文學研究應依據一個能代表作家意志的版本，尤其是能代表作家「成熟的意志」和「最後決定的意志」〔註7〕的版本，即定本。這些基本要求都具有其歷史合理性，但都不能應對中國新文學的實際情形。筆者以為，針對新文學作品版本的複雜性，我們的文學研究需要確立三個原則。

〔註5〕張首映：《西方二十世紀文論史》（北京大學出版社 2002 年版）第九章第二節對狄爾泰、海德格爾的觀點有較好的總結與比較。錢鍾書的觀點見《管錐編》，中華書局 1999 年版，第 171 頁。

〔註6〕金宏宇：《中國現代長篇小說名著版本校評》，人民文學出版社 2004 年版，第26～29 頁。

〔註7〕（瑞士）沃爾夫岡・凱塞爾：《語言的藝術作品》（陳銓譯），上海譯文出版社1984 年版，第 26 頁。

　　第一是版本精確所指原則，這是針對文學批評的。這本是一個常識問題，卻被許多批評家所忽視。一些批評文章往往從新文學作品的眾多版本中任選一個版本，而得出的結論卻是統指性的。如，有人說林道靜具有深重的原罪感。〔註8〕這個結論是從《青春之歌》增補了 11 個章節的再版本或定本得出的，初版本中的林道靜並非如此。許多文學論爭也是這樣，如，《雷雨》有無「宿命論」的論爭、《創業史》中梁生寶形象的論爭等。論爭的雙方都各自以不同的版本去統指一部作品，難免各執一詞。批評家們誤以為一部作品只有一個靜止不變的文本，並沒有注意它的版本變遷和文本差異。還有一種版本互串而批評含混的現象。要麼將一部作品前一個版本的閱讀印象強加於新出版本，或將不同版本序跋中作者針對不同版本的發言混同引用，或以人們對一部作品早期版本的評價為「前理解」來批評後出版本，等等。以上現象都是缺乏版本意識所致。從這個意義上說，中國新文學的批評史應該重寫，許多批評文章的合理性與權威性應該重估。針對這些現象，有必要確立文學批評的版本精確所指原則，即批評文章應說明所使用的版本並指向這個版本。不可版本統指，否則會有損批評的精確；不可版本互串，否則會導致闡釋的混亂。

　　第二是新文學史的寫作應持版本兼容原則。新文學名著往往有眾多版本，但新文學史的敘述要麼持僵化的原則，要麼毫無原則。有的文學史堅持初版本原則。這看似具有史的意識，卻忽略了作品的前史（初刊本）和後史（初版本以後的各種修改本）。有的文學史任選作品的版本，表現出文學史寫作的隨意性。有的文學史用建國後的刪節本或修改本去敘述，表現出一種反歷史傾向和濃厚的意識形態色彩。如，夏志清的《中國現代小說史》敘述《桑乾河上》用的正是 1952 年的修改本。偶有文學史也提到作品的版本變遷，但其用意是在敘述一場論爭對作品修改的影響。幾乎所有的新文學史都不敘述作品的版本變遷「史」，表現出文學史不寫「史」的弔詭現象。關於「重寫文學史」或文學史寫作的話題談論已近 20 年，成果也頗豐，但學者們關注的仍然是推倒文學史的政治架構、回歸文學本體、文學史寫作的權力等宏大命題，很少關注作品自身的「史」，更不遑論及新文學史寫作的基本的版本原則。其實，新文學史寫作的最根本的問題還是版本問題。既然，文學作品本身有版本變遷史，文學史就應敘述這種「史」，而不能忽略並掩埋這種「史」。新文

〔註8〕王一川：《中國現代卡里斯馬典型》，雲南人民出版社 1994 年版，第 183 頁。

學史的科學性應體現在對一部作品（尤其是名著）不同版本作具體的動態的歷史的敘述，即應有一種眾本兼容的原則，或者至少有一種兼顧原則。對於一些版本史不太明瞭的作品，如「白洋淀派」詩歌等，則應盡量挖掘其版本史料，而不應急於給以文學史的定評。

　　第三是新善本原則，這是新文學經典化所應遵從的。新文學的經典化是一個複雜的動態的文化工程，它包括意識形態影響、時空因素、大眾文化參與、學術權威話語（文學批評和文學史寫作只是這種話語中的一部分）等等內容。這個話題也談論已久，但人們似乎也沒有意識到作品版本問題。可以說，新文學的經典化，根本還在版本。即我們在一部作品的眾多版本中到底該依據哪一個版本去實施經典化，去確認它為文學經典。這個問題早就存在分歧。如，《中國新文學大系》入選作品時一般都依據初版本或初刊本，而作家編文集時往往用定本。許多學者關注作品誕生的歷史時刻，往往取初版本。大多數作家只認定本，他們認為自己的作品會越改越好。如，巴金就說絕不會「讓《家》恢復原來的面目」，「我更希望讀者們看到我自己修改過的新版本。〔註9〕」他甚至一度阻止《家》的初版本入選《中國新文學大系》。還有許多選本則沒有標準，亂用版本。筆者以為，新文學的經典化不能單純地用初版本主義者的標準或版本進化論者的標準，也不能沒有標準，而是要確立「新善本」原則。「新善本」的內涵指向文本內容的歷史真實性和美學價值，即在一部名著的眾多版本中，新善本不只是善版本，更應是善文本。這當然需要通過對不同版本的對校和比較之後才能確認。如，對於那些作過思想跟進和藝術除魅式修改的作品，我們最好是回到它的初版本。對於那些出於藝術完善動機的修改並確有藝術進步的作品，則應重視其定本。有些作品的「新善本」可能既不是初版本也不是定本，而是其中的某個修改本。如，《創業史》（第一部）是它的《收穫》上的再刊本最好。總之，只有依據新善本原則，我們才不會隨意擡高或貶損一部具有眾多版（文）本的作品，新文學的經典化才會少出現一些遺珠之憾！

　　　　　　　　　　（原載《文藝研究》2005 年第 12 期，收入本書時有刪改）

〔註9〕　巴金：《巴金全集》第 1 卷「附錄」，《為香港新版寫的序》。

新文學版本研究的角度

　　由於傳播方式的不同、審查機制的介入、意識形態的影響、語言規範和文學規範的改變以及寫作者藝術完善方面的要求等等原因，許多新文學作品在作者有生之年及作古之後出現了眾多版本。在不長的時間裏，其版本密度之大，爲中國文學史乃至世界文學史所少見。這些版本不只是版次的不同，更主要的是內容性的改變。這些改變是全方位的，既涉及版本內容，更涉及作品的思想、藝術諸方面。其中蘊涵著版本學、創作學、藝術學、語言學、修辭學、傳播學乃至政治學、社會學等方面的意義。新文學版本變遷之複雜、蘊涵之豐富，爲我們進行多角度的研究提供了可能。從文獻學的意義上講，一部具有眾多版本的新文學作品就是一個變動不居的綜合性的文獻載體，具有重要的研究價值。

　　新文學的版本問題，自然首先應該從版本學角度去研究。版本學在中國有悠久的歷史，它是從古籍整理中建構起來的一門具有實用性價值的學問。版本學與校勘學、目錄學三者之間存在一種相互依存、相互借助、相互轉化的關係。從版本學角度言之，是「版本學脫胎於校勘學，借身於目錄學」〔註1〕。它們之間的實際關係卻遠比這種表述複雜。所以，版本學的研究實際上還包括了校勘學和目錄學。版本學的研究也體現了樸學研究的精神，更是樸學研究的重要部分。葉德輝認爲，在清學（樸學）中版本學、校勘學、目錄學「三者之爲根柢」〔註2〕。同時，樸學研究的重要方法也早已滲透到了版本學的研究中，如考據方法、札記體形式、輔助圖表等。所以，版本學的研究

〔註 1〕李致忠：《古書版本學概論》，北京圖書館出版社 1990 年版，第 235 頁。
〔註 2〕葉德輝：《書林清話》卷一，嶽麓書社 2000 年版，第 22 頁。

其實只是樸學研究的一種具體體現。

新文學版本學的研究從步驟上、從方法上與傳統版本學的研究存在一種繼承關係。這種研究首先表現為一種版本的確認過程。它需要利用版本學、校勘學、目錄學、考據學的知識和技術去搜尋版本實物、鑒別版本真偽、辨明版本源流、考訂版本差異、比較版本優劣。這種版本確認過程是版本研究的第一步，也是必不可少，至為重要，尤其耗時的一步。這類似於考古學，是版本考古學。王國維、陳寅恪等治史學時注重地下的文物和地上的文獻「二重證據」。版本的確認也需要有二重證據，即版本實物和文獻材料的結合。經過這種版本確認過程之後，版本研究的成果才形諸文字形態。其最基本的文字形態是編製目錄，也可以製成圖表，更可以寫成題跋識語或札記體的文字。

由於新文學版本的形成不同於古籍版本，所以，新文學版本的研究又具有了新的特點和方法。比如，在確認版本的過程中，傳統版本學把版本的真偽鑒別放在很重要的位置。而新文學版本更多的是由作者自己的修改造成的，真偽鑒別不太重要，重要的是不同版本的差別比較。傳統版本學以追求原文和善本為目標，新文學版本研究則更關注異文和版本變異過程。傳統的版本校勘用對校、本校、他校和理校等多種方法去改錯去求同，新文學版本的校勘一般只須用對校法去存異，即找出作者修改前後的不同文字。另外，新文學版本的研究成果既可以體現為傳統版本研究成果的文字形態，也可以當成長篇論文或書話。

目前，從版本學角度去研究新文字版本的著作並不多見。朱金順先生的《新文學資料引論》一書裏設有「版本」、「校勘」、「目錄」等章節，對新文學版本研究方面的特點、方法等進行了概括和介紹，是一部開創性的著作。可惜還不是一本純新文學版本學著作。這方面的論文也只有朱金順的《〈駱駝祥子〉版本初探》、龔明德的《〈家〉的版本變遷》等少數幾篇。倒是有很多新文學版本方面的「書話」。在唐弢的《晦庵書話》、姜德明的《余時書話》、胡從經的《柘園草》、吳泰昌的《藝文軼話》、陳子善的《撈針集》、倪墨炎的《現代文壇短箋》等著作中，有不少關於新文學版本的書話。自《晦庵書話》問世以來，書話甚至成了一種新的散文形式。許多關於新文學作品版本的書話把版本資料與人生感慨結合起來，把書的命運與社會、政治、文化等聯繫起來，超越了版本學的內容，豐富了版本研究的意義。

新文學的眾多版本現象還可以從創作學的角度去研究。這種研究可以稱

為「淵源批評」或「演進批評」。淵源批評研究一部作品發表或出版前的創作過程及多種可能性。如，在西方，有人研究普魯斯特的筆記《駁聖伯夫》與小說《追憶逝水年華》的淵源關係。但淵源批評更側重的似乎是作品的手稿本，即研究作品成為社會產品之前作家在手稿本中的取捨、修改、調整過程，構思的未定性、偶然性及作家的思維狀態等等，可稱之為「手稿詩學」。中國新文學作品也保留有許多手稿本，如，中國現代文學館就有許多收藏。但影印出版以供廣大研究者使用的手稿本卻只有魯迅著作手稿、茅盾的《子夜》、巴金的《隨想錄》等少數。研究著作或文章也非常少。新文學手稿本的研究可以對手稿本進行統計、歸納、描述和分析，如，舒乙先生在其著作《現代文壇瑰寶》中對《夜歌》、《寶船》等作品手稿本的考察。而龔明德先生的《〈太陽照在桑乾河上〉手稿的報告》則是目前我見到的手稿本研究方面最細緻、最深入的一篇文章。手稿本的研究更應該把它和作品發表本或初版本進行對校、比較，弄清淵源關係、內容差異、藝術得失，等等。如，《桑乾河上》的手稿裏，黑妮是錢文貴的幼女，初版本卻把她改為侄女，這是兩種不同的人物關係，是非常重要的差異，對作品的真實程度、藝術結構等都有影響。

　　「淵源批評」這個概念從字面上理解，強調了作品的本原問題，所以指向手稿本。「演進批評」的概念則突出了作品的演進過程，故可以涵蓋從手稿本到發表本或初版本以後的各種版本。演進批評正是從作品的版本演進中去研究創作動機、創作心理、創作技巧、修改藝術等創作之道的。魯迅曾引惠列賽耶夫《果戈理研究》中的話說：「應該這麼寫，必須從大作家們的完成了的作品領會。那麼，不應該那麼寫這一面，恐怕最好是從那同一作品的未定稿本去學習了。在這裡，簡直好像藝術家在對我們用實物教授。恰如他指著每一行，直接對我們這樣說——你看——哪，這是應該刪去的。這要縮短，這要改作，因為不自然了。在這裡，還得加些渲染，使形象更加顯豁些。」〔註3〕這段話可用於從手稿本到定本的所有版本。它們都是學習創作的「實物教授」。實際上，一部作品的版本演進過程既告訴我們「應該這麼寫」，也告訴我們「不應該那麼寫」。

　　從版本演進中去探尋作品的創作藝術，這種研究一般可用點評或箋評的方法。或者並置兩個文本，然後就重要修改加以點評。或者羅列不同版本中的異文，然後作箋評。朱泳燚的《葉聖陶的語言修改藝術》、龔明德的《〈太陽照在桑乾河上〉修改箋評》都是這種做法。這種做法承襲中國古代評點派

<hr>

〔註3〕魯迅：《魯迅全集》第6卷，人民文學出版社1981年版，第311～312頁。

之風，是具體而細緻的批評。這種研究如果寫成論文，往往只能舉例，就難以求全了。目前，這一類研究似乎只注重其修改藝術，而且一般都認爲作品在版本演進中是越修改越好。這是一種版本進化論思想。許多作家都認爲他們的作品會越改越好。如，巴金就說：「我一直認爲修改過的《家》比初版本少一些毛病」，絕不會「讓《家》恢復原來的面目」〔註 4〕。作家們推崇和看重自己的修改本或定本，他們的選集或全集往往收的是這些版本。而一般的研究者出於對作家的崇敬和熱愛，也容易形成這樣的評判。往往只注意作品在修改後藝術完善和改進的一面，卻忽視它也有退化的一面。

　　新文學版本的變遷與傳播和接受緊密相關，是新文學傳播史、接受史和效果史的一個重要方面。所以，對新文學版本從傳播學和接受學的角度去研究也很必要。這需要研究傳播機構、傳播制度、傳播媒介、傳播方式等與新文學版本的關係，需要研究把關人（編輯）、接受者（讀者、評論家、改編者、傳抄者等）對新文學版本變遷的影響。如，20～40 年代的審查制度造成了《山雨》、《子夜》、《長河》等作品的刪節本。50 年代初，開明書店出「新文學選集」，促成了《雷雨》、《駱駝祥子》等作品的節錄本或修改本。50～80 年代，更多的新文學作品的修改本、改訂本則主要由人民文學出版社包括它的副牌作家出版社出版。50～60 年代，許多作品出版後會引發大規模的論爭和討論，作家們會聽取讀者和評論家的意見，然後弄出新的版本來。如《青春之家》、《創業史》等的再版本。60～70 年代，許多地下寫作又會由於人際傳播造出許多手抄本。這些重要的版本變遷現象與傳播、接受有直接關係，可以作專題性的研究。此外，報刊發表造成作品的連載本，作者爲適合演出又編出演出本，作家身後由其子女或編者弄出的校正本等等都值得關注。對這些版本現象的研究雖然可以拓展開去，發掘其社會學、政治學的蘊涵，但大體都可以歸類到傳播學和接受學的研究範疇。目前，這類研究文章非常之少。

　　對新文學版本進行語言學、修辭學的研究是一種更專一的研究。新文學誕生之時，文言初廢，白話剛興，還有方言的襲用，歐化語的引進。所以許多作品初版時難免語言夾雜，缺乏規範性。1955 年 10 月，全國現代漢語規範化會議召開。同年 10 月 26 日，《人民日報》又發表社論號召作家、翻譯家重視作品語言的規範，許多作家紛紛響應，開始用規範的現代漢語去修改舊作。如，葉聖陶的作品在收入他的文集時，幾乎都進行了仔細的全面的語言翻新。

〔註 4〕巴金：《巴金全集》第 1 卷「附錄」《爲香港新版寫的序》。

20 世紀 50－80 年代，眾多新文學作品的修改本的較普遍的修改都是語言規範化方面的修改。這類修改有的有反歷史之嫌，如，把舊時代的地名、稱謂等換成新時代的，或讓舊時代的人物講新時代的語言；有的以喪失作品的地方特色為代價，如，讓四川人講標準的普通話。但是正是這些修改讓作品有了新舊不同的版本，正是這不同的版本保存了不同時代的語言，顯示了方言向普通話轉化的過程，成為現代漢語規範化的樣本或標本，成了語言學研究的具體材料。同時，新文學版本變遷中還有些語言的修改是語言的潤色，屬於修辭學方面。這樣，新舊不同的版本又為比較修辭學提供了豐富的例證。如，《圍城》初版本和定本對初刊本比喻的修改是研究這種修辭格的絕好材料。又如《屈原》中「你是沒有骨氣的文人」改為「你這沒有骨氣的文人」成了修辭研究中的一段佳話。目前，許多語言學、修辭學的研究尤其是注重這方面比較研究的著作、論文往往從新文學名著不同版本中取例，如鄭頤壽的《比較修辭》等，這些研究往往從詞彙、句式、修辭格、修辭過程等方面切入。

新文學版本的研究要充分體現其價值，更應該從闡釋學的角度去研究。這是真正能突出這些版本的文學版本特性的一種研究角度，卻又是我們目前關注最少的研究角度。這種研究最基本的做法是對校一部作品的不同版本，找出異文，然後去發現釋義差異，去闡釋異文對作品語義系統和藝術系統的影響，最後去確定不同版本的不同文本本性。這種研究可以關注較重大的異文內容，如一些新文學作品的新版本對性、愛情、革命、政治、宗教、歷史等內容進行了較集中的修改。這些內容對文本釋義和文本本性的改變是最顯見的。如，《駱駝祥子》1955 年的修訂本是個潔本，《青春之歌》的修改本更意識形態化，《棘心》的修改本更帶有宗教色彩，等等。也可以去關注一些細小的修改，它們也往往會微調乃至改變作品的語義系統和藝術系統。一些字、詞、句的修改對詩歌、散文來說無疑會導致很大的釋義差異。在敘事文本中，它們也會牽一髮而動全身，對情節、結構、人物、文風、題旨乃至文本本性產生影響。如，《雷雨》1951 年的改寫本刪去幾乎所有「天」、「命」一類詞彙，這對於理解作品和人物有無「宿命論」思想就至關重要。闡釋學角度的研究既應該關注正文本的修改對作品闡釋的影響，也應該重視副文本（包括封面、插圖、扉頁、題記、標題、序跋、注釋、版權頁等）的改變所帶來的闡釋變異。這些因素的闡釋學價值也不可低估，甚至可以說是非常重要。因為副文本因素參與了、豐富了甚至闡釋了文本的意義。

版本變遷帶來文本釋義的差異,可以用乾嘉樸學的由字到句到篇到全書的單向闡釋方法去闡釋,更應該運用西方的兩種「闡釋的循環」的理論。狄爾泰的「闡釋的循環」強調文本局部與整體之間的相互依賴關係,並沒有注意副文本及副文本以外的內容。海德格爾的「闡釋的循環」注意到了文本與世界的聯繫,卻主要是在闡釋者與文本的關係上立論。我們應結合併補充以上三種闡釋理論,以此去看新文學版本變遷中的修改。即注意作品正文本、副文本的修改與作者心態、體態、流行文風、文學規範、歷史語境、文化背景等的聯繫,在這些因素之間進行雙向的、循環的闡釋。從版本變遷中去找異文,從外部因素中去確認意義;從外部因素中去找原因,又從文本內部的修改中去發現新的意義。如此交互往復,才能相對科學地闡釋版本變遷導致的文本釋義差異。這種闡釋學角度的研究不僅能更確切地闡釋一部具體的新文學作品的不同版本的文本意義,而且能重新確認新文學版本與文本之間的實際的關係,即不同版本其實就是不同的文本。甚至可以質疑某些西方闡釋學理論,爲闡釋學的發展找到新的案例。

以上是新文學版本研究的幾種主要角度。這些角度首先是一種學科的角度。新文學版本變遷所具有的豐富蘊涵,使它成爲許多學科共享的資源,可以爲這些不同的學科提供研究材料。從任何一種學科角度去研究都有價值,都可以出成果。從任何一種學科的角度去取捨它屏蔽它都無可厚非,都言之成理。也就是說,每一種學科角度的研究都是自足的。其次,這些角度也是一種方法論意義上的角度,也就是說,它們是新文學版本研究的不同方法、不同維度、不同層面。從學科的角度去研究,每一學科的目的是不一樣的;而把它們作爲不同的研究方法去看,則目的是一致的,都服務於新文學版本的整體研究。學科角度的研究是單一性的研究,它從新文學版本中可能有獨到的發現,但得到的可能只是部分;把不同學科的研究方法整合起來,這是一種綜合性研究,得到的可能是大於部分之和的整體。比如說《圍城》的版本變遷,從版本學角度,我們會看到其初版本是刪改本,定本是精校本、注釋本等版本特性;從語言修辭學角度,我們會注意其語言的潤飾和錘鍊,比喻、典故的精益求精等內容;從創作學角度,我們會看到一部名著的成長過程;從傳播學、接受學角度,我們可以關注它的效果史和批評史的曲折變化與版本變遷的關係;從闡釋學角度,我們通過釋義差異的辨析,會發現某些修改導致了文本內涵的損耗。如,性戲說的刪削,就減弱了作品前半部分的

狂歡性，悖離了「不褻不笑」的喜劇原則。而只有當我們綜合地去看的時候，才能發現《圍城》的不同版本具有不同的文本本性：初刊本多少有點「肉書」的痕迹，定本則是「潔本」了；初刊本、初版本保留了當時的國語特點，定本則體現了 80 年代的漢語規範；初刊本、初版本逞才走筆，充滿生命的熱力，定本才情內斂，體現錘鍊的功力。

　　總之，綜合的新文學版本研究，應該吸收不同學科的研究成果，整合不同的研究方法。這種研究應是樸學學術話語與現代文論話語的整合，是實證性研究與闡釋性研究的整合，是版本研究與文本研究的整合。我們也許可以稱之爲版本批評。新文學的版本批評首先要利用版本學、校勘學、目錄學、考據學的知識和技術，還要借助創作學、語言學、修辭學的研究經驗，更要運用傳播學、接受學、闡釋學的理論和方法。這些不同學科的研究方法在新文學版本批評過程中發揮著不同的作用，版本學等使我們學會辨識版本，創作學、語言學等讓我們體味作品的修改過程，傳播學和接受學引我們去考察版本形成的因由，闡釋學領我們去發掘文本的不同意義。最終，我們會發現新文學作品不同版本的不同文本本性。只有這樣，新文學版本研究才能全面地凸顯它的價值和意義。

（原載《中國現代文學研究叢刊》2005 年第 2 期）

《棘心》：版（文）本考釋

　　《棘心》是中國現代最長壽的女性作家蘇雪林的自傳體長篇小說，也是現代最早的女性長篇自傳體小說（謝冰瑩的《一個女兵的自傳》初版於 1936 年，遲於本書），還是現代小說史上最早的長篇小說之一。現代最早完整描述宗教生活的長篇小說，恐怕也非它莫屬。它經歷過版（文）本的演變和重要修改。所以，對這樣一部作品進行版（文）本考釋，於蘇雪林研究乃至現代文學史的敘述都應具有重要的意義。

一、版本演進及修改動因

　　《棘心》寫成於 1928 年夏季，共十五章。曾部分連載於《北新》（半月刊）第二卷第十四號（1928 年 6 月 1 日）至第三卷第一號（1929 年 1 月 1 日），只連載了第一章至第七章及第九章。所以，這個初刊本並不完整。1929 年 5 月北新書局出《棘心》初版本（這比《倪煥之》的初版時間還早 3 個月），正文前有蘇雪林母親遺像一幅，另有許聞天的精美插圖 14 幅。初刊及初版時，《棘心》皆署名「綠漪女士」。後多次再版，十數年盛銷不衰。在香港、臺灣甚至出現署「蘇雪林」眞名的翻印本。1957 年臺灣光啓出版社出《棘心》增訂本，共十七章並有《自序》，成爲定本。後於 1968 年、1977 年重印。1996 年 4 月，大陸的安徽文藝出版社出版了 4 卷本《蘇雪林文集》，《棘心》增訂本（定本）收入其第一卷中。

　　在《棘心》的版本演進過程中，最重要的差異來自從其初版本到增訂本之間的修改。這次修改完成於 1956 年寒假，可謂是一次大改。筆者以初版本與增訂本（增訂本用《蘇雪林文集》所收版本）對校後發現，修改達 300 多

處。這些修改包括對初版本的誤植、錯漏等的訂正，還有詞句的調換、潤色。更重要的是大量章節或情節的增刪，其中又以增補爲主。初版本只有 12 萬字左右，增訂本卻增補至 18 萬字左右，增加了 1/3 的篇幅，爲明瞭起見，筆者將重要的增刪列爲下表：

初版本	增訂本	重要增刪說明
扉頁題辭一則	扉頁題辭、引語各一則	增補《詩經》引語一則
	自序	增補此序，述及作品主旨、特徵及修改等
第一章　母親的南旋	第一章　母親的南旋	增補此序，述及作品主旨、特徵及修改等
	第二章　自閨房踏入學校	增補此章，補寫醒秋求學經歷及其性格等
第二章　赴法	第三章　赴法	
第三章　光榮的勝仗	第四章　光榮的勝仗	
第四章　噩音	第五章　噩音	增補 14 自然段，寫祖母待母親之苛刻及母親離家去溫州情形
第五章　來夢湖上的養屙	第六章　來夢湖上的養屙	
第六章　家書	第七章　家書	
第七章　丹鄉	第八章　丹鄉	
第八章　白朗女士	第九章　白朗女士	
第九章　中秋夜	第十章　中秋夜	
	第十一章　馬沙的家庭	增補此章，寫馬沙修女及其家庭，醒秋與馬沙的思想差異等
第十章　家鄉遭匪的惡耗	第十二章　家鄉遭匪的惡耗	增補 1 自然段，埋怨祖母及大家庭制度
第十一章　恨	第十三章　他不來歐洲	改章題。增補 21 自然段，寫德行之美
第十二章　皈依	第十四章　皈依	刪 1 段又半自然段。增補 31 自然段，寫醒秋入教後的內心矛盾及周圍同學對她的鄙視等
第十三章　巴黎聖心院	第十五章　巴黎聖心院	刪 7 自然段，乃引《紅星

		佚事》記阿疊修斯回家所見荒蕪情景。又增補6自然段，寫醒秋不放棄信仰的幾層理由
第十四章　法京遊覽與歸國	第十六章　法京遊覽與歸國	
第十五章　一封信	第十七章　一封信	增補4自然段，寫醒秋信中言及不後悔信教、爲母親洗禮等

　　在近30年後，蘇雪林修改了這部舊作，幾乎使之變成了一個新的文本了。談到《棘心》的修改時，她曾說：「……整理一本舊著作，比寫作一本新著作，有時更感困難……」〔註1〕那麼，她又爲什麼不厭其煩地大幅度地修改了這部舊作呢？這應該是由多種動因所致。蘇雪林首先提到的修改動因是初版本排印時的大量錯誤。「或如拙著《棘心》家書的某段『懸掛著的心旌，即刻放下了。』手民將『旌』字錯印爲『弦』字，說它通，它其實不通，說它不通，又好像能看成一句話。這樣則給予作家的打擊沉重得更匪言可喻了。」〔註2〕「原印本以校對欠精之故，錯誤指不勝屈，我屢次向北新書局提議，請他們設法改正。大約爲剜改紙型的較費手腳，人家只潦草做了一張僅僅十行的刊誤表，附於原書之後，所改正者不及原來錯誤的十分之一。」爲此，她一直覺得對讀者像負了一筆債一樣。經過對初版本的訂正、潤色和增補，「我對讀者多年所負之債，現在總算償還，並且還加上了一點利息……良心可以稍覺平安。〔註3〕」蘇雪林的認眞由此也可見一斑。

　　其實，不光是他人之錯，還有自己之錯，所以修改這部作品還有「悔其少作」的動因。她說：「原書寫成以後，自覺極不愜意〔註4〕」。不滿意的另一重要原因是原書缺少對時代氣氛的描寫。所以，「我著手修訂《棘心》以前……一個目標：『充分表現時代氣氛』〔註5〕。」增訂本對母親所處的19世紀政治、

〔註1〕蘇雪林：《棘心·自序》，《蘇雪林全集》第1卷，安徽文藝出版社1996年版，第3頁。

〔註2〕蘇雪林：《讀與寫》，臺灣光啓出版社民國68年版，第142頁。

〔註3〕蘇雪林：《棘心·自序》，《蘇雪林全集》第1卷，安徽文藝出版社1996年版，第4頁。

〔註4〕蘇雪林：《棘心·自序》，《蘇雪林全集》第1卷，安徽文藝出版社1996年版，第3頁。

〔註5〕蘇雪林：《棘心·自序》，《蘇雪林全集》第1卷，安徽文藝出版社1996年版，第4頁。

文化背景的補寫，對醒秋與五四關係的交代等都是補這方面的欠缺。與此相關的是書中主要人物個性未充分顯露的問題，故增訂本增補了母親和醒秋性格、經歷的敘述。初版本中這種寫作的不到位，蘇雪林認爲「實因當時各方面的顧忌太多，不能讓我自由寫作」。當時的顧忌，如，祖母尚在，還有同學關係、婚姻關係等，現在時隔近 30 年，又身在臺灣，「人事上起了莫大的變遷，這類顧忌現已失其存在，所以我才把要說的話說個痛快，要抒寫的事實也寫個暢心遂意」〔註6〕。故增訂本可以增補祖母對母親的苛待、母親的德行與才幹、自己信教的理由及同學的鄙視、責罵等的描寫。這也彌補了當年的遺憾。還有不滿意之處是「我自己對《棘心》這部自傳體的小說，覺得舊文學的陳腔濫調太多，極不滿意。〔註7〕」增訂本以 50 年代的臺灣國語去替換書中 20 年代的詞語或文言詞語等可視爲作品現代化的努力之一。這些「悔其少作」的修改皆可助成作品藝術上的更加完美。

　　蘇雪林修改《棘心》，還有一個更深層次的動因來自宗教。在增訂本自序中，她談到《棘心》是在受到徐宗澤神父的鼓勵下而寫作的。但沒想到這本「極不愜意」的作品出版後成了暢銷書，而暢銷的原因之一正來自宗教界。「不意此書因我自述在法國皈依公教，也多介紹公教教旨及敘述法國公教徒如馬沙修女及我的補習老師海蒙女士德行之超卓，大爲愛好。國內天主教友和海外的神職界競相向北新購買……抗戰勝利後，雷震遠神父謂此書宜於青年教友誦讀，與北新相商，用了一筆很大的款子替我將版權買回，故我得以在臺將此書修改增益爲增訂本，付光啓出版社發行。」〔註8〕增訂本中有關醒秋信教前後的心理矛盾、周圍同學對宗教的反感乃至她爲母親洗禮等皆因這一動因而增補。從這層動因上講，《棘心》的修改是有功利性的。

　　正是由於以上諸多技術的、藝術的、功利的動因，才有了《棘心》的修改和其增訂本的出版。這些動因也悄然促成了《棘心》的文本蛻變。

二、蛻變的自傳體文本

　　對於《棘心》的修改，蘇雪林有一個補衣服的比喻：「……一件破舊衣，打上『補丁』，並不足使它變得完整如新，反而弄得滿身疤痕累累，更覺不堪

〔註6〕蘇雪林：《棘心·自序》，《蘇雪林全集》第 1 卷，安徽文藝出版社 1996 年版，第 4 頁。
〔註7〕蘇雪林：《蘇雪林自傳》，江蘇文藝出版社 1996 年版，第 71 頁。
〔註8〕蘇雪林：《蘇雪林自傳》，江蘇文藝出版社 1996 年版，第 71～72 頁。

入目。不過既有許多人不憚其煩，願意義務地宣傳此書，又不肯負責地搞上許多錯誤，我自然不能永久坐視，只有編個修訂本出來，將這種混亂的局勢澄清一下了。修訂以後，自覺這件破爛衣服，補得還相當光鮮……」〔註9〕這說明蘇雪林對修改後的增訂本《棘心》還比較滿意。但作品的修改決不是補衣服那麼簡單的事，它會使修改後產生語言、意義等新的化合從而引起整個作品的蛻變。一位西方學者談到作品的刪節問題時說：「被刪除的內容之間存在著有機的聯繫；只有那些重要的刪節才能從某種意義上不約而同地使文本面目一新，使情節面目一新。」〔註10〕像《棘心》增訂本這樣大篇幅修改（尤其是大量增補）的作品更會形成一種新的有機性和整體性，改變原有的語義系統和藝術系統，從而使《棘心》蛻變爲一個新的文本而不是一件補綴過的衣服。

關於《棘心》的文體，蘇雪林承認它具有自敘傳的特點，是一部自傳體小說。它主要敘述了杜醒秋（也即蘇雪林）留學法國到返國後結婚、母親辭世這一段時間的人生歷程。這段經歷和心態等另有童話故事《小小銀翅蝴蝶故事》（收入《綠天》）、劇本《玫瑰與春》敘述。這兩篇作品一浪漫，一抽象，可與《棘心》對讀。三篇作品皆蘇雪林的自敘傳而且具有互文性。《棘心》作爲長篇小說，比另兩篇作品寫得更具體更寫實而已。而經過修改後，《棘心》這部自傳體小說就發生了多方面的或微妙或明顯的蛻變。

首先是題旨的改變。小說以「棘心」做標題，「棘心」何意？在初版本第十三章中才有解釋。醒秋向聖母祈禱：

> ……你兒子的手足貫乎三釘，你的心肝洞於七劍；你兒子頭上
> 戴著棘冠，你的心肝也就箍了一圈玫瑰。玫瑰也有刺，這是愛的刺，
> 一顆心被愛刺傷，是無法治療的呀！
>
> 利劍也罷，玫瑰花圈也罷，我母親的心，不是也穿縈著圍繞著
> 這些東西的麼？冢子的死，幼子的病，愛女的遠別，一切家庭的不
> 幸，都像劍和棘刺似的向她的心猛烈地攢刺，教她的心時常流血，
> 我相信她的心是和你的心一樣洞穿著的，「棘心夭夭，母氏劬勞」，

〔註9〕蘇雪林：《棘心·自序》，《蘇雪林全集》第1卷，安徽文藝出版社1996年版，第7頁。

〔註10〕（法）讓—伊夫·塔迪埃：《20世紀的文學批評》（史忠義譯），百花文藝出版社1998年版，第321頁。

　　斷章取義，豈不隱相符合？可憐的做母親的心呵！

　　從這兩段文字中，可知對「棘心」的理解是斷章取義乃至望文生義或多義混同，即充滿棘刺的心，受傷的心。這也許與耶穌頭戴棘冠的意象有關。這裡是寫母親的「棘心」。其實蘇雪林自己的心也是這種「棘心」。《小小銀翅蝴蝶故事》中那使銀翅蝴蝶（也即蘇雪林）受傷的正是有「刺」的蜜蜂；《玫瑰與春》中使「少女」（也即蘇雪林）受傷的也正是有「刺」的玫瑰。從《棘心》與這兩篇作品的「互文」中，完全可以確證「棘心」的這種含義。因此，《棘心》可謂是一本傷心之書。上引兩段文字在《棘心》增訂本第十五章中略有修改，大意未變。但增訂本《棘心》則在扉頁上刻意題寫「棘心夭夭，母氏劬勞」並標明出處是《詩經・凱風》。這就從一開始引導讀者把《棘心》與《凱風》一詩聯繫起來，這又構成了一種互文性。《凱風》中的「棘心」乃酸棗樹初發芽時心赤之謂，比喻兒子初生。後成「棘薪」即酸棗樹長到可以當柴燒了，比喻兒子已長大。此詩寫七子對母親的辛苦養育之恩的感念和不能安慰母心的愧疚。《棘心》的主題正與此詩相類，是一本孝心之書。增訂本扉頁引此詩句，既讓人對「棘心」有本義的理解，又對小說主題有「一言以蔽之」之意，從而引導讀者產生一種特定的期待視野，按此提示去解讀這部自傳體小說。所以，到了《棘心》增訂本，讀者就可以對作品標題乃至主題有兩種理解。

　　其次，從初版本到增訂本，這部自傳體小說的敘事模式變得更為完整。北美學者蘇姍娜・伊耿研究了大量西方自傳，認為它們都遵循一種共同的敘事模式即「伊甸園──旅行──皈依──懺悔」，這四個敘事單元又分別對應於童年、青年、成年和老年四個時期。〔註11〕這未必適用於中國自傳或自傳體小說，但於《棘心》卻有許多相洽。《棘心》沒有寫完主人公人生的四個時期，卻具有這幾個敘事單元。而其增訂本比起初版本來說，顯得更為完備。「伊甸園」這個敘事單元是初版本沒有的，增訂本的第二章「自閨房踏入學校」則把這個敘事單元補齊了。這一章補敘了醒秋童年時期的生活。比起她的姐姐，她可以自由行動，不必做刺繡一類的女工。她還可以像男孩子一樣四處野玩，以致有「花木蘭」、「野丫頭」、「木瓜孩子」的綽號。她上過私塾和新式小學，又從叔、兄那裡學到許多「新學」的知識。她讀過大量古典小說雜記，也讀過梁啓超的文集、嚴復的《天演論》等譯著及許多「林譯小說」。她

〔註11〕參考楊正潤：《現代傳記學》，南京大學出版社 2009 年版，第 79 頁。

的童年可以說是快樂、自由、幸福的，正是「伊甸園」一般的生活。增訂本補敘的這些內容使小說的故事時間大大提前了。醒秋很少待在故鄉鄉下，她的童年多半是在浙江的縣署、上海的里弄裏度過的，其實她早就開始了「旅行」。這一章又補敘了她去省城女師求學三、四年，又考入京城的女高師。醒秋真正的「旅行」是從初版本的第二章（也即增訂本的第三章）「赴法」開始的。在這個新的國土她經歷了愛情的探險、宗教的朝聖、知識的求索等，成一敘事單元。這一單元中，增訂本增補了第十一章「馬沙的家庭」，寫她去修女馬沙家做客的情景，可作為其宗教朝聖的一部分，使「旅行」的生活更多了一些行程。在初版本第十二章即增訂本第十四章「皈依」中，醒秋真正完成了對天主教的皈依。而增訂本在此增補了醒秋皈依後的內心矛盾和同學對她入教的鄙視，使這一敘事單元的內涵更為豐富。初版本第十三章即增訂本第十五章「巴黎聖心院」自然就是寫醒秋的「懺悔」。她對聖母禱告說：「我是一個負罪的人……」而這「罪」不過是說母親的病與自己為遂求學的野心而撇開母親遠遊法國、自己在婚姻問題上不善處置這兩件事有關。此後醒秋的歸國、與母親臨終前的相伴等皆為減輕這「罪」而作出的行動。而增訂本補敘的醒秋對於信仰的不後悔也許才是真正宗教意義上懺悔的結果。所以，增訂本的增補使《棘心》這部自傳體小說情節更完整、內涵更豐富，也使它更為吻合西方自傳體的敘事模式。

再次是關於自傳體小說的真實性內涵的調整。自傳和自傳體小說中的真實性應該都屬於一種傳統的真實性範疇，但自傳可能更注重歷史真實性，而自傳體小說既注重歷史真實性也會追求藝術真實性。這就有了虛構性。按照新歷史主義的觀點來說，自傳作為一種歷史敘述，尚且具有虛構性，那麼，自傳體小說的虛構性就會更強，其真實性和虛構性之間的悖論關係會更為明顯，《棘心》當然也會如此。蘇雪林在《棘心》增訂本自序中就專門提到這個問題，她說《棘心》是「作者的自敘傳，是一種名實相符的『寫實主義』的作品」，同時也是「摻入虛構的小說」〔註12〕。她談《綠天》時說得更好，那「一半屬於事實，一半則屬於……『美麗的謊』。〔註13〕」但《棘心》從其初

〔註12〕 蘇雪林：《棘心・自序》，《蘇雪林文集》第 1 卷，安徽文藝出版社 1996 年版，第 5 頁。

〔註13〕 蘇雪林：《綠天・自序》，《蘇雪林文集》第 1 卷，安徽文藝出版社 1996 年版，第 218 頁。

版本到增訂本的修改中，更突出了歷史事實層面的真實性。如更真實地再現醒秋和母親所處的時代氛圍，更無顧忌地描寫祖母對母親的苛待、同學對醒秋入教的反感，等等。在這類歷史事實的層面，增訂本更具真實性。更重要的層面，是增訂本增加了對醒秋的思想或心理衝突的敘述。

在自傳這種歷史敘述中，書寫主體（寫作者）通過對歷史主體（傳主）的文本化，最終呈現出文本主體（文本中的傳主形象）。這三種主體之間有差異，但畢竟有一致性。而在自傳體小說中，書寫主體往往只以歷史主體為原型，最終呈現於文本中的主人公形象便帶有了更多的虛構性。在《棘心》初版本中，蘇雪林以自己為原型，塑造出杜醒秋的形象。這是一個經歷了情與理、理與理的矛盾和衝突的知識女性形象。在初版本第十二章有一句話分析醒秋：「她這一次並非感情與理性的交戰，卻是理性與理性的交戰了。」（增訂本第十四章中這句話未有改動）這裡的感情與理性的交戰，是指醒秋留法不久陷入情網一事，那一次在對秦風的「情」與孝敬母親的「理」的衝突中，她偏向了理。這一次卻是在與自己終身苦樂悠關的「理」與顧全母親的「理」之間的衝突。「要顧全自己，只有犧牲母親，要顧全母親，只有犧牲自己。」這一次她雖顧全了母親，沒有讓家裏解除與叔健的婚約，卻又皈依了天主教。到增訂本則又增加了一種心理真實，即增補了醒秋思想中更具體的「理」與「理」的衝突，突出了醒秋作為一個「五四人」應有的思想衝突，從一定程度上增加了歷史真實性和藝術真實性。這主要是通過醒秋（包括作者蘇雪林）對「五四」及五四「理性主義」的看法體現出來。

《棘心》初版本沒有出現過「五四」字眼，增訂本則十一次提到「五四」。醒秋（蘇雪林）首先是以「五四」的「理」去否定中國傳統道德的「理」。增訂本第十一章說：

> 中國人的道德都是片面的，要求幼輩孝，長輩卻不慈，她自己的家庭便是一個顯例。這也無怪五四後引起絕大的反動來了。

這是醒秋看到馬沙先生對兒媳的慈愛舉動而引起的感想。增訂本第十二章又說：

> 大家庭的制度，片面的倫理道德，她想起來便恨。若不是五四運動，中國不知道還有多少兒女要受這種無謂犧牲哩。

這是醒秋由祖母幾乎使母親和五叔死於土匪之手想到大哥的死、自己健康的摧毀都與祖母有關，而後得出的結論。另一方面，醒秋（蘇雪林）又把

五四的「理」與天主教的「理」對立起來，以宗教精神質疑「五四」的唯理、唯物和功利思想。增訂本第十一章寫道：

> 不過醒秋究竟是個中國人，又是自命受過五四洗禮的青年，腦子裏所充塞的即說不是唯物主義，至少也是功利思想。

未入教之前的醒秋覺得宗教家的苦行和祈禱於人類沒有什麼實際的益處。後文又說醒秋因有科學的唯物思想，所以不相信人有什麼靈魂；因有道家的自然主義武器，而認為宗教家的窒絕情慾、克苦修持是「逆天」。增訂本第十三章又補寫醒秋：

> 她的頭腦經過五四運動的大解放，成了個唯理主義者……什麼主義，什麼學說，她都要先拿來擱上她那理性的天平，稱量一下……

寫她不信物質世界之外還有神靈、靈魂，但承認「靈」與「肉」的對峙，卻認為「肉」乃物質的代辭，「靈」是精神的代辭。後來醒秋皈依了天主教，增訂本第十四章補寫了她入教後陷入矛盾痛苦之中，遭遇同學的鄙視和不理解。同學認為她「脫離了新文化的營陣，跑到帝國主義惡勢力之下」，「自命『五四人』身份的人，竟皈依天主教」。寫信「罵她是五四思潮的叛徒，帝國主義的幫兇……」醒秋自己也覺得「十分對不住『五四』思潮」，「得罪了『五四』的『理性女神』」。又認為「我固然是『五四』叛徒，我承認我是錯了，可是那也無非為了我的母親」。最後，醒秋（蘇雪林）對『五四』唯理主義產生質疑，增訂本第十五章補寫道：

> 五四的唯理主義，雖令她發生悔恨，然而她又自問：宗教若果與理性相違背，何以現代還有許多有學問的人信仰它？

認為有許多大科學家、大哲學家、大文藝學家都信仰它，自己那點淺薄的理性怎能妄想窺測天主教創化的奧妙。於是她的「信德忽然鞏固起來」：

> 不惟對外界敵人，她毫無畏怯，即內在的敵人——那個比外界敵人屬害百倍的——五四唯理主義，也從此斂影戢蹤，離她而去了。

所以，增訂本《棘心》比較完整地補寫了醒秋心靈世界中又一個層面的「理」與「理」的衝突，這也是初創《棘心》近 30 年之後的書寫主體（蘇雪林）對「五四」和宗教的看法。它使得醒秋的形象更為複雜和豐滿，也使得增訂本這個自傳體文本的內涵更為深刻。

最後，這部自傳體小說的增訂本更具有了宗教之書的特徵。正如初版本扉頁題辭所言：「我以我的血和淚，刻骨的疚心，永久的哀慕，寫成這本書，紀念

我最愛的母親。」這本書最重要的寫作動機是紀念母親的。但初版本《棘心》
出版後，受到一群特殊讀者天主教友的偏愛，神父又謂此書宜於教友誦讀而從
北新書局買回版權。所以，蘇雪林修改這部作品時，其擬想讀者肯定已發生變
化，其中至少包括了天主教友這樣一群特殊讀者。把作品修改得更適合於他們
閱讀當是必然的了。通過修改，這本小說也的確更接近宗教之書了。在初版本
裏，作者其實已表達了許多關於宗教的觀點，尤其寫到醒秋通過馬沙和白朗的
行為而認識到天主教信仰的虔潔、熱忱、神樂等特色，也寫了醒秋的入教經過。
但「本來醒秋的信仰宗教原不是對於宗教有什麼深切的瞭解，更不是出於什麼
敬愛耶穌基督的誠心，不過是彌補愛情的缺憾起見，想在宗教中尋一個安身立
命之地罷了。」（初版本十二章）即她的信仰並非完全發自內心而是由於外鑠。
增訂本補寫了修女馬沙的犧牲、受苦的宗教精神及其父的仁愛情懷。更完整地
敘述了醒秋入教前後的內心衝突並最終堅定信仰的過程。還補寫了她說服母親
這個佛教徒在臨終前接受了天主教的洗禮，實際上增補本又多出了母親這樣一
個從佛教徒轉變而來的天主教徒。更主要的是增訂本把關於母親德行的敘述與
天主教聯繫在一起了。在醒秋的日記中說天主教信仰的特徵之一是「神樂」。神
樂的來源之一是「虔誠祈禱，精神與上主契合」，自有無窮之樂。神樂的來源之
二是無愧天、人，安貧樂道，更讀聖賢之書，領略道德之美。「道德之美，原是
世界上最高之美，領略了這個美，自然心滿意足。」增訂本多處補寫母親具有
善良、忍耐、勤勉、忠貞等盛德懿行，稱之為「賢人」、「一代完人」。其精神境
界已近天主教徒，自然能得此「神樂」。醒秋最後拉她一把——為她洗禮並給她
一個聖名「馬利亞」，讓她也皈依了天主教。這些敘述使得增訂本更具有勸「教」
的用意。一本勸孝之書兼具了勸教之書的功能。

三、文學史敘述

不論是從文學史史實的層面，還是作品獨特價值的層面，《棘心》這部自傳
體長篇小說都應進入文學史敘述。但一直以來，其文學史的意義並沒有得到太
多的關注，更不用說寫進文學史。較早評論《棘心》的方英（即阿英）的《綠
漪論》（收入黃人影編的《當代中國女作家論》）一文中認為「蘇綠漪所表現的
女性的姿態，並不是一個新姿態——五四運動當時的最進步的資產階級的女性
的姿態。〔註14〕」此後在進化論的文學史觀和反封建的主流文學傾向的影響下，

〔註14〕蘇雪林：《蘇雪林文集》第4卷，安徽文藝出版社1996年版，第398頁。

《棘心》便沒入了文學史的盲區。直到 20 世紀 90 年代，作家蕭乾在一次「巴金與二十世紀研討會」上提到「從一九一九年至今，反封建始終是主導的。並謂在他讀過的作品中，除了蘇雪林的《棘心》，幾乎無例外地都是反封建的，且往往表現在婚姻問題上，《棘心》的女主人翁則爲了盡孝道就寧可放棄自己所愛的人，而投向母親爲她選擇的丈夫，那可以說是一部反反封建之作。〔註15〕」蘇雪林「在整個『反封建』的時代，她卻要『反反封建』」〔註16〕。表現了一種更眞實的歷史無奈，也顯示了她特立獨行的性格。作爲她的自傳體小說的《棘心》的獨特價值也首先表現在這裡。當然，這部小說的主旨並不是一種簡單的二元對立式的表達，而是體現出一種複調性主題。這在增訂本中更爲明顯。醒秋作爲「五四人」，其實是反封建的，她在求學上的積極進取、她對秦風的愛情回應等都體現了一種個性解放精神。但她對傳統的道德觀念又很留戀，尤其是對母親的孝和最後對未婚夫的忠。這裡的忠又是爲了孝，所以「孝」成爲作品主調。可是醒秋是有取捨的。正如增訂本第十三章所寫：「譬如忠孝節義這類道德，她雖嗤笑爲封建產物，但對忠孝節義的人，她卻從不敢菲薄。」她又反對片面的倫理道德，認爲上慈才能下「孝」，「忠」也須相互對待。所以，醒秋對「封建」的態度雖有「反封建」的傾向，但最終卻是「非反封建」（「反反封建」這個概念容易還原爲「封建」，故本文用「非反封建」）。她雖不是阿英所說的「最進步的資產階級的女性的姿態」，也不是封建女性的姿態。也許可算是蘇雪林所敬重的胡適先生一樣的「新文化中舊道德的楷模」（蔣介石語），或如蘇雪林所極力反對過的魯迅先生的歷史「中間物」。用本書增訂本第二章的話是醒秋「天然成爲這種悲劇性的人物之一」。醒秋不能徹底「反封建」，又要「非反封建」，最終只能走上「非封建」之路——皈依宗教。不過醒秋又不是一個純粹的西方式的宗教徒，這時她的「中國人」身份又凸顯了，她對宗教也是有取捨的。最終她在「德行」的層面上將中國傳統的道德與西方天主教的信德整合起來，實現了其精神的超越。至此，作品形成了一個類似於格雷瑪斯矩陣的內在結構。從《棘心》初版本到增訂本，作品主題的複調性也越發突出。醒秋作爲傳統人、五四人、中國人的多種身份的悲劇性典型形象更爲完備。然而，對此，文學史

〔註15〕 唐亦男：《我所瞭解的蘇先生》，《蘇雪林自傳》，江蘇文藝出版社 1996 年版，第 321 頁。

〔註16〕 唐亦男：《我所瞭解的蘇先生》，《蘇雪林自傳》，江蘇文藝出版社 1996 年版，第 321 頁。

敘述竟付之闕如，甚至連探討現代文學與宗教關係的專著對本書都很少提及。

《棘心》從初版本到增訂本的修改也呈現出特別的意義。它初版於 20 年代末的大陸，卻修改於 50 年代中期的臺灣，是一種跨時代、跨地域的修改。但它不同於同時期其他作品的修改。在 50～60 年代的中國大陸曾掀起修改舊作的浪潮，幾乎所有的在 20～40 年代誕生的現代文學名著在此時期都被修改過。〔註17〕這種修改與新中國政治意識形態和文學規範的建構有關，與當時的思想改造運動和作家的更新自我有關。那些修改基本上都是思想的跟進而非藝術的完善，甚至是藝術的退化。《棘心》的修改雖是同一時期但卻是在臺灣，它雖有國語現代化方面的修改，但沒有大陸作家那種來自政治意識形態和國家文學規範的壓力，它基本上是正常的文學修改，是藝術上的精益求精。而與同是赴臺灣或海外的作家修改舊作情況相比，《棘心》也不一樣。胡適赴臺後修改《嘗試集》時其實也與大陸作家一樣有來自官方的壓力，如，臺灣遠流出版公司出版的《嘗試集》就刪去了《威權》、《雙十節的鬼歌》等詩，刪改了《人力車夫》等詩。張愛玲為了能使《半生緣》能在臺灣出版，也修改了原書初版本《十八春》的結尾等有悖於臺灣官方意識形態的內容。而《棘心》由於沒有這種臺灣官方忌諱的內容，所以蘇雪林也就沒有這類修改顧慮。她可以大膽地突出臺灣官方認可的「孝」的主題和宗教內容。因而，《棘心》增訂本能成為一個藝術上、內涵上相對完善的版本，也成為一個中國現代文學史上作品修改的典型個案。

最後，還有一個關於《棘心》版（文）本演進史的敘述的問題。像眾多中國現代文學名著都具有版（文）本史一樣，《棘心》經歷了從初刊本到初版本到增訂本到文集本的演進，文學史也應敘述這種史，既關注作品誕生的歷史時刻，也關注其版（文）本演進史，尤其是從初版本到增訂本的修改史。讓人們知道這兩個版本或文本的差異，這樣才能給予這部作品具體的、動態的、歷史的評價，確定其文學史的地位。也避免對其進行歷史評價和藝術分析時常犯的版（文）本互串或版（文）本籠統所指的錯誤。總之，青年蘇雪林所寫的《棘心》與老年蘇雪林（其時她已 60 歲）所修改的《棘心》是兩個不同的版（文）本。她不能兩次踏入同一條歷史的河流！文學史對此應有精確的敘述！

（原載《長江學術》2011 年第 2 期）

〔註17〕參考金宏宇《中國現代長篇小說名著版本校評》（人民文學出版社 2004 年版）、《新文學的版本批評》（武漢大學出版社 2007 年版）。

《家》的版本變遷

一

　　1931 年 4 月，巴金應上海的《時報》之邀開始寫作構思已久的長篇小說。同月 18 日，這部作品以《激流》為名開始在《時報》上連載，至 1932 年 5 月 22 日載完。小說正文共 39 章，每章有章題。另加《引言……》和《後記》。由於連載時是隨寫隨印，小說自然有待完善。所以，1933 年 5 月開明書店據《時報》初刊本排印單行本時，作者對小說進行了首次全面修改。用《家》取代原書名《激流》（使「激流」成為以《家》為開頭的三部曲的總題），原來的《引言……》改題為《〈激流〉總序》，以《呈獻給一個人》一文為《家》的「代序」。小說正文則通過少數章節的合併、擴寫和部分章題的調整、修改而變成了 40 章，是為初版本。1936 年開明初版本《家》第五次印刷時，作者又趁機作了一些修改，並加《五版題記》。我們稱之為五版校訂本。1938 年開明書店第 10 次印刷的《家》，被作者又從頭到尾修改了一遍。刪去各章章題，只留章碼；文字內容亦改變很多。又加《十版改訂本代序——給我底一個表哥》。1953 年的人文初印本是作者又一次修改的結果。增寫了注釋，新寫了一篇《後記》，後附《〈激流〉總序》，刪去十版改訂本中的兩篇《代序》和一篇《題記》。在人文初印本基礎上先後又有三個不同的修改本：一是收入 1958 年出版的《巴金文集》中的《家》，其正文文字、內容有很多改動，置於卷首的《〈激流〉總序》和卷尾的《後記》、《呈獻給一個人（初版代序）》、《關於〈家〉（十版代序）》、《和讀者談〈家〉》等在文字或內容上亦有所修改。二是 1959 年 2 月由外文出版社出版的英譯本。這個版本的中文底本是刪改本。三

是 1962 年 1 月仍由人民文學出版社出版的挖版改動本。1977 年《家》被人民
文學出版社重印，其正文未作新的改動，只改正了少數幾個錯字。另外增收
《關於〈激流〉》一文並新寫一篇重印《後記》。1982 年《家》收入四川人民
出版社出的《巴金選集》第一卷，是為選集本。它是《家》的最後一次修改，
不過改動很少。序、跋文除保留了文集本所收之外，卷首增收選集總「代序」
《文學生活五十年》，卷尾增收 1977 年人文重印本的重印《後記》（易題為《一
九七七年再版後記》，刪去最後兩段文字）。1986 收入《巴金全集》第一卷中
的《家》，以選集本為底本，卷首收全集《自序》、《〈激流〉總序》，小說正文
之後附錄《呈獻給一個人（初版代序）》等 10 篇序跋文，是為《家》的定本。
這是《家》的版本沿革大概。〔註 1〕可圖示如下：

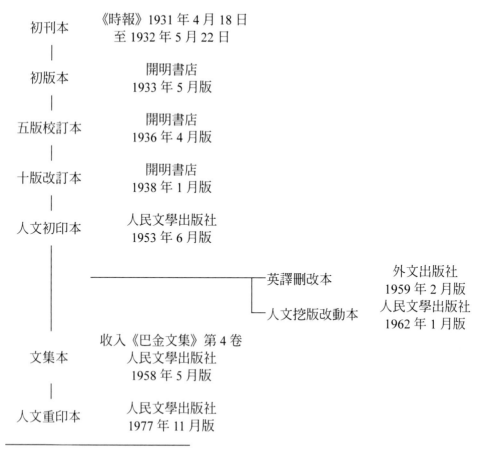

初刊本　　　《時報》1931 年 4 月 18 日
　　　　　　　至 1932 年 5 月 22 日

初版本　　　　開明書店
　　　　　　　1933 年 5 月版

五版校訂本　　開明書店
　　　　　　　1936 年 4 月版

十版改訂本　　開明書店
　　　　　　　1938 年 1 月版

人文初印本　　人民文學出版社
　　　　　　　1953 年 6 月版

　　　　　　　　　　　　　　　　　　　英譯刪改本　　　　外文出版社
　　　　　　　　　　　　　　　　　　　　　　　　　　　　1959 年 2 月版
　　　　　　　　　　　　　　　　　　　人文挖版改動本　　人民文學出版社
　　　　　　　　　　　　　　　　　　　　　　　　　　　　1962 年 1 月版

文集本　　　　收入《巴金文集》第 4 卷
　　　　　　　人民文學出版社
　　　　　　　1958 年 5 月版

人文重印本　　人民文學出版社
　　　　　　　1977 年 11 月版

〔註 1〕參考巴金《關於〈激流〉》，香港《文匯報》1981 年 1 月 10 日。龔明德：《新
文學散劄》，天地出版社 1996 年版，第 135～150 頁。辜也平：《巴金創作綜
論》，福建教育出版社 1997 年版，第 152～174 頁。

```
         |
選集本      收入《巴金選集》第 1 卷
          四川人民出版社
          1982 年 7 月版
         |
全集本      收入《巴金全集》第 1 卷
          人民文學出版社 1986 年版
```

二

　　《家》的版本演變體現爲一種修改過程，其修改次數之多，可爲新文學作品之最。如果算正文本和序、跋等副文本的改動，共修改有九次之多。如果只算正文本內容上的改動並考慮到這種改動的遞進性（排除英譯刪改本和 1962 年人文挖版改動本），《家》的修改也有六次。巴金本人在《關於〈激流〉》中說：「一共改動了七、八次。」在《無題集‧爲舊作新版寫序》中說：「至少修改了八遍。」在《病中集‧談版權》中說：「共改了八次。」將《家》的這許多版本逐一對校實非易事。筆者僅對校其初版本（第一個全本）和全集本（定本），就發現修改了 14000 多處（處次的計算最小以逗號隔開的半句爲單位，半句中無論修改幾處均按一處計算。兩半句前後語序調換的只算一處。其他增刪的句、段連續成片的算一處）。幾乎是每章、每段甚至每句都有所修改。

　　巴金是現代中國最愛修改自己作品的作家之一，他的許多作品都反覆修改過。他在許多序跋文、創作談和「隨想錄」中對這些修改情況都作過說明和解釋。其中他反覆地談及他的修改動機和態度。他說：「我願意做一個『寫到死，改到死』的作家。」〔註2〕因爲是「邊寫邊學，因此經常修改自己的作品。〔註3〕」「無論如何，修改一次總比不修改好，至少可以減少一些毛病。」〔註4〕「大的毛病是沒法治好的了，小的還可以施行手術治療。我一次一次地修改也無非想治好一些小瘡小疤。」〔註5〕「關於修改作品，有人有不同的看法，可是我堅持作家有這個權利。我說過，作品不是學生的考卷，交出去以後就不能修改。作家總想花更多的功夫把作品寫得更好些。拿我來說，就是

〔註 2〕巴金：《談〈秋〉》，《收穫》1958 年第 3 期。
〔註 3〕巴金：《關於〈激流〉》，香港《文匯報》1981 年 1 月 10 日。
〔註 4〕巴金：《談〈秋〉》，《收穫》1958 年第 3 期。
〔註 5〕巴金：《談〈春〉》，《收穫》1958 年第 2 期。

把武器磨得更鋒利些。」〔註6〕他又說：「幾十年來我不斷地修改自己的作品，因為我的思想不斷地在變化，有時變化小，有時變化大。」〔註7〕從這些言談中，可以看出巴金修改舊作既有藝術上不斷完善的考慮，也有思想上不斷更新的追求。《家》所進行的繁複修改也體現了這兩種修改動因。

巴金早期對《家》的修改主要是前一種動因。所以，前三次修改主要是做一些技術上或藝術上的補正和改進工作。從初刊本到初版本的修改，主要是彌補初刊時隨寫隨印留下的疏漏，如，文字上的梳理、行文上的統一、章節上的調整。第三十五章高老太爺死後鬧分家的幾段則是情節上的補足。初版本成為第一個全本。從初版本到五版校訂本的修改主要是改錯，巴金在《五版題記》中說：「我把誤植的字一一改正，另外，還改排了五頁，因為這裡面有我自己認為不妥當的地方。」〔註8〕在五版校訂本到十版改訂本的修改中，章題的刪除、稱呼的改變等也主要涉及文題相符、敘事客觀等藝術問題。至此，《家》已有了一個藝術上相對完美、校勘上相對精良的版本了。新中國成立後，巴金對《家》進行的修改則體現了上面所說的兩種動因，由於思想變化而想去修改作品的動因則佔了主導地位。因此這些修改既有藝術上的進一步完善，更有思想內容上的翻新。關於人文初印本的那次修改，巴金說：「我本想把這小說重寫，可是我終於放棄了這個企圖。……我索性保留它底本來的面目吧。然而我還是把它修改了一遍，不過我改的只是那些用字不妥當的地方，同時我也刪去一些累贅的字句。」〔註9〕但這「用字不妥當」方面的修改，不只是語法或語言規範上的，也涉及了文本的內容。從人文初印本到文集本的修改不僅有語言上的修改，更有情節、人物等文本內容上的變動。至於出英譯刪改本則更帶有一種非藝術的功利目的，是以滿足民族自尊心和政治標準第一的尺度去刪改的。這次刪改是「整章的刪節」，「一切為了宣傳，凡是不利於宣傳的都給刪去，例如在地上吐痰、纏小腳等等等等。〔註10〕」50年代的幾次修改（除了人文挖版改動本）使文本的思想內容有了較大的質變，尤其是文集本。70年代末至80年代初的幾次修改基本上是少量文字上的完善、修訂，最終使《家》有了定本。

〔註6〕巴金：《病中集·談版權》，人民文學出版社1997年版，第71頁。

〔註7〕巴金：《關於〈火〉》，香港《文匯報》1980年2月24日。

〔註8〕巴金：《巴金全集》第1卷（「附錄」），人民文學出版社1986年版，第430頁。

〔註9〕巴金：《家·後記》，人民文學出版社1953年版，第236頁。

〔註10〕巴金：《病中集·一篇序文》，人民文學出版社1997年版，第17頁。

從《家》的前後近 50 年的歷時性繁複修改中，我們固然能看到巴金思想感情和藝術態度的變化，更應看到每次修改帶來的文本差異。我們主要從《家》的最初的全本（初版本）和最終的定本（全集本）的對校中來看這種差異，一些重要的改動兼校其他重要版本（考慮到《家》修改上的遞進性，我們闡釋的時候，排除英譯刪改本和人文挖版改動本）。通過對校可以看出《家》的版本變遷過程及版本之間的差異，可以看出初版本與定本之間的更大的出入。《家》得到了較全面的翻新。這種翻新主要是內容性因素，其次才是形式因素。

我們先來討論《家》中對高家的經濟狀況和社會環境方面的修改。這類修改主要是在出文集本的時候。首先，修改後使高家除了原有的大量田產之外，還成為公司股東，擁有大量股票，再加上克明又開律師事務所。這樣高家便更帶有資產階級特色了。高家既是成都北門的首富，這種修改就比較合理，既為高家人物營造了一個更真實的經濟環境，也符合 20 世紀初中國許多封建大家族轉向工商業的歷史事實。而對高家經濟狀況的修改就涉及到對高家的階級性質的如何界定問題。高家到底是一個封建地主家庭還是一個帶有濃厚封建色彩的資產階級家庭呢？在初版本中似乎是前者，在文集本至定本中更像後者。而巴金本人在新中國成立前後的說法是不一樣的，我們將他在《家》的序跋文和一些與《家》有關的創作談中的不同說法列為下表：

初版本《後記》：資產階級的家庭（1932 年）	全集本「附錄」《初版後記》：資產階級家庭
《十版改訂本代序》：資產階級的大家庭（1937 年）資產階級家庭	文集本、選集本、全集本「附錄」《關於〈家〉》（十版代序）：封建大家庭《談〈家〉》：封建大家庭（1957 年）地主階級的封建大家庭官僚地主家庭　文集本、選集本「附錄三」《和讀者談〈家〉》：同左（本文係據 1956 年為英譯本《家》寫的《後記》改作，收入《巴金文集》第 14 卷時，題改為《談〈家〉》，發表於 1957 年第 1 期《收穫》雜誌時，題改為《和讀者談〈家〉》）
《談影片的〈家〉》：官僚地主家庭（1957 年）	
《談〈春〉》：封建大家庭（1958 年）	
《談〈秋〉》：官僚地主家庭（1958 年）　封建舊家庭	

| 法文譯本《序》：專制的封建家庭（1977 年） | 全集本「附錄」：同左 |
| 羅馬尼亞文譯本《序》：封建地主家庭（1979 年）封建大家庭 | 全集本「附錄」：同左 |

　　從上表可以看出，巴金在新中國成立前一直認為高家是資產階級家庭，而 50 年代則開始認為高家是封建地主家庭或官僚地主家庭。甚至在文集本至全集本中改《十版改訂本代序》中的「資產階級家庭」等說法為「封建大家庭」。而巴金對作品的具體修改與這剛好相反，到文集本及其以後的版本中，都突出了高家的資產階級性質。這種相互矛盾我們只能這樣解釋：巴金對作品的修改遵從了藝術規則和歷史事實，而巴金對作品的解釋則可能受 50 年代批評家的影響（馮雪峰的《關於巴金作品的問題》、揚風的《巴金論》等文章都強調了《家》的反封建意義），或者是巴金不自覺地迎合了時代潮流，把作品放進了 50 年代的解讀語境中。巴金在 50 年代以後的許多序跋文和創作談中都更強調了《家》的反封建主題。因此，高家的階級性質只有這樣界定，才可能更好地去確證這個主題。然而作者本人的導讀是無法替代我們對文本的解讀的。

　　這方面的修改又使高家處在一個「水災，兵災，捧客，糧稅樣樣多」的社會環境中，並強調了克安、克定這種敗家子的內裏蛀空。這就有意識地暗示了高家敗落、崩潰的另一些重要原因。巴金曾在《十版改訂本代序》中說舊家庭崩壞的「必然的趨勢，是被經濟關係和社會環境決定了的」。巴金說這是他的信念。但是這種信念在《家》的初版本或文集本之前的諸版本中並沒有充分的表現。以致 40 年代的批評家讀《家》的十版改訂本時對此提出批評。巴人指出：「巴金在《家》三部曲裏，把中國家庭的崩潰，是僅僅放在禮教傳統和新思想的爭鬥下崩潰的。他沒有在那裡描出由於國際資本主義的侵入，因而摧毀了中國的封建經濟基礎，使家族制度崩潰的畫面。」〔註 11〕徐中玉也說：「決定著這個資產階級大家庭的崩壞的命運的經濟關係和社會環境兩個因素，在這三冊書裏並沒有得到適當的足夠的反映。」〔註 12〕巴金的修改是

〔註 11〕巴人：《略論巴金家的三部曲》，《奔流文藝叢刊》第二輯，1941 年 2 月 15 日。
〔註 12〕徐中玉：《評巴金的〈家〉〈春〉〈秋〉》，《藝文集刊》第 1 輯（中華正氣出版社 1942 年版）。

不是對這種批評的回應，不能確定。但這種修改至少是強化了巴金在《十版改訂本代序》中說過的寫作意圖，比初版本更多地揭示了高家崩潰的複雜原因。於《家》的青春主題之外，更突出了其崩潰主題。因此，這些修改影響我們對《家》的思想蘊涵的闡釋，使文集本、全集本等更多幾分深刻和眞實。

　　《家》的另一種修改是刪去初版本中可能引起性聯想的詞句。到文集本，這種潔化修改已完成。這種修改在一定程度上也改變了版本本性。相對於初版本來說，文集本至全集本可以叫潔本了。實際上，即便是《家》的初版本也可以算是一種潔化敘事。巴金是恥於寫性也不善於寫性的，《家》的初版本中幾乎沒有什麼較骨露的涉性情節。除了一句涉及鳴鳳性徵的敘述之外，只有高家父子與戲子一起照相，克安、克定嫖妓並勾引女傭之類的簡單交待，對此，並無正面敘述。但是初版本裏仍然有一些可能引起讀者的性聯想的詞句。這些詞句有一部分只是套入當時流行的一些空泛的反對封建婚姻的議論。如「無愛的婚姻，變相的賣淫」等。巴金在 1958 年談到這類修改時說：「許倩如在課堂中寫給琴的字條上有這樣的一句話：『你便拋棄你所愛的人，給人家做發泄獸欲的工具嗎？』我現在刪去了它，因爲有人認爲這不像一個少女的口氣。其實當時有些少女不僅說話連行動也非常開通。只爲了表示女人是跟男人『完全』一樣的人。許倩如寫出那樣的話也是很尋常的事情。」〔註13〕但是巴金迫於批評而刪去了。還有一部分詞句則是青年巴金通過人物寫出的一種性的想像。如，鳴鳳想：就在七天以後她「會被抱在那老頭兒底懷裏像肉塊一樣」。又如，覺慧想：這時鳴鳳「是怎樣地躺在老頭兒底懷裏做那人底發泄獸欲的工具了」。這類性的想像固然能表現馮樂山的獸性，卻像雙刃劍一樣，也損害了正面人物自身。而且這只是一種將來時的擬想，並非現實。巴金刪去這些詞句時是否也從這種藝術表現效果上來考慮的呢？不得而知。但巴金對這所有的可能涉性的詞句的刪除主要是在 50 年代完成的，是對新的道德觀念、潔化的敘事方式、狹隘的文學批評等的歸順，則可想而知。

　　有關勞動人民敘述的修改基本是在新中國成立後的人文初印本到選集中完成的，最集中地體現在文集本中。舉凡有醜化或貶抑勞動者的詞句都被刪去，又增加了敘述底下人美好、善良品行的文字，還補敘了主人（瑞珏、覺慧）與僕傭的深厚情誼。這類修改主要是把勞動人民的形象描敘得更好，同時對覺慧、鳴鳳、瑞珏形象的美化也起到一定的作用，當然也更好地傳達了

〔註13〕巴金：《談〈秋〉》，《收穫》1958 年第 3 期。

巴金童年與僕傭親近的經驗和情感。而紅燈教是匪的敘述的刪除則避去了誣衊農民起義的嫌疑（在新中國官方歷史敘述中，紅燈教這類民間組織也是被放在農民起義隊伍之中的）。對勞動人民敘述的翻新自然與新社會勞動人民當家做主的歷史語境相關，也與新中國強調寫工農兵的文學指令相關。這也許是巴金思想發生變化或思想改造的一種證據吧。

《家》在內容性因素上的翻新更多的還是體現在人物形象及人物關係的修改上。而對覺慧的修改最突出（我們只說關於他的一些重要修改）。這些修改主要是在人文初印本和文集本中完成的。我們將初版本中的覺慧與全集本中那個最後定型的覺慧比較，會發現有很大的差別。在初版本中，他雖然不與祖父親近，卻有著對他的敬愛之情和感恩心理。還在祖父臨死前的短時間裏感覺到找著了「一個喜歡他的祖父」，爲他的即將死去而悲傷、惋惜。而在全集本中，他對祖父只有敬畏，對祖父之將死木然冷觀，幾乎沒有什麼親情的感念。在祖父死後還對他的「行述」、靈位牌上的文字加以抨擊，儼然一個不妥協的反封建英雄。在初版本裏，覺慧對鳴鳳開始是狂愛，接著是準備放棄。突出了他在愛情上飄浮不定、缺乏勇氣、不願犧牲的貴族少爺特性，當然也顯示了他的「匈奴未滅，何以家爲」的獻身社會的熱忱。而在全集本裏，覺慧對鳴鳳的愛則更深沉，強化了他在愛情和事業的選擇上的矛盾心態，也抹去了貴族少爺的怯懦性。總之，我們在初版中看到作者對覺慧的敘述雖然有矯情之處，如，寫他吻鳴鳳坐過的石凳等。但這個覺慧相對來說寫得感情更豐富，性格更變化，更具有歷史真實性，是一個較典型的帶有貴族少爺習氣的「五四」少年。而到全集本，對覺慧的敘述雖然較自然，但也迴避了他應有的許多特性，反不及初版本中的形象豐滿。覺慧被英雄化、完美化與50年代巴金刻意強調《家》的主題中的反封建意向是直接連在一起的。

覺慧對祖父的感情和態度被修改後，只影響了他的性格。而與鳴鳳感情關係的被修改，不僅影響他的性格而且牽涉了他與琴的感情關係。初版本中，覺慧隨時準備放棄鳴鳳，卻直到覺民與琴關係確定了以後還仍然愛著琴。雖然他聲明「我愛琴姊也不過是把她當作我底長姊罷了」，但對琴的愛戀（主要是暗戀）是十分明顯的。覺慧陷入與鳴鳳、琴的三角關係中，也與覺民、琴構成三角關係。初版本寫出了覺慧感情的複雜及心態的複雜。他的心裏一直存在「兩個面龐」（初版本第三章標題）。聶華苓曾對巴金說：「你的《家》不

行，寫戀愛也不像，那個時候你還沒有結婚。」〔註 14〕這話若是針對《家》初版本而言，則未必妥當。要真切地寫出少年人遊移不定的愛未必要等到結婚，巴金在初版本裏已經做到了。而經過人文初印本、文集本的逐漸修改，到全集本時，覺慧由多情向專情的方向移動了許多，這種三角關係也被有意淡化。一方面是強化了覺慧對鳴鳳的愛，另一方面則弱化了覺慧對琴的愛。如，他不再把眼光在琴的面龐上「放了許多」而只「停了一會兒」。這種修改是雙向互動的，還會導致理解上的三向互動。如，他對鳴鳳的愛少，對琴的愛多，對覺民的妒忌也多，反之亦然。這種修改還會牽涉到作品內在結構的變動。如，在初版本中，覺新三兄弟就明顯地組成了三個三角關係。全集本中覺民、覺慧的三角故事就有些遮掩了。後來有學者認為他發現了《家》中存在覺民、覺慧、琴、鳴鳳之間兩個三角關係的「潛在結構」。其實，初版本《家》中，這種結構是顯在的，不過是修改導致它成為潛在的罷了。

覺慧身上無疑有巴金的影子，而鳴鳳和瑞珏也被巴金賦予了自己的思想，這尤其是在初版本《家》中。巴金早年的思想是安那其主義、人道主義、民主主義等的混雜。他把這些思想賦予了他筆下的人物，讓它成為他們的信仰。初版本中的鳴鳳和瑞珏就被巴金外貼了本不屬於她們自己的思想及言行。在《家》的翻新過程中，鳴鳳和瑞珏則得到不同程度的修改。這些修改也主要體現在人文初印本和文集本中。對鳴鳳的修改除了刪去她的輕浮的舉止、粗話和書生氣的話以外，還刪去了她可能是來自人道主義或安那其主義的「人類愛」的思想。如，她懷著天真的心「愛人」、「希望一切的人幸福，她不歇地為人服務」等文字都被刪去。另外，初版本中寫鳴鳳之死突出了她「甘願犧牲自己」以成全覺慧的前途、事業和偉大。這種「獻身」的思想無疑也是巴金個人的。通過修改，這種思想也被淡化。鳴鳳之死只是一個剛烈女子的殉情，其背後不再有這種深刻的思想動機。所以定本中的鳴鳳除了被美化了一些，還比初版本中的鳴鳳顯得更真實更樸實。而對瑞珏的修改，重要的是在第二十四章。這一章主要寫瑞珏與梅的一次長談。初版中的瑞珏在這裡表現了一種基督的情懷：她說她「愛」自己的情敵梅，她向梅請求「寬恕」。最後作者說她們「兩個人差不多要熔化為一個人了」。在這裡，巴金個人的思想意識對人物的外貼和強加也是非常明顯的。而在定本中，人物的這類言辭和對人物的敘述幾乎都刪去了，比初版本顯得更自然些。總之，對鳴

〔註 14〕巴金：《關於〈激流〉》，香港《文匯報》1981 年 1 月 10 日。

鳳和瑞珏的修改，除了一些藝術上完善的修改之外，更主要的是抹去了巴金舊有思想的印痕。

在《家》的《十版改訂本代序》中，巴金曾說：「我所憎恨的並不是個人，卻是制度。」在新中國成立後的許多創作談中，巴金更強調了這個觀點。隨著時間的推移，在這個觀點的支配下，巴金對陳姨太的認識有了改變，這導致了對這個人物的修改。對她的較重要的修改都是在出文集本時進行的。巴金當時這樣談到陳姨太：「我承認我寫《家》的時候，我恨陳姨太這個人。我們老家從前的確有過一個『語言無味、面目可憎』的『黃老姨太』，我一面寫陳姨太，我一面就想到『黃老姨太』。不過我恨她不如我恨陳姨太那麼深。我在陳姨太身上增加了一些叫人厭惡的東西。但即使是這樣，我仍然不能說陳姨太就是一個『喪盡天良』的壞女人。她沒有理由一定要害死瑞珏，即使因為妒忌。陳姨太平日所作所為，『無非提防別人，保護自己』。因為她『出身貧賤』，並不識字，而且處在小老婆的地位，始終受人輕視。在高家，老太爺雖然不討厭她，但是除了老太爺外就沒有一個人對她友好。甚至在老太爺跟前的時候，她也會想到老太爺死後她的難堪的處境。因此她不得不靠老太爺的威勢過日子，而且她更不得不趁老太爺在時替自己打算。她不曾生兒育女，自己家裏的人也已死絕，老太爺是她唯一的親人，也是她唯一的靠山。她當然比別人更關心老太爺。她沒有知識，當然比別人更容易被迷信俘虜，她相信『血光之災』，她不能想像老太爺死後滿身浴血的慘狀。（略）陳姨太也得拿他做護身符，她只是一箇舊社會中的犧牲者。（略）倘使把一切壞事都推在『出身貧賤』的陳姨太身上，讓她為官僚地主家庭的罪惡負責，這不但不公平，也不合事實。鞭撻了人卻寬恕了制度，這倒不是我的原意了。」〔註15〕這裡有巴金對一開始寫陳姨太時的回憶，也有巴金修改陳姨太時的新認識，這更是巴金對文集本中的陳姨太這個人物的解讀。改定後的陳姨太被描寫得更具體、更愛打扮，更突出了她的姨太太角色特徵和地位。而刪去她的復仇動機，就使避「血光之災」只證明了她的迷信和對老太爺的關心，從而使她從蓄意害人中解脫出來。對陳姨太的修改更明顯地突出了巴金恨制度不恨人的主題意向。刪去陳姨太的復仇動機與瑞珏之死的關係，固然使第三十四章的結尾少了一個懸念，使第三十四章和第三十六章的「復仇」少了一種連貫，但卻使陳姨太這個人物變得更真實。

〔註15〕巴金：《談影片的〈家〉》，《大眾電影》第 20 期，1957 年 10 月。

作者感情的微妙變化也會影響對人物的修改。《家》的寫作本來有很多真實的人物原型。《家》問世後，巴金的家人、親戚往往對號入座。這很有可能使巴金回想起與這些真實原型之間的關係而在感情上起一種變化，從而使這種感情因素在修改《家》時起作用。這裡就有一個與作品中的人物感情聯繫較虛而與真實的原型感情聯繫較實的區分。同時，巴金在創作《家》時為激情所裹挾，而在修改《家》時則更清醒。這又有激動與理智或感情的熱與冷之分。這種微妙的變化的確體現在巴金對人物的修改上。如，對劍雲的修改。《家》的《十版改訂本代序》副標題是《給我底一個表哥》，這個表哥就是劍雲的原型。這篇文章裏說這個表哥有「謙遜」、「勇敢而健全的性格」，「卻得了劍雲那樣的命運」。而《家》中的劍雲則被寫成一個怯懦的自卑狂。這個表哥曾是巴金的「指路」者，最初把巴金的眼睛撥開，巴金對他充滿感激。當巴金在《家》的結尾「拿『很重的肺病』來結束劍雲底『渺小的生存』時」，這個表哥也不叫出他的抗議。出於對這個表哥的感情，巴金實在不忍給劍雲一個太悲慘的結局，所以在十版改訂本中對他的結局作了修改。巴金在《給我底一個表哥》一文的注解中說：「關於劍雲底結局在《家》底舊版本裏面有著這樣的話：『……我知道他患著很重的肺病，恐怕活不到多久了』（第四十章）。現在我把它們改作了，『他得了肺病，倒應該好好地養一兩年才行。』」關於劍雲的一些修飾辭與敘述，如「膽怯」、「固執」、「可憐」、「謎」、「神經病」等在十版改訂本及其以後的版本中也刪去不少。對克明的修改，重要的原因也是作者的這種類似的感情變化。克明的原型是巴金的二叔。從巴金的《談〈春〉》、《懷念二叔》等文章中可以看出對他的感情。這種與人物原型的真實感情影響了他對作品人物的修改。克明最終改定為一個恂恂儒者。對他的修改主要是在文集本中完成的。

其他人物的修改主要從藝術表現效果上考慮的，對文本的解釋並無太大的影響。高老太爺是其中改動較大的。雖然覺慧對他心腸更硬了，可是作者反倒對他更同情更瞭解。他的內心世界更豐富，他的言辭更真實也更性格化。雖然在 50 年代的創作談中，巴金一再強調高老太爺是「封建統治的君主」、家中的「暴君」，但在作品中並沒有把他改得更壞以突出反封建的主題。對他的修改基本上是一個如何寫好一個人物的藝術問題。

上述修改內容已含有不少對作品情節、結構的修改。對《家》的修改還有一些往往只是為了使情節自身發展更具合理性或結構更緊湊。如，第二十

三章寫連長太太帶著勤務兵要住高家，被克明厲聲說了一通。臨走時，勤務兵丟下「等一會兒老子給你們喊一連人來」的話。初版本並無後續情節，全集本裏則有：果然不久，一個兵來貼了某排駐此的白紙條的情節，使情節完整。第三十三章寫覺慧去看逃婚而藏在黃存仁家裏的覺民。初版本裏黃存仁未出現，似不合理，全集本有黃存仁加入他們談話的情節。而第十九章提到「周外婆家的蕙表姐和芸表姐」的兩段文字僅僅是爲了三部曲結構的縝密。修改《家》時，《春》、《秋》已出，蕙和芸正式出場。補上這兩段文字，等於在《家》中補一伏筆。這一「草蛇灰線」便把三部曲前後緊緊貫穿。有時，作者也刪去有縫合結構作用的線索。如，初版本第二十三章寫克定的魂好像被連長太太勾引去了，到第三十三章於是有克定的新姨太就是那連長太太的交代。這條線索使第二十三章與第三十三章前後勾連，但因爲這太巧合而給人失眞的感覺，作者就不惜刪改。這類修改也主要是一個藝術上的完善問題，這就使《家》的定本在情節和結構的組織上相對完美。

　　《家》的這些修改都落腳於語言的修改。同時，巴金也有意識地從純語言角度修改《家》。巴金說他改《家》是爲了減少一些小毛病，這「小毛病」有許多正是純語言上的。如，初版本《家》中有重複（如，第二十四章有「多餘的贅物」）、缺主語、用詞不當等語病的句子，有冗長的歐化的敘述，有較多的文言、方言和「五四」式白話，有不夠完美的表達等。巴金爲了使語言規範化、美化、通俗化、民族化，在《家》的版本變遷過程中作了極爲細密的修改。從《家》的初版本到定本可以說是從語言上來了一個全面的翻新。初版本和定本完全是兩個具有不同時代語言風格的版本。這是語言藝術上的進步，尤其使定本在語言上更簡潔、更精粹。然而這種進步中也包含著一種反歷史性，那就是把 20 年代的一些特有語詞改成 50 年代或 80 年代的說法。如，把「勞動家」改爲「勞動者」，「智識」改爲「知識」等。這種進步也會損失作品語言的四川特色。如「女兒」改爲「少女」、「落雪」改爲「下雪」等。不過，巴金有時也反其道而改之。如，把「學校」改爲「學堂」、「知道」改爲「曉得」等。

　　除了以上修改，《家》還有許多細微的修改。這些修改也只是爲了藝術上的完善。如，敘述語言中對人物稱謂的改變可能是爲了統一敘述視角，像把「祖父」改爲「高老太爺」就是用全知型視角代替作者借作品中人物敘述的半知型視角。又如，鳴鳳出嫁的時間，初版本中是七天以後，而文集本改爲

三天以後。七天那麼長的時間，而覺慧對此事竟不採取措施來處理，只能說明他是有意放棄鳴鳳。這與初版本中覺慧對鳴鳳的態度是相吻合的。三天的時間很短，覺慧不知此事變成可能。覺慧是因這種客觀原因而未對此事採取措施的。這種改動與那個更愛鳴鳳的覺慧就不矛盾了。又如，覺慧出走的時間在定本中更具體，是佳節中秋。這種改動既能渲染傷別離的氣氛，同時也是對「團圓」的反諷。另外，議論的刪除是爲了在敘事作品中減少那種非敘事性話語，等等，都體現了巴金修改作品的藝術匠心。

三

《家》的修改或版本變遷帶來了一個文學史評述和文學批評中值得關注的版本問題。對《家》這樣具有眾多版本的作品來說，有的文學史任選一種版本去評述，如司馬長風的《中國新文學史》用的就是 1953 年人文初印本。一般稍有版本意識的文學史往往評述其初版本。巴金本人則只認定本。他說：「我一直認爲修改過的《家》比初版本少一些毛病」，絕不會「讓《家》恢復原來的面目」，「我更希望讀者們看到我自己修改過的新版本。〔註 16〕」他甚至一度堅持不讓初版本《家》入選《中國新文學大系》。這幾種做法都值得存疑。任選一版本，是缺乏版本觀念，自然不嚴謹。只選其初版本，也未免有些簡單化。這種做法看似具有史的意識，注意到作品誕生的歷史時間，但《家》還有初刊本，其面世的歷史時間應比初版本更早。而用定本《家》作爲文學史評述的依據同樣不科學。這不僅沒有歷史意識，還有一種版本進化論觀念從中作怪。從語言、修辭的角度來說，或從某些局部的藝術修改來看，《家》的版本變遷是進化的表現。但這並不是藝術質量的整體提升，《家》的修改也有藝術的滑變，甚至有改過頭、錯改或除魅之處。籠統地絕對地說《家》越改越好，是不符合它的版本變遷實際的。因此，對《家》這樣具有眾多版本的新文學作品來說，文學史的評述，既有要注意作品面世的歷史時刻（包括其初刊本或發表本），也要顧及後來的新版本。科學的做法是要敘述其版本變遷史，或曰敘眾本。

之所以應該這樣，除了上述理由，還有一個重要的原因是《家》的不同版本（edition）其實是不同的文本（text）。《家》在版本變遷過程中留下大量異文。巴金說：「不少西方文學名著中都有所謂『異文』（la variant）。要分析

〔註 16〕巴金：《巴金全集》第 1 卷「附錄」《爲香港新版寫的序》。

我不同時期思想的變化，當然要根據我當時的作品。」〔註 17〕巴金並不反對人們通過異文去分析他不同時期的思想變化，但他卻並未認識到這些異文通過闡釋的循環會改變文本的釋義，並未認識到《家》的不同版本其實是不同時期提供給讀者的不同文本。按照闡釋學的觀點，在闡釋的循環中有一種主要的相互依賴關係，就是作品的個別部分與整體之間的關係。個別部分只有通過整體，反過來整體只有通過個別部分才能夠被理解。那麼，當一部作品的新版本的個別部分被修改時，經過闡釋的循環，文本的釋義應該有變，這個新的版本應該就是一個新的文本了。這種相互依賴關係還應包括作品與作者心態、宗尚等的關係、作品與文體的關係、作品與流行文風的關係，等等。一部修改過的作品應放在這眾多的相互依賴關係中作闡釋的循環。《家》是中國現代長篇小說中修改次數和處次最多的作品之一，這些修改又是在解放前後不同的歷史語境、流行文風之中，是在作者盛年和衰年不同的體態、心態之中。經過闡釋的循環，其不同版本會具有不同的文本本性。如果再考慮到許多「副文本」因素，如序跋、封面、標題等對閱讀起導引作用的內容，《家》的版（文）本之間的差異就更大了。因此，對《家》的闡釋或批評應有版本精確所指的原則。

巴金基本上認爲《家》的版本變遷是一種修辭過程或藝術完善過程，他否認他修改《家》是爲了迎合時代潮流，更沒有注意到《家》的不同版本的文本歷史變異。他不厭其煩地修改《家》，卻並不顧及這會帶來文學史評述和文學批評上的麻煩。他把他的作品當作一件「武器」，不斷地打磨這件 30 年代的「武器」，至於是不是用 30 年代的擦布、50 年代的磨刀石、80 年代的水，對他來說是不重要的問題。然而，這恰恰是關涉文學研究是否具有有效性和嚴謹性的重要問題。

（原載《中國現代文學研究叢刊》2003 年第 3 期）

〔註 17〕巴金：《關於〈海的夢〉》，香港《文匯報》1979 年 7 月 8 日、15 日。

《圍城》的版本與修改

　　1993 年，中國大陸文壇因錢鍾書《圍城》版本問題引發了一場不太引起學界注意的小小論爭。這次論爭本身並沒有什麼建設性成果，但它對創作學、版本學、文學批評及文學史寫作都提供了有益的啓示，它甚至讓筆者聽到現行的許多文學批評和文學史研究著述中有一種隱隱的裂帛之聲。

一

　　這場論爭因四川文藝出版社出版的《圍城》彙校本構成「侵權案」而引起。參與這場論爭的有施蟄存、黃裳、朱金順、陳思和、何滿子等先生，他們就作品修改和校勘問題提出了各自的觀點。

　　這場論爭涉及的既是一個學案又是一個法案，問題本來就很複雜。而在討論時，論者或站在作者的角度，或站在讀者的角度，或站在研究者的角度，或站在版權者的角度，或不時變換角度，結果問題越裹越複雜，誰都有道理，誰都無法說清道理。實際上，撇開法律版權問題，再來看由「彙校本」引發的討論，主要是兩個問題：一是文本修改，二是版本校勘。修改主要屬寫作範疇，校勘主要屬研究範疇。作者寫作既有修改的自由，也當有修改的自律。手稿中的修改和初版之後的修改又不能等觀。修改還包括他改的問題。校勘的內容更廣，應包括所有的修改及作者的筆誤、印刷的誤植等，不同版本的彙校自然是它題中應有之義。對修改和校勘既要分觀、又要通觀，能如此，問題就十分明瞭。但中國現當代許多作家和學者似乎不太明瞭這些問題。於是就有現當代文學史上作家恣意修改作品並反對研究者彙校的現象。現代作家中只有魯迅等少數人對修改和校勘問題有明確、嚴謹的態度。在這場由《圍

城》彙校本引發的論爭中，也似乎有許多不太明瞭的論述。如論者引證權威時拉出了巴金。黃裳的文章提到巴金看重修改、看重定本。說巴金堅持修改是作家的權利，《家》從初刊到 1980 年共改了八次，巴金「不願意再拿初版的《家》同讀者見面」。巴金堅持舊作重印「一律根據作者最近的修改本重排」〔註1〕。陳思和則舉出了巴金的另一面：巴金同意在《巴金全集》中收入不滿意的舊作，保留文集本中被刪改的部分內容及校勘《雪》、《火》等作品。黃裳心目中的巴金和陳思和心目中的巴金其實是一個巴金。但因為是論爭所以免不了各持一端。

錢鍾書本人對《圍城》彙校本的出現似乎十分不滿意。據報導，錢鍾書收到「彙校本」以後對人說：「什麼彙校本呵，這是變相的盜版嘛。要使用我的作品，也不預先徵求我的意見。再說，個別排校錯誤，或者疏漏之處，我在再版時已經改了過來，作者有對他自己作品的修改權呀，有什麼必要特別將它標明出來呢!」〔註2〕如果此報導引言確實，說明錢鍾書除對侵權憤怒之外，對修改校勘等問題也缺乏學術的態度。錢鍾書雖然有大量談論修改問題的文字，但多半是從寫作角度談論而較少從校勘學角度去看修改。中國校勘學之發達是事出有因的，因為很久以來，中國文人有喜歡修改作品的風習。鍾鍊自己的詩文被作為美談；而修改他人的作品也司空見慣。

錢鍾書對此多有論述。在《談藝錄·七四》中對王安石愛改他人之作深加諷刺，說：「公在朝爭法，在野爭墩，故翰墨間亦欲與古爭強梁，占盡新詞妙句，不惜挪移採折，或正摹，或反仿，或直襲，或翻案。」說王安石對他人之作「以為原句不佳，故改；以為原句甚佳，故襲」，是「集中作賊」〔註3〕行為。而《管錐編》中對刪削他人之作而能「剝膚存液、點鐵成金者」又加以讚美。在他的手稿中對院本小說之遭刪抹改竄而難見真面目又表示無奈：「使原作顯本還真，其志則大，其事則難。猶洗鉛華以見素質，而已深入膝理，揭代面以露真相，而已牢黏頭目矣。」〔註4〕此話甚至也表達了錢鍾書對校勘學的畏懼。對修改自己的舊作，錢鍾書更表示了一種矛盾的看法。在《人·獸·鬼》和《寫在人生邊上》「重印本」序中他說：「我硬了頭皮，重看這兩

〔註1〕黃裳：《〈圍城〉書話續》，《文匯讀書周報》1993 年 10 月 2 日。
〔註2〕徐公明：《是是非非「彙校本」》，《文匯讀書周報》1993 年 10 月 2 日。
〔註3〕錢鍾書：《談藝錄·七四》（補訂本），中華書局 1984 年版，第 245 頁。
〔註4〕錢鍾書：《錢鍾書論學文選》（舒展編）第 3 卷，花城出版社 1990 年版，第 231 ～232 頁。

本書；控制著手筆，只修改少量字句。它們多少已演變爲歷史性的資料了，不容許我痛刪暢添或壓根兒改寫。」緊接著說：「但它們總算屬於我的名下，我還保存一點主權，不妨零星枝節地削補。」同一文中又對現代文學研究中「發掘墳墓」的工作表示了老作家常有的心態：「現代文學成爲專科研究以後，好多未死的作家的將朽或已朽的作品都被發掘而暴露了。被發掘的喜悅使我們這些人忽視了被暴露的危險，不想到作品的埋沒往往保全了作者的虛名。假如作者本人帶頭參加了發掘工作，那很可能得不償失，『自掘墳墓』會變爲矛盾統一的雙關語：掘開自己作品的墳墓恰恰也是掘下了作者自己的墳墓。」錢鍾書不同意彙校《圍城》是否也有此心態呢？此外，據楊絳回憶，錢鍾書在牛津留學時對「版本與校勘」這門課「毫無興趣」，「結果考試不及格，只好暑假後補考。〔註5〕」這種態度是否也會保留到老呢？這是否也可以看作錢鍾書不太重視校勘的一點旁證呢？因此，我們似乎可得出這樣的結論：錢鍾書對修改和校勘的認識是使他允許自己去修改《圍城》而反對研究者去彙校《圍城》的重要內因之一。

二

　　《圍城》的修改是 20 世紀中國文學史上普遍存在的修改現象中的特殊個案。《圍城》初刊於《文藝復興》第 1 卷第 2 期（1946 年 2 月 25 日）至《文藝復興》第 2 卷第 6 期（1947 年 1 月 1 日）。上海晨光出版公司 1947 年 6 月初版單行本，1948 年 9 月再版，1949 年 3 月第三版。到解放後，1980 年 10 月，人民文學出版社才出新 1 版。以後 1981 年、1982 年、1985 年連印 3 次。1985 年的版本可以說是《圍城》的定本。後來人民文學出版社在 1992 年 2 月的新 2 版沒有再改動。《圍城》作過多次修改，其中有兩次是全面、系統的修改：一是從初刊本到晨光初版本，二是從初版本到人文新 1 版。從人文新 1版到定本作者又小改三次。《圍城》彙校本是以初刊本、初版本和定本爲依據彙校的。據龔明德先生統計：「修改總計三千餘處，涉及內容變動的一千餘處。」〔註6〕這些修改，內容繁複，涉及典故、比喻、結構中的枝節、露骨的描寫、外語原文及音譯，等等。但以一句話概括兩次大改的特點，似乎可信：「對初

〔註 5〕楊絳：《記錢鍾書與〈圍城〉》，《圍城》（附錄），人民文學出版社 1999 年版，第 356 頁。
〔註 6〕龔明德：《新文學散劄》，天地出版社 1996 年版，第 346 頁。

刊的修改，多所痛刪；對晨光初版的修改全然是精磨細琢。」〔註7〕

　　20世紀中國文學中的修改現象已引起少數研究者的注意，不過他們所做多屬個案研究，且重在從寫作或創作角度去研究修改的價值。修改被看成像魯迅在《不應該那麼寫》一文中借用蘇聯作家惠列賽耶夫所說的藝術的「實物教授」，是「不應該這樣寫」與「應該那樣寫」之間的比較。目前能看到的研究《圍城》修改現象的一兩篇文章也側重在這一點。如果僅從這個角度看《圍城》從初刊本到初版本到定本的變化，往往會得出越修改越藝術的結論。其「刪」成為為保全藝術整體美的「割愛」技巧；其「增」成為增添作品精緻美的高超方略；其語言的清理、文字的修改也就成為「更合乎邏輯」、「更合乎情理」、「更精練」、「更豐滿」的榜樣。其修改內容自然就成為錢鍾書藝術理論的完美體現了。正如有的學者指出：「《圍城》的修改，是『學者』修改『作家』……《管錐編》、《談藝錄》、《七綴集》等論著中有大量關於文學語言方面的理論，我發現都被作者運用到寫《圍城》的修改中去了。因此，不言而喻，考察《圍城》的修改，是具有典型意義的。」「這也是作家對學者理論的一次大規模全面的實踐」，因而「定本更為光彩照人」〔註8〕。（學者高於作家嗎？錢鍾書修改作品時會想著理論嗎？此須另論）於是，讀者尤其是初學寫作者從《圍城》的修改技巧中得到技巧，研究者尤其是「錢學」家能從《圍城》的修改內容中領略錢氏藝術理論的活用。

　　這樣理解《圍城》的修改不無道理、不無價值。但僅僅這樣理解顯然不夠。因為第一，這會把錢鍾書從創做到再創作（修改可說是再創作）的過程簡化成直線發展的過程。魯道夫‧阿恩海姆在《藝術心理學新論》一書中曾將藝術家由年輕到年老體質方面的變化描畫為拱形結構，而將其智力的增長描畫為階梯形結構。年邁的藝術家往往是這兩種結構的疊合。這種疊合的結構可借用來描畫作為作家的錢鍾書和作為學者的錢鍾書。作為學者，從寫《談藝錄》到《管錐編》，其學識日漸增長，其理論也更博大精深；而作為作家，寫完《圍城》和《百合心》（已失）兩萬字以後，正如他自己所言：「年復一年，創作的衝動隨年衰減，創作的能力逐漸消失……料想文藝女神也不喜歡

〔註7〕張明亮：《論〈圍城〉的修改》，《錢鍾書研究》（第1輯），文化藝術出版社1989年版。

〔註8〕張明亮：《論〈圍城〉的修改》，《錢鍾書研究》（第1輯），文化藝術出版社1989年版。

老頭兒的……」〔註 9〕《圍城》的創作和第一次大改正值作家盛年（34～37
歲），創作力旺盛之際。而後來的幾次改動是在作家衰年（70～75 歲），創作
力漸失之時。這不能不影響《圍城》修改的質量。籠統地說《圍城》越改越
好是不確切、不確實的。固然作為老學者，在修改《圍城》時多了幾分明智
和通達，使某些改動更恰當更形象、更生動、更藝術，但也會使某些改動更
不確切，尤其是使作品更少些年輕時代的寫作所具有的生命熱氣和熱力。第
二，將《圍城》的修改看成越改越好的典範，勢必忽略《圍城》修改失當或
錯改的方面。《圍城》的修改是有得有失，許多人看重其「得」，往往會不見
或少見其「失」。《圍城》修改失當的地方除如上所析之外，還有刪掉文字後
有上下文語氣不貫通的地方，有些名詞的改動如：「馬將」改為「麻將」、「微
生蟲」改為「細菌」等改掉了原作的時代語言特徵，等等。

三

　　《圍城》的修改和校勘不應該僅僅是作為創作學的範例，而更應該從文
學研究的更宏闊的視野看到它給文學版本比較學和版本批評學提供的啟示。
嚴格意義上的《圍城》研究應該像嚴格的「莎學」、「紅學」研究一樣細緻地
區分不同版本，將不同版本看作是獨立的文本，在批評中要避免版本互串、
文本互串。

　　《圍城》的修改，並無結構、情節、人物性格命運等大構件的改變。但
《圍城》諸版本中初刊本、初版本和定本之間還是有較大差別的。嚴格地說
這是三種不同個性的《圍城》，是《圍城》的三種不同的文本。按照錢鍾書本
人提倡的循環闡釋理論，可以得知文本中的細小變動足以影響、改變乃至顛
覆文本的意義。錢鍾書批評乾嘉「樸學」只知由部分觀整體而不知反覆而返
復的批評方式，說：「乾嘉『樸學』教人，必知字之詁，而後識句之意，識句
之意，而後通全篇之義，進而窺全書之指。雖然，是特一邊耳，亦只初桄耳。
復須解全篇之義乃至全書之指（『志』），庶得以定某句之意（『詞』），解全句
之意，庶得以定某字之詁（『文』）；或並須曉會作者立言之宗尚、當時流行之
文風、以及修詞異宜之著述體裁，方概知全篇或全書人之指歸。積小以明大，
而又舉大以貫小；推末以至本，而又探本以窮末；交互往復，庶幾乎義解圓

─────────────────

〔註 9〕錢鍾書：《〈圍城〉重印前記》，《圍城》，人民文學出版社 1980 年版，第 1 頁。

足而免於偏枯，所謂『闡釋之循環』（der hermeneutische zirkel）者是矣。」〔註10〕錢氏所謂的闡釋之循環不止於文本內部之循環而且指向文本之外。文本內循環指字、句、篇、全書之間的循環，循環至文本之外，即要瞭解「作者立言之宗尚」、「流行之文風」、「著述體裁」等。這種循環闡釋觀念「周全」了文學釋義學。以此闡釋《圍城》，則三個版本可以有不同的釋義，尤其是初刊本和定本之間出入很大。其主要的不同，一是初刊本有許多對「肉」及其有關事物的描寫，多少帶點「肉書」的痕迹。初版本作了大量刪改，定本差不多是「潔」本了。而有關「肉」的描寫，對將方鴻漸理解爲抵擋不住肉身的誘惑，成爲一種被動的性格是有一定作用的。二是初刊本有許多枝節或閒筆，定本則無枝蔓感覺。定本看似結構更完整、更緊湊，但初刊本的這種「毛病」亦可看成「鐘擺」藝術的體現。「鐘擺」左右擺動，其實並不會擺出「擺域」，《圍城》的敘事中旁枝斜出或插入議論、比喻的喧賓奪主等其實都是「鐘擺」藝術。三是定本還刪掉了許多外語原文，只留中文或只用音譯，多少減少了初刊本的炫耀的感覺。但對塑造這些留學歸來的知識分子的形象和理解語意（如「殺時間」之後刪去 kill time）還是有些影響的。此外還有許多足以影響文本闡釋的特殊個例。如，第一章方鴻漸與鮑小姐鬧得正熱乎時，初刊本中方鴻漸說了一段話：「明天？世界上沒有明天。『明天』是日曆本撒的謊，別相信它。只有今天是眞的。」定本無此話。這話不僅可以把方鴻漸的「及時行樂」心情表現出來，更重要的是它有助於理解整個文本的意義。作品中不僅出現過許許多多的「明天」，而且交代時間的變化很少用「第二天」等時間概念而多用「明天」（這是否方言表述另當別論），作品的主人公卻是一個沒有「明天」（「明天」是希望的象徵）的人。其他修辭的改變甚至字詞的更換經過「闡釋之循環」亦會顯出字意、語義、主旨、風格、文風、時尚的差異，導致《圍城》不同的文本「本」性。伸

　　正因爲《圍城》的三個版本有不同的文本「本」性，所以人們對《圍城》的批評和接受就有很大的變化。這種變化大致是一個從醜化到美化、從俗化到神化的過程。《圍城》剛發表和初版時，雖有對它的讚美的言辭，但批評譴責的文章似乎更多。可以確定是批評《圍城》初刊本的一篇重要文章是署名方典（即王元化）的《論香粉鋪之類》（文中有「從《文藝復興》上讀到」字樣）。認爲在《圍城》中「看不到人生，看到的只是像萬牲園裏野獸般的那種

〔註10〕錢鍾書：《管錐編》，中華書局 1999 年版，第 171 頁。

盲目騷動著的低級的欲望」。「有的只是色情；再有，就是雷雨下個不停止似的油腔滑調的俏皮話了。」所以《圍城》是關於女人的「百科全書」和「香粉鋪」。〔註11〕由於《圍城》從發表到初版只有很短的時間間隔，還有許多批評文章無法斷定是批評初刊本還是初版本的，抑或是拿初刊本的閱讀印象強加於初版本的。其中張羽的文章認為《圍城》是「紳士文學」的「吹牛」，是「有美皆臻、無美不備的春宮畫」，是「滋陰補腎丸」，類似於馮奇玉、張資平及鴛蝶派小說。〔註12〕無咎（即巴人）的文章認為《圍城》不是用社會學的觀點而是「單純的生物學觀點」，「來寫出幾個爭風吃醋的小場面」。〔註13〕

　　60 至 70 年代，海外及香港、臺灣對《圍城》的批評基本以其初版本為依據。既有夏志清那種最高的評價，認為「《圍城》是中國近代文學中最有趣和最用心經營的小說，可能亦是最偉大的一部。〔註14〕」也有周錦那種認為《圍城》第三章「簡直就是鴛蝶作品的一牆之隔」〔註15〕的說法；司馬長風則給予它 2／3 的肯定。80 至 90 年代，《圍城》由國外熱到國內。批評文章中雖有不同觀點，但主要還是一片讚美聲。《圍城》得到全面的肯定和細緻的研究，甚至如「紅學」一樣出現了索隱派。這些批評和研究很多是依據人民文學出版社 1980 年版以後的版本。伸

　　但是，目前的「錢學」家中很多人並未注意到由《圍城》的不同文本「本」性而帶來的批評話語的差異，或者並沒有細察不同時期的批評和不同批評家的批評所依據的並非同一版本，或者同一個批評家批評話語中的矛盾乃由於版本或文本互串的結果。因此貶低《圍城》的文章常常受到不分青紅皂白的指責，被當成謬論，甚至被當成批評家的「生命污點」。如方典、巴人等的文章就有此遭遇。對《圍城》的不同評價，固然有批評家或接受者個人的因素或其他因素，而不同的文本「本」性卻是最重要的因素。伸

四

〔註11〕方典：《論香粉鋪之類》，《橫眉小輯》（第 1 輯），上海橫眉社 1948 年 2 月 25 日。

〔註12〕張羽：《從〈圍城〉看錢鍾書》，《同代人文藝叢刊》創刊號，1948 年 4 月 20 日。

〔註13〕無咎：《讀〈圍城〉》，《小說》月刊第 1 卷第 1 期，1948 年 7 月 1 日。

〔註14〕夏志清：《中國現代小說史》（劉紹銘譯），復旦大學出版社 2005 年版，第 282 頁。

〔註15〕周錦：《〈圍城〉研究》，臺灣成文出版社 1980 年版，第 1 頁。

　　《圍城》的多次修改和文本總體上的「潔」化、精緻化其實就是一部文學經典成長和打磨的過程。而它的日漸廣為人知和被文學史家敘述以至成為一門顯學，更是一個文學經典化的過程。《圍城》發表後立刻被稱為新《儒林外史》，受到讀者歡迎。初版本連續 3 版，80 年代新版重印 4 次。90 年代被改編成電視劇以後，《圍城》有了更多的讀者，1991 年新 2 版到目前已重印 10 餘次。說《圍城》是中國整個 90 年代的最暢銷的文學作品並不過分。《圍城》之熱不排除新聞媒體炒作的因素，但熱的時間如此長久，恐怕關鍵還在於作品本身的文學經典品性。也因為這一點，《圍城》進入了文學史家的權威敘述。1961 年它進入了夏志清耶魯大學版《中國現代小說史》，1978 年它進入司馬長風香港昭明版《中國新文學史》。

　　《圍城》在國外的影響亦可作為其具有經典價值的旁證。它已被譯成英、俄、法、德、日、捷克、挪威等文字。在國內，《圍城》開始被敘述為同《阿Q正傳》等有相同歷史地位的優秀長篇；在國外，它已被當作「現代的中國經典」、「中國文學史上的經典」。〔註 16〕應該說，夏志清 60 年代的預言將逐漸得到歷史的驗證。既然《圍城》是 20 世紀中國文學中的經典之作，我們應該如何從它的幾個不同版本中確立善本呢？我們又能否確立善本呢？這恐怕是一個很難決斷的問題，因為《圍城》的幾種版本各有優長。與此相關，我們又應該如何對它進行文學史的敘述呢？一般認為寫文學史應以初刊本或初版本為依據，但像《圍城》那樣進行了大量修改的定本就應該忽略嗎？只提《圍城》40 年代的初刊本、初版本而不提 80 年代的修改本和定本，只寫《圍城》的誕生而不寫《圍城》的成長和版本定型，這樣的文學史敘述是不全面的。

　　筆者以為對於《圍城》這樣的優秀作品，不僅專題研究要涉及它的修改和版本問題，文學史也要敘述這些內容。讓人們從它的修改史和版本變遷史瞭解它的成長史以及接受史。這裡，更重要的是讓後人清楚地看到文學經典之作自身的美的軌迹和歷程。目前的各種新文學史都缺乏這種精確的敘述。如黃修己的《中國現代文學發展史》只提《圍城》初版本，不提初刊本；吳宏聰、范伯群的《中國現代文學史》提到初刊本卻未明確初版本；錢理群等人的《中國現代文學三十年》只在「本章年表」中提到《圍城》的發表和初版時間。至於《圍城》的修改和定本以及各種版本之間的差異，這些新文學史都不提及。因此在

〔註 16〕田蕙蘭等編：《錢鍾書楊絳研究資料集》，華中師範大學出版社 1997 年版，第 236、239 頁。

討論作品內容、形式時可能是籠統敘述，並無精確的版本所指。

　　這的確是關乎 20 世紀中國新文學史寫作的重要問題。當老一代的作家紛紛作古，當那些優秀作品已成定本而不會再有作家本人的改動，當我們站在 21 世紀或將來的某一時點返觀 20 世紀中國文學，我們的文學史家該如何敘述那些隔世之作呢？嚴格說來，沒有版本精確性作基礎的文學史敘述，其實已經是內部瓦解。這也是 1993 年由《圍城》彙校本問題引發的關於文學史敘述的一種警示。

（原載《江漢論壇》2003 年第 6 期）

《在延安文藝座談會上的講話》的版本

　　《在延安文藝座談會上的講話》（以下簡稱《講話》）是毛澤東的代表作之一，是深刻影響 20 世紀 40 年代以來中國大陸文藝的經典理論文本。《講話》問世以來，因為反覆的修改和編輯，使它經歷了複雜地版本變遷，形成了文字內容有差異的不同版本（不包括各種重印本、翻譯本）。其中，重要的版本有六個。對這個經典文本的版本源流作一番歷史的考察和辨析無疑具有十分重要的意義和價值。

一

　　《講話》是毛澤東 1942 年 5 月 2 日所作「引言」和 5 月 23 日所作「結論」兩部分合起來的。「結論」部分據說當時的題目是「為群眾，如何為群眾」，是發表時改為今題的。〔註1〕毛澤東講話前備有一份提綱，提綱是他本人同中央其他負責人及身邊工作人員商量後親自擬定的。講話時有速記員作記錄。有人回憶，座談會後曾印過未經整理的記錄稿本。胡喬木說：「這個有可能。」〔註2〕據考證，1942 年 5 月即座談會同月，「七七出版社就曾印行」〔註3〕。這應該就是那個未經整理的記錄稿本，也即《講話》的初版本。毛澤東講話的整理稿是經毛澤東的秘書胡喬木整理的。「整理的時候主要是調整一下文字順序，使之更有條理」。毛澤東「對整理稿表示滿意」〔註4〕。整理稿並未及

〔註1〕於敏：《思想光輝照文藝新天》，《當代電影》2001 年第 4 期。
〔註2〕胡喬木：《胡喬木回憶毛澤東》，人民出版社 1994 年版，第 58 頁。
〔註3〕劉金田、吳曉梅：《〈毛澤東選集〉出版的前前後後》，中共黨史出版社 1993 年版，第 39 頁。
〔註4〕胡喬木：《胡喬木回憶毛澤東》，人民出版社 1994 年版，第 262 頁。

時發表，直到一年多以後才發表於《解放日報》，這應該是《講話》的第二個版本。這是以發表本面目出現的。在這之前，整理稿實際上已經印刷過，如，解放社在1943年6月就印刷過。筆者見到華北大學1949年3月版的《講話》上就標明依據解放社1943年6月訂正版「整風之獻」印行。

　　《講話》之所以在一年多以後才發表，一個重要的原因是「要等發表的機會」〔註5〕。1943年10月19日是魯迅逝世7週年，毛澤東有意選擇這一天發表。這一天的《解放日報》以頭版、四版全版及二版部分版面，一次登完《講話》全文。編者按說發表《講話》是爲紀念魯迅「這位中國文化革命的最偉大與最英勇的旗手」。而從整理稿到發表本之間，毛澤東作過反覆修改。胡喬木說《講話》遲遲不發表的另一個原因，正是毛澤東「要對稿子反覆推敲、修改」〔註6〕。黎辛作爲《解放日報》的編輯回憶說：毛澤東在發排的清樣上還作過修改，「他又刪去五六百字，加寫了600字以上，這是當時我們校對時數過的。……毛澤東在清樣上修改的是什麼內容，黎辛記不起來了，但黎辛有印象，在毛澤東於延安時期發表的文章中，在清樣上修改的字數《講話》可能是最多的。〔註7〕」那麼，從整理稿到發表本到底作過哪些修改呢？第一，是將講話時的某些即興的風趣的語言換成了比較學術性的概括性的語言。如胡喬木回憶毛澤東作「引言」時，「他說：我們有兩支軍隊，一支是朱總司令的，一支是魯總司令的。這種風趣的說法，不但形象生動，而且表明了他對中國文化革命主將魯迅的一種崇高的評價，當然後來正式發表時，還是改成了更有概括性的語言：『手裏拿槍的軍隊』和『文化的軍隊』」〔註8〕。第二是增加關於「特務」問題的文字。「整理過的稿子發表時，正在搞『搶救運動』，搞出很多『特務』，所以就把文藝界的『特務問題』特別標出來」〔註9〕。查《講話》發表本，我們看到有4處提到「特務」問題。比如說：「甚至還有敵人和國民黨特務機關派來的掛著文藝招牌的奸細分子」，「還有一種文藝是爲特務機關的，可以叫做特務文藝」等。其實，關於「特務」問題的一些說法在1943年6月解放社的單行本《講話》中就有了。可見，並不是在發表時才加上去的。發表本《講話》一直延用到1953年，其間，晉察冀日報社1944年版《毛澤東選集》（卷五）、中

〔註5〕胡喬木：《胡喬木回憶毛澤東》，人民出版社1994年版，第262頁。
〔註6〕胡喬木：《胡喬木回憶毛澤東》，人民出版社1994年版，第262頁。
〔註7〕黎辛：《延安文藝座談會的前前後後》，《縱橫》2002年第5期。
〔註8〕胡喬木：《胡喬木回憶毛澤東》，人民出版社1994年版，第259頁。
〔註9〕胡喬木：《胡喬木回憶毛澤東》，人民出版社1994年版，第57頁。

共晉察冀中央局1947年版《毛澤東選集》（卷六）等選用的都是發表本。

《講話》的第三個版本是收入1953年5月出版的《毛澤東選集》第三卷中的版本，1953年6月人民出版社又據此印行單行本，可統稱之為1953年本。毛澤東是利用1951年2～4月在石家莊休息時修改《毛澤東選集》一至三卷的初選文稿的，其中包括對《講話》的修改。這是一次在《講話》發表本基礎上的全面修改，共修改了670餘處。主要修改內容：一是刪去所有關於「特務」問題的文字。二是關於一些重要觀點或概念的修改。如，談文藝與生活的關係時，發表本有一處文字是：

> 自然形態上的文學藝術雖是觀念形態上的文學藝術的唯一源泉，雖是較之後者有不可比擬地生動豐富的內容，但是人民還是不滿足於前者而要求後者，這是為什麼呢？因為雖然兩者都是美，但是加工後的文藝卻比自然形態上的文藝更有組織性，更有集中性，更典型，更理想，因此就更帶普遍性。活的列寧比小說戲劇電影裏的列寧不知生動豐富得多少倍，但是活的列寧一天到晚做的事情太多，還要做許多完全和旁人一樣的事。而且能夠看見列寧的人很少，列寧死後大家再也看不見他了。在這些方面，小說戲劇電影裏的列寧就比活的列寧強。

1953年本刪改為：

> 人類的社會生活雖是文學藝術的唯一源泉，雖是較之後者有不可以擬的生動豐富的內容，但是人民還是不滿足於前者而要求後者。這是為什麼呢？因為雖然兩者都是美，但是文藝作品中反應出來的生活卻可以而且應該比普通的實際生活更高，更強烈，更有集中性，更典型，更理想，因此就更帶普遍性。

我們應該聯繫上下文來看這裡的修改。在發表本中是以「自然形態上的文學藝術」與「加工形態的文學藝術」對舉的，1953年本則以「社會生活」與「文學藝術」的對舉，更明確。但發表本中的「自然形態的文學藝術」既指社會生活的「原料」也指「半製品」。發表本有「更有組織性」及下文的「文藝就把這種日常的現象組織起來」等說法，1953年本則刪去「組織」的說法，似乎是對「組織生活論」的矯正。同時，發表本以列寧為例，1953年本則刪去此例。又如對知識分子的看法，發表本有一處說：

> 拿未曾改造的知識分子與工農兵比較，就覺得知識分子不但精

神有很多不乾淨處，就是身體也不乾淨，最乾淨的還是工人農民，
（略）。

1953年本改爲：

拿未曾改造的知識分子與工人農民比較，就覺得知識分子不乾
淨了，最乾淨的還是工人農民，（略）。

顯然，原文對知識分子的評價更低。其他關於文藝暴露的對象、表現人
性等問題的論述也有重要修改。一些重要概念也有修改，如「小資產階級」
改爲「城市小資產階級」或「小資產階級知識分子」，「無產階級現實主義」
改爲「社會主義現實主義」，等等。有時候，看似只是一個詞語的增刪，其實
也涉及文藝上的重大問題。如對待文學遺產問題，發表本只講「借鑒」，1953
年本改爲「繼承和借鑒」。胡喬木認爲這是「對一個文藝理論問題所作的原則
性的變動。因爲對文學遺產，有些就是只有繼承，根本談不到什麼借鑒。如
詩體、語言之類。今人寫七律，寫菩薩蠻，就詩體而言，只是繼承。各時代
的語言儘管都有創新，但作家不可能離開歷史形成的語言傳統，另外創造一
套語言」〔註10〕。所以，加了「繼承」一詞，使1953年以後的版本對文學遺
產的認識更辯證。第三個方面的修改是增加引文或對引文作重新考訂。這主
要涉及列寧和魯迅的文章。第四，也即更多的修改，是行文中不詳處的補充
或冗贅的刪除，以及文字上的潤色或語言上的規範化。1953年本除了大量修
改之外，還是一個注釋本，加注釋13條。《毛澤東選集》一至三卷的注釋由
胡喬木、胡繩、艾思奇等專家起草，但有相當一部分是毛澤東親自撰寫的。

在《毛澤東選集》從1951年到1960年的陸續出版過程中，也陸續發現
從正文到注釋中的不少錯訛，不少讀者也來信提出一些需要校正的問題。在
這種情況下，經毛澤東同意，從1962年8月開始，由田家英主持並直接參加，
抽調了中共中央政治研究室、中央檔案館等單位的一批專家來校訂《毛澤東
選集》。這次注釋校訂的《講話》收入《毛澤東著作選讀》（甲種本）及新版
《毛澤東選集》第三卷，其中注釋內容有所修改。這應是《講話》的第四個
版本。這個版本後來又在《紅旗》雜誌1966年第9期重新發表，去掉注釋，
並附有「按語」《無產階級文化大革命的指南針》一文作爲導讀。這實際上又
使《講話》有了第五個版本。「文化大革命」期間，又出過附有《紅旗》雜誌
「按語」的單行本。

〔註10〕胡喬木：《胡喬木回憶毛澤東》，人民出版社1994年版，第263頁。

1989年，中國大陸卷起一股「尋找毛澤東熱」，毛澤東的著作開始脫銷。人民出版社曾重印「文化大革命」前的《毛澤東選集》以緩急需。但是，在新的歷史時期，「文化大革命」前的《毛澤東選集》版本中陳舊的題解、注釋需要修改，正文中的史實也需要修訂。爲了有一部更完善的《毛澤東選集》面世，1990年5月中共中央批准重新修訂《毛澤東選集》一至四卷。到1991年7月1日，重新修訂的《毛澤東選集》出版發行。收入其中的《講話》應該是它的第六個版本，也是到目前爲止的定本。這個版本的注釋是14條。1967年5月版的《講話》單行本是據《毛澤東著作選讀》（甲種本）1965年4月版印行，注釋也是14條（比1953年至1990年版的《毛澤東選集》中的《講話》多1條注釋）。不過，1991年版《毛澤東選集》所收《講話》的注釋與1967年單行本《講話》的注釋順序並不對應，而且作了許多修改。如列寧的《黨的組織與黨的文學》改題爲《黨的組織與黨的出版物》。注釋中這篇文章的引文也改用新的譯文。此外，關於梁實秋、周作人、張資平等人的敘述和評價也有修改。實際上，這個版本與以前版本的差別也主要是在注釋上。

二

考察和辨析《講話》的版本變遷無疑是有多方面的學術價值。首先是具有版本學的價值。這不僅讓我們瞭解作爲一個經典理論文本具有的複雜版本變遷過程，同時還對傳統的版本學觀念是一種豐富和補充。《講話》存在眾多的文字內容有差異的版本，這就有一個如何從中確定「善本」的問題。按照傳統版本學的「善本」觀念，「善本之義有：一足本，無缺卷，未刪削；二精本，一精校，一精注；三舊本，一舊刻，一舊抄。〔註11〕」那麼，《講話》諸版本中，何爲善本呢？最初的記錄稿印本（初版本）是最原始的形態，是最舊的版本，可作善本。比起記錄稿印本，發表本文從字順，更有條理，是第一個公開發表的版本，也是《講話》後來版本的底本，也可作善本。而最後的定本，是精校、精注本，還是可作善本。這意味著傳統的善本觀念不能適應新書版本變遷的實際。中國古籍的版本變遷往往是流傳過程中由他人的誤刊、刪削等造成，所以，善本以古、足、精爲標準。新書的版本密度大，且往往是由作者本人的修改所致。所以，新書的善本觀念應該有所不同。目前，

〔註11〕張之洞：《輶軒語・語學》光緒丁丑濠上書齋藏版。

學術界對《毛澤東選集》有「眞本」與「善本」之分。〔註12〕認爲建國前的《毛澤東選集》保持了作者最初發表文章時的思想脈絡和文風文采,是「眞本」;建國後的《毛澤東選集》是作者依照後來的思維方式對原來的文章作了調整和潤飾,趨向完美並符合時代精神,乃「善本」。如果按照這種二分法,建國前的《講話》是「眞本」,建國後的《講話》就是「善本」。這種劃分雖有一定道理,但仍不科學。第一,它還是失之籠統。因爲在《講話》的不同的「眞本」和「善本」中又有不同的「眞」、「善」特點。第二,這裡的所謂「眞本」的「眞」是指毛澤東《講話》最初的思想、文字之「眞」。而傳統的「善本」觀念最本質的含義也是一個「眞」字,這個「眞」是指版本屬於作者(而非僞造)的那種「眞」。這樣《講話》解放前後的版本都應是眞本,是不同時代的眞本。所以「眞本」的觀念以及「眞本」、「善本」二分法容易造成認識的混亂。倒不如回到一種更樸素的表達,以初版本(或發表本)、修改本去區分解放前後的《講話》版本。

實際上,完全沒有必要在《講話》的諸版本中區分出所謂「眞本」、「善本」。科學的做法是應該具體地、動態地、歷史地去描述其版本變遷,去界定其不同的版本本性。《講話》的初版本是毛澤東文藝思想最原初的表達,它體現了一種「講話」性、風趣性,甚至某些隨意性。《講話》的發表本因爲經過整理和修改,則體現爲一種文章性及嚴謹性。而且,由於「編者按」這種「副文本」對《講話》與魯迅的關係的強調,從而凸顯和奠定了《講話》的權威或經典文本價值。《講話》的第三個版本是進入新的歷史語境之後的重要修改本,對許多重大問題都進行了修改,在語言上也變得非常規範和完美。同時,由於它是一個注釋本,通過注釋給我們點明了《講話》的許多「潛文本」。如注釋提到列寧、魯迅的著作,使人們明瞭《講話》的某些思想淵源所自。而《紅旗》雜誌重新發表本由於有「副文本」(按語),就強化了《講話》作爲「無產階級文化大革命的指南針」的政治意義。定本《講話》是精校本、精注本。尤其是其注釋的修改已退去了強烈的政治色彩,使《講話》成爲一種學術文本、一種研究對象。新的注釋作爲《講話》的「副文本」還改變著《講話》的語義。如,литература 一詞是多義詞,可以指報刊、書籍、文獻等。博古當時把它譯爲「文學」,於是列寧的

〔註12〕劉金田、吳曉梅:《〈毛澤東選集〉出版的前前後後》,中共黨史出版社 1993 年版,第 97 頁。

文章標題被譯爲《黨的組織與黨的文學》，列寧文章裏的話也是這樣譯的，認爲文學和作家都是無產階級事業的「齒輪和螺絲釘」。毛澤東引用的是博古的譯文 。新的注釋中將 литература 譯成「出版物」、「寫作」，無疑是個重大的修改。可以讓我們歷史地去理解毛澤東的觀點。胡喬木就認爲「毛主席不能對翻譯負責」〔註 13〕。總之，《講話》諸版本有不同的版本本性，不同版本之間在某些方面甚至存在較大的語義差異。如果再從「闡釋的循環」的觀點去看《講話》的修改與版本變遷，那麼，我們會從理論上對《講話》的版本差異有更深刻的認識。

《講話》的版本變遷主要體現爲一種修改過程，這又向我們提出了一個如何去認識這些修改，尤其是毛澤東本人在解放後的那次重要修改的問題。從歷史研究的角度，我們也許可以認爲毛澤東的修改是反歷史的，因爲他抹去了某些歷史的印痕。但是從作者的角度，他的思想在發展，他可以對這個指導中國文藝發展的文本作結合當下實際的修改，他也可以使自己的文章向更完美的方向修改。在這裡，最主要的是應該從「有經有權」的角度去理解他的修改。《講話》正式發表不久，毛澤東對胡喬木說：郭沫若和茅盾發表意見了，郭說：「凡事有經有權。」「毛主席很欣賞這個說法，認爲是得到了一個知音。『有經有權』，即有經常的道理和權宜之計。毛主席之所以欣賞這個說法，大概是他也確實認爲他的講話有些是經常的道理，普遍的規律，有些則是適應一定環境和條件的權宜之計。」〔註 14〕「有經有權」是解讀《講話》的一把鑰匙。同樣，也是理解關於《講話》的修改的鑰匙。有些被毛澤東認爲是經常的道理的內容，他在修改時就會加上去，如對待文學遺產的態度由「借鑒」到「繼承和借鑒」的修改。而「特務」問題的提出是當時的權宜之計，所以在解放後的修改中就刪去了。

考辨《講話》的修改和版本變遷同樣對我們的文藝研究具有重要意義。面對《講話》這種經典理論文本的不同版本，我們進行文藝研究時也應該具有一種版本意識，應該有精細的版本鑒別觀念。我們應看到彼時的文藝受彼時版本的《講話》影響，此時的文藝受此時版本的《講話》影響。這樣我們評價不同時期的文藝就要依據不同的《講話》版本，尤其是引文更要有一種歷史的精確所指性或版本精確所指原則。不應該犯版本的歷史錯位的錯誤，

〔註13〕 胡喬木：《胡喬木回憶毛澤東》，人民出版社 1994 年版，第 59 頁。
〔註14〕 胡喬木：《胡喬木回憶毛澤東》，人民出版社 1994 年版，第 269 頁。

如，用 90 年代的《講話》定本去評價 40 年代的文藝。至於把不同時期的《講話》版本互串起來，則更有失嚴謹。

（原載《中國現代文學研究叢刊》2005 年第 6 期）

《阿 Q 正傳》改編史論

一

　　在現當代的小說改編史上，一個引人注目的現象是魯迅小說的改編。其小說《阿 Q 正傳》、《孔乙己》、《藥》、《傷逝》、《鑄劍》等諸篇都曾被改編，有些甚至被多次改編。而在魯迅小說的改編中，《阿 Q 正傳》的改編又最具代表性。據筆者統計，1930－2001 年間，根據魯迅小說改編的戲劇和電影至少有 18 部，其中，《阿 Q 正傳》及含《阿 Q 正傳》的改編本就占 11 部。可以說，《阿 Q 正傳》是新文學作品中被改編次數最多的文本之一。因此，研究《阿 Q 正傳》的改編，對於研究魯迅小說的改編及整個中國現當代經典小說的改編來講，都具有典範意義。

　　早在 1930 年，時任北京陸軍軍醫學校數學教師的王喬南就將《阿 Q 正傳》改編爲電影劇本《女人和麵包》。魯迅在回覆王喬南的信中曾明確表示過自己對此事的態度：「我的意見，以爲《阿 Q 正傳》，實無改編劇本及電影的要素，因爲一上演臺，將只剩了滑稽，而我之作此篇，實不以滑稽或哀憐爲目的，其中情景，恐中國此刻的『明星』是無法表現的。」「況且誠如那位影劇導演者所言，此時編製劇本，須偏重女角，我的作品，也不足以值這些觀眾之一顧，還是讓它『死去』罷。」〔註1〕當時魯迅幽默地說：「它化爲『女人和麵包』以後，就算與我無關了。」〔註2〕雖然王喬南的改編本現已不易見到，但從魯迅否定性的言辭中，可以看出，王喬南對原著做了庸俗化的理解和商業

〔註 1〕 魯迅：《致王喬南》，《魯迅全集》第 12 卷，人民文學出版社 2005 年版，第 245 頁。

〔註 2〕 魯迅：《致王喬南》，《魯迅全集》第 12 卷，人民文學出版社 2005 年版，第 247 頁。

化的改編。這種創作傾向顯然和 1930 年前後中國電影的商業化熱潮是相暗合的，當時的電影往往穿插能夠迎合市民俗好的秘聞軼事和油滑噱頭。再加上王喬南創作的業餘性，這自然難產生成功的改編本。1934 年 8 月 19 日，袁牧之改編的話劇本《阿 Q 正傳》〔註3〕在他自己主編的《中華日報》副刊《戲》周刊上（當時署名袁梅）開始連載。袁牧之是卓有成就的中國早期電影藝術活動家，其編導的電影《馬路天使》是 20 世紀 30 年代中國聲片藝術探索的集大成者。與王喬南相比，袁牧之有著嚴肅的藝術態度和自覺的創新意識。他在《戲》周刊創始號上宣告：要向「未有戲劇運動的各地拓荒」〔註4〕。《戲》周刊在 1934 年 10 月 28 日還登載了一篇魯迅訪談文章《阿 Q 作者魯迅先生談阿 Q》，文中說魯迅對袁牧之的改編本「覺得很有趣」〔註5〕。此外，魯迅在答《戲》周刊編者的信中還明確肯定了袁牧之的改編方法：「將《吶喊》中的另外的人物也插進去，以顯示未莊或魯鎮全貌的方法是很好的。」〔註6〕不過，魯迅對袁牧之的改編本也有所批評，他認為劇本中讓阿 Q 講紹興話不能表現出原著中深廣的批判力：「我的方法是在使讀者摸不著在寫自己以外的誰，一下子就推諉掉，變成旁觀者，而疑心到像是寫自己，又像是寫一切人，由此開出反省的道路。但我看歷來的批評家，是沒有一個注意到這一點的。這回編者的對於主角阿 Q 所說的紹興話，取了這樣隨手胡調的態度，我看他的眼睛也是為俗塵所蔽的。」〔註7〕另外，在魯迅生前，洪深也曾想把《阿 Q 正傳》加以改編，但沒有實現。魯迅對王喬南和袁牧之的兩個改編本的明確貶褒，影響了其後許多改編者的改編態度和改編方法。那就是：改編者往往嚴肅謹

〔註3〕據多位學者考證，署名袁梅的這個話劇本《阿 Q 正傳》，實際上首先由田漢創作，然後再由袁牧之將其翻譯成紹興話，因此，準確地講，這個話劇應為田漢與袁牧之共同創作，並且田漢的貢獻更為重要。同時，這個話劇本《阿 Q 正傳》與 1937 年田漢再次創作的同名話劇有很大的相似性。可參見〔日〕飯塚容的《中國現當代話劇舞臺上的魯迅作品》（《文化藝術研究》2009 年第 5 期）、何吉賢的《從三個角度看「抗戰演劇」的實踐》（《藝術評論》2010 年第 5 期）等論文。

〔註4〕轉引自姜德明《袁牧之和〈戲〉》，《新文學版本》，江蘇古籍出版社 2002 年版，第 95 頁。

〔註5〕轉引自陳湧泉《〈阿 Q 與孔乙己〉的成因》，《劇本》2002 年第 9 期，第 76 頁。

〔註6〕魯迅：《答〈戲〉周刊編者信》，《魯迅全集》第 6 卷，人民文學出版社 2005 年版，第 148 頁。

〔註7〕魯迅：《答〈戲〉周刊編者信》，《魯迅全集》第 6 卷，人民文學出版社 2005 年版，第 150 頁。

慎，甚至心有畏懼，但改編中往往多把《吶喊》中其他小說的人物或情節加入進去。

魯迅去世後，許幸之在 1937 年 2 月將《阿 Q 正傳》改編爲話劇，並準備在紀念魯迅逝世一週年之際上演。由於當時抗日救亡運動高漲，演出被擱置了下來。直到 1939 年，這個劇本才以第五次改本的面貌在上海公演，隨之以單行本面世。許幸之重視讓「原著的《阿 Q 正傳》在舞臺上獲得更有戲劇性的演出效果」〔註8〕，他甚至認爲：「劇作者的任務並不在于忠實原著，而在於如何使原著的故事成爲戲劇性的發展。」〔註9〕因此，許幸之在劇中增添了許多原著中所沒有的事件和人物聯繫，如在趙太爺和吳媽之間、假洋鬼子和秀才娘子之間分別建立私情，讓趙太爺和假洋鬼子嫁禍阿 Q，等等。許幸之在構造這些事件和人物聯繫時，照顧到了與原著中事件和人物性格保持內在的一致性，他說：「我特意在原著的暗示之中，或從原著的可能性之內，增加了故事本身的葛藤和糾紛……」〔註10〕因而這些新增的內容能與原著中的故事有機結合在一起，並大體上保持了對原著的忠實。充溢在劇本中的連綿不斷的戲劇衝突使許幸之的改編本具有良好的舞臺效果。這種戲劇化處理的成功，使它成了一個影響久遠的改編本。至 1951 年，它就印刷了 8 版。這個改編本在 1956 年紀念魯迅逝世 20 週年時，還在全國各地多次被搬上舞台演出。1980 年許幸之又對它進行簡單修改，於 1981 年再獲出版。在新時期的《阿 Q 正傳》改編本中，有時還可以發現受許幸之改編本影響的痕迹。許幸之改編本的不足之處是：在大量增加情節的同時，不可避免地使阿 Q 的形象不如原著那樣顯著突出，也沖淡了對國民劣根性的批判力量。這可能本來就是難以兩全的事。許幸之對此也有自知之明：「不希望它成爲永垂不朽的藝術作品，因爲他的文學價值已被《阿 Q 正傳》的創作者魯迅所獨佔，用不著我來畫蛇添足了。」〔註11〕

在 1937 年稍晚於許幸之的改編，田漢也將《阿 Q 正傳》改編爲話劇，並於當年在上海公演。與許幸之的劇本比較起來，田漢的改編本明顯帶有「抗

〔註 8〕 許幸之：《〈阿 Q 正傳〉的改編經過及導演計劃》，六幕話劇《阿 Q 正傳》，中國戲劇出版社 1981 年版，第 10 頁。

〔註 9〕 許幸之：《〈阿 Q 正傳〉的改編經過及導演計劃》，六幕話劇《阿 Q 正傳》，中國戲劇出版社 1981 年版，第 6 頁。

〔註 10〕 許幸之：《〈阿 Q 正傳〉的改編經過及導演計劃》，六幕話劇《阿 Q 正傳》，中國戲劇出版社 1981 年版，第 8 頁。

〔註 11〕 許幸之：《〈阿 Q 正傳〉的改編經過及導演計劃》，六幕話劇《阿 Q 正傳》，中國戲劇出版社 1981 年版，第 10 頁。

戰戲劇」的「急就章」特點：有明顯的宣傳鼓動性而藝術上顯得粗糙。田漢在改編中所增添的魯迅其他小說中的事件遠比許幸之的改編本多，但他並沒有將這些事件和原著的情節之間建立戲劇化的聯繫，導致劇情顯得蕪雜散漫。劇本中有些意在揭露社會腐敗、呼籲抵制侵略的人物語言，也顯得牽強。儘管劇本的不少地方仍閃現著作者的創作才氣，但這個在國家情勢緊迫下倉促創作的改編本，總的來說是不夠成功的。

1938 年《阿 Q 正傳》還曾被上海的一個滑稽劇團改編為滑稽劇《阿桂》並演出，但由於當時滑稽劇尚處在初創時期，且上海已處於「孤島」狀態，這個改編本影響不大。

1958 年，香港拍攝了電影故事片《阿 Q 正傳》（許炎、徐遲編劇，袁仰安導演），這可能是 20 世紀 40～70 年代中期近 40 年間對《阿 Q 正傳》唯一的一次電影改編。之後的新時期，《阿 Q 正傳》最早的改編本是 1979 年劉建國、劉水長、張夢瑞三人合作編寫的電影劇本《阿 Q 正傳》。這個劇本是他們三人在北京電影學院進修班結業時的作品。1979 年正值新時期電影的第一個創新浪潮，普遍追求電影外在形式和藝術技巧的革新。劉建國等人的《阿 Q 正傳》也帶有這種特色：重視表現阿 Q 的心理活動，多次出現阿 Q 的幻覺、夢境和畫外音，講究畫面的定格、快移、重複、對比等技巧。在情節構造上，劇本努力通過對原著中的事件進行重組來創造戲劇性，盡量少添加新的事件。儘管這個劇本有些語言還不夠個性化，也並沒有搬上銀幕，但仍不失為一個有特色的改編本。

1980 年和 1981 年著名劇作家陳白塵又先後將《阿 Q 正傳》改編為電影劇本和話劇。陳白塵的改編雖由於寧拙勿巧的態度而略顯拘泥，但劇本中的人物語言和關鍵細節設置，都十分精到。在力求保持原著的嚴肅深沉風格的同時，又有某些創造性發揮。如對白舉人、趙太爺性格的刻畫，雖著墨不多卻入木三分。又如阿 Q 在監牢中遭其他犯人們的敲詐圍打、暗示小 D 是第二個阿 Q 等情節設置，都顯示了改編者豐富的人生閱歷和創作經驗，顯示了改編者對原著精神的深刻把握。這個劇本因而頗受好評，影響很大。試看改編本中成功增加的阿 Q 初到監牢的細節描寫：

籠頭：媽媽的！（對中年犯一遞眼色）

中年犯：（半真半假的對阿背上拍了重重一掌）夥計！歡迎你！什麼案子？

> 阿Q：（被打得站不穩）我，我要造反……
>
> 中年犯：（譏笑）嘿！倒是條英雄好漢了！（又一推）
>
> 阿Q：（跌坐在別人的鋪上，賠著笑）嗨嗨……！
>
> 中年犯：（在阿對面坐下）大牢裏的規矩懂嗎？
>
> 阿Q：（乾笑）不懂。
>
> 中年犯：靠山吃山，靠水吃水，靠閻王吃小鬼！我們大牢裏的難友，就靠你們新來的家裏接濟，懂麼？
>
> ……
>
> 籠頭：（下命令）上他的班！
>
> ……〔中年犯、青年犯和另一個中年犯齊喝聲「打！」都圍上去一頓拳打腳踢。阿Q狂喊。〕

這種精彩的、富於生活實感的場景，是真正的藝術再創造，它不脫離於原著又有所生發。對此，陳白塵曾說：「較多靜的描寫缺少動作，為電影和舞臺所忌，是技術問題。……記得魯迅曾惋惜於自己未曾坐過班房，在寫阿Q被捕時曾想一嘗鐵窗風味而未果。因此我增加了一些戲與人，不過是在不失原著的精神下，使得阿Q死得更糊塗些，而觀眾更明白些。」〔註12〕確實，這一段文字不僅是充分戲劇化的，而且在內容上比原著更飽滿，這裡面不僅傳達出了原著固有的人間冷漠感和魯迅式的社會吃人意蘊，而且飽含著陳白塵個人的人生體驗。陳白塵青年時期在國民黨監獄中過了三年鐵窗生活，因此，他才會有這樣靈動與真切地描寫。然而這類成功的改編片段不唯在其他人的《阿Q正傳》改編本中難以遇到，即使在陳白塵的改本中亦不多見，這就使得整個劇本仍難與原著相頡頑。

在1981年，梅阡還把《阿Q正傳》連同《長明燈》、《狂人日記》、《藥》、《明天》、《祝福》等小說的內容糅合在一起改編為話劇《咸亨酒店》，但在此劇本中《阿Q正傳》的內容並不分外突出。

20世紀90年代以後，魯迅作品改編的主流是將魯迅的作品改編為戲曲，其中不少改編還取得了很大成功。這可能反映了魯迅的作品與中國傳統文化、傳統美學間存在著某種內在的聯繫：強調以白描手法揭示人物靈魂的魯

〔註12〕陳白塵：《〈阿Q正傳〉改編雜記》，七幕話劇《阿Q正傳》，中國戲劇出版社1981年版，第113頁。

迅小說和以寫意傳神爲特徵的中國戲曲有著天然的相似性。這給在兩者之間進行藝術轉化提供了便利。1996 年臺灣「復興劇社」將《阿 Q 正傳》改編成了同名京劇並於同年演出，據報導說「吸引了眾多戲迷」〔註 13〕。同時期在大陸，由陳湧泉根據《阿 Q 正傳》和《孔乙己》改編的曲劇《阿 Q 與孔乙己》舉行公演，也產生了較好的演出效果，受到了大多數評論家的肯定。陳湧泉的《阿 Q 與孔乙己》在保持了河南地方戲曲劇「通俗、熱鬧、有生活」的特點的同時，還有著高雅的藝術追求：「我始終有著一種強烈的追求──讓河南戲同樣可以具有深厚的文化底蘊和較高的文學品位。」〔註 14〕「從沒想到要趕時髦。自始至終，我只是在用一顆眞誠的心，盡可能地去把握魯迅先生的創作思想，貼近原著的精神實質，體驗人物的生命狀態，並從中尋找與當代人性靈的契合。」〔註 15〕劇本將原著中阿 Q 與吳媽的關係作了較大改造，使吳媽成爲在封建倫理道德和迷信威壓下欲愛不能的有意人，並使之成爲劇中一條貫穿始終的重要線索。這表現了改編者對人性、人的欲望的重視和思考，從而也折射出了 20 世紀 90 年代的時代氛圍。在創作《阿 Q 與孔乙己》之前，1993 年，陳湧泉還曾將《阿 Q 正傳》中阿 Q 嚮往革命的一段改編爲獨角小戲《阿 Q 夢》，當時亦頗受好評。2001 年，鍾文農改編的京劇《阿 Q》在《劇本》雜誌第九期上發表。這個劇本的情節改造較少，以忠實原著爲特色，並無明顯創新。

二

　　《阿 Q 正傳》如此持久地引起改編者的熱情，如此頻繁地被改編，在 20 世紀的中國新文學作品中，可以說是絕無僅有的。這從一個特殊角度確證了這部作品的文學經典價值。可以說，一個文本的經典性愈強，愈能代表一個時代一個民族的文化高度，愈有可能憑藉其豐富而深刻的內涵獲得長久的生命。

　　在經典名著改編史上，改編者一般採用的是忠實原著的改編方法。《阿 Q 正傳》的改編也是如此。這是因爲經典作品的改編者往往是原著的喜愛者，甚至是崇拜者，他們進行改編的目的多是爲了宣傳普及原著，或者是爲了紀念原著作者。在這種心態下，改編者自然會要求自己努力表現原著精神。例

〔註 13〕編者：《臺灣近日演出〈阿 Q 正傳〉》，《魯迅研究月刊》1996 年第 7 期，第 43 頁。

〔註 14〕陳湧泉：《〈阿 Q 與孔乙己〉的成因》，《劇本》2002 年第 9 期，第 66 頁。

〔註 15〕陳湧泉：《〈阿 Q 與孔乙己〉的成因》，《劇本》2002 年第 9 期，第 65 頁。

如，陳白塵在改編《阿 Q 正傳》時的心態就很具有代表性：「阿 Q 的形象……
它是我國文學寶庫中的無價之寶。難道我有能力用電影劇本形式再『創造』
出這個靈魂來麼？我不寒而慄了！」〔註16〕他又說自己的改編本：「根本說不
上是再創造。如果把《阿 Q 正傳》這一不朽名著比作一朵嬌豔的鮮花，則我
不過是的卑微的匠人，仿造鮮花紮出兩朵紙做的象生花來罷了。就讓我用這
兩朵紙花敬獻在魯迅先生遺像之前吧！」〔註17〕另一方面，即使是那些想借
用經典作品的巨大影響取得經濟收益或達到其他目的的改編者，也不得不考
慮怎樣盡可能地利用原著現成的藝術技巧和思想內涵來提升改編本的藝術品
位。這樣，導致這些改編也大多不會與原著相去太遠。爲此，美國電影理論
家羅伯特·麥基告誡說：「如果你閹割了原作……而又不能炮製出一部可以與
之相媲美或更勝一籌的作品來取而代之，那麼還是趁早別幹。」〔註18〕我國
電影藝術家夏衍也強調過：「忠於原著的幅度要因人而異。眞正好的經典著
作，應盡量忠實於原著。」〔註19〕由於以上的原因，使得《阿 Q 正傳》的改
編者們，基本上都遵循著忠實原著這一原則，而沒有出現從根本上背離原著
或「戲說式」的改編本。

　　儘管《阿 Q 正傳》的改編者們基本上走的都是忠實原著的改編路子，但
眾多改編本的差異還是顯而易見的。這是因爲：從闡釋學和接受美學的角度
來看，每一個改編者在理解和接受原著時，都帶著各自的「前理解」或曰「期
待視野」，從而會出現帶有各自個性的獨特審美感受和藝術評價；從改編理論
上來講，原著和改編本之間是一種素材和成品的關係，改編是一種藝術再創
造的過程，改編者必然要以自己的藝術理解來對原著進行增刪或重組，從而
使改編者的藝術趣味和個人情感表現在改編本中。這樣，我們看到，同在 20
世紀 30 年代，王喬南將《阿 Q 正傳》改編成了《女人和麵包》，田漢的話劇
本則強調阿 Q 是一個天眞無辜的農民，而許幸之的話劇本突出了阿 Q 是黑暗
社會中的弱者和各種惡勢力的犧牲品。所以，不同的改編本其實是不同的改

〔註16〕　陳白塵：《〈阿 Q 正傳〉改編者的自白》，七幕話劇《阿 Q 正傳》，中國戲劇出
　　　　　版社 1981 年版，第 106 頁。
〔註17〕　陳白塵：《〈阿 Q 正傳〉改編者的自白》，七幕話劇《阿 Q 正傳》，中國戲劇出
　　　　　版社 1981 年版，第 108～109 頁。
〔註18〕　（美）羅伯特·麥基：《故事——材質、結構、風格和銀幕製作的原理》，中
　　　　　國電影出版社 2001 年版，第 432 頁。
〔註19〕　夏衍：《夏衍論創作》，上海文藝出版社 1982 年版，第 406 頁。

編者的個人接受和闡釋。由於改編者都是特定社會環境下的人，不同歷史時期的社會生活和藝術潮流，自然也影響著改編者的個性並最終反映在改編本中。如 20 世紀 30 年代的改編本所顯示的商業氣息和救亡意識，在 1979 年劉建國諸人改編本中表現出的藝術技巧探索，20 世紀 90 年代改編本出現的肯定個人欲望的價值傾向和回歸傳統的藝術傾向，都和當時的社會大環境息息相關。克羅齊說：「一切歷史都是當代史。」我們不妨說：「一切改編都是當代的改編。」

雖然《阿 Q 正傳》的改編本爲數眾多，有些還具有相當高的藝術水準，但其中即使最具功力的改編本，如許幸之本、陳白塵本、陳湧泉本，也曾爲不少人所詬病。在 1937 年，許幸之和田漢先後改編的話劇《阿 Q 正傳》，當時就飽受批評，歐陽凡海說：「許幸之的劇本，無論在原作的立場上看，無論在編劇的立場上看，我敢斷定是一個失敗的作品。」〔註 20〕「田漢的劇本應該相當改寫，倘使他願意，則對許幸之的指責，於他也不無用處。」〔註 21〕20 世紀 80 年代初，陳白塵的《阿 Q 正傳》電影劇本和話劇儘管頗見功力，但仍有評論者指責：「遺憾的是，影片只是把小說提供的表層情節羅列出來，而未能觸及魯迅對於阿 Q 哀其不幸怒其不爭性格的深層意念，從而給觀眾留下更多的是滑稽，完全沒有本該有的難以言狀的巨大悲愴。」〔註 22〕這實際上是一個經典名著改編中常見的問題。那就是：愈是經典性的作品，其改編難度愈大，改編本愈難以得到觀眾的認可。其根本原因在於經典性的作品的內在精神和藝術高度往往具有某種不可替代性和不可超越性，因而改編本的再創作不易達到原著所確立的高度。在原著的巨大影響的籠罩下，觀眾難免會以原著所達到的藝術高度來對改編本進行比較評價，這樣，眾多改編本難免黯然失色。電影藝術家柯靈說：「改編文學名著，經常遇到的困難是讀者先入爲主，容易發生欣賞上的距離。」〔註 23〕講的就是這種情況。在改編者對原著的再闡釋、再創造過程中，固然原著本身深刻的思想意義、高度的藝術技

〔註 20〕 轉引自陳越《改編魯迅作品要十分鄭重》，《魯迅研究月刊》1999 年第 4 期，第 70 頁。

〔註 21〕 轉引自陳越《改編魯迅作品要十分鄭重》，《魯迅研究月刊》1999 年第 4 期，第 70 頁。

〔註 22〕 余紀：《論魯迅小說的電影改編》，《電影藝術》2000 年第 6 期，第 83 頁。

〔註 23〕 解璽璋：《圍城內外——從小說到電影》，世界知識出版社 1991 年版，第 68～69 頁。

巧和經典性的故事材料可供改編者借鑒利用，使改編本容易具有較高的藝術
品位和審美價值。然而由於「經典是那個時期的藝術毫無瑕疵的創造物，……
借用恩格斯的話，經典是人類創作中不可企及的高峰」〔註 24〕，作為二度創
造物的改編本很少能夠達到經典原著的藝術水準。這正如美國電影藝術家羅
伯特‧麥基所問的那樣：「當一個小天才企圖改編大師時，哪一種情況更為可
能？是小天才上昇到大師的水平，還是大師被下拽到改編者的水平？」〔註 25〕
這樣，當讀者或觀眾帶著經典原著曾給予自己的巨大的先在審美感受或曰「前
理解」，並以此為標高去期待、觀賞和評價改編本時，不免會發現改編本存在
著或多或少的不足，難與原著相媲美（儘管某些改編本單從自身的角度來講，
可能是相當成功的，如許幸之、陳白塵的《阿 Q 正傳》話劇改編本），因而給
予否定的評價。確實，讀者或觀眾既然有了藝術品位、審美價值更高的原著，
為什麼還會看重題材類似而價值更低的改編作品呢？《阿 Q 正傳》的諸多改
編本飽受微詞的原因，很大程度上，和它的接受群體相對較高的審美期待是
有關係的。

　　很明顯，愈是經典性的作品，其藝術和思想性愈高，其成就的可企及性和
可超越性愈小，這就造成了其改編的難度自然隨之越大，而其改編成功的可能
性就越小。「在改編實踐中總結經驗的人們，幾乎有一個普遍的認同：即出色的
改編作品幾乎都是來自於第二流、第三流、甚至是名不見經傳的小說。第一流
的作品是最難改編的，因為，它們已經是一個內容和形式結合得很完美的作品，
並在社會上享有了較高的聲譽，如用另一種形式來替代它原有的形式時，就會
遇到很多問題。正像特呂弗有一次同希區柯克交談時所指出的，從理論上來說，
一部名著多少已經奠定了它形式上完整的基礎，奠定了它的最後形式。〔註 26〕」

　　從改編過程來看，改編需要將兩種不同的藝術媒體進行轉換。小說通過
文字來敘事，戲劇或電影主要通過演員的表演來敘事。文字相對於演員表演，
具有概括性、抽象性、模糊性。而演員的表演則呈現出直接性、形象性、凝
定性。這樣，小說中容易表現出的深刻思想、微妙情感、豐厚意蘊這些無形
的內在的東西，就難以通過演員的舞臺形象傳達出來。由於經典名著往往要

〔註 24〕廖奔：《關於名著改編》，《文藝研究》，2001 年第 2 期，第 65 頁。
〔註 25〕（美）羅伯特‧麥基：《故事——材質、結構、風格和銀幕劇作的原理》，中
　　　　國電影出版社 2001 年版，第 430 頁。
〔註 26〕趙鳳翔、房莉：《名著的影視改編》，北京廣播學院出版社 1999 年版，第 60
　　　　頁。

比一般的文學作品語言更精妙、意蘊更複雜，因而在改編中進行藝術形式轉換時，其精神意蘊就更難以表達，而其固有的甚至是至爲重要的信息也就更容易流失。這樣，在對其進行話劇或電影的藝術形式轉換時，改編者面臨的兩種藝術形式所產生的夾角愈大，愈難以彌合。在《阿 Q 正傳》中，如第一章那些充滿反諷意味的雜感式語言，如末章中那些描寫阿 Q 感覺看客們狼一樣的眼睛在咀嚼他的靈魂的語言，都不可能在舞臺或銀幕上得到充分傳達。然而這些內容在小說中卻體現出魯迅特有的生命體驗：人間的大冷漠和人生的大悲涼。這是《阿 Q 正傳》作爲能夠震撼人心的經典不可分割的一部分。這可能也是《阿 Q 正傳》改編往往不盡如人意的一個原因。因此我們就可以理解魯迅在他去世前三個月時所講的話：「況且《阿 Q 正傳》的本意，我留心各種評論，覺得能瞭解者不多，搬上銀幕以後，大約也未免隔膜，供人一笑，頗亦無聊，不如不作也。」〔註27〕夏衍也說：「我的體會，也認爲要在舞臺或者銀幕上表現阿 Q 的真實性格而不流於庸俗和『滑稽』，是十分不容易的。」〔註28〕既然在從小說的文字符號到舞臺或銀幕（屏）的演員表演這一藝術形式轉換中，文字信息的流失是不可避免的，那麼對於高明的改編者來講，他的任務就是怎樣使這種流失降低到最小限度，同時發揮自己的創造性與原著內容水乳交融般的成爲一體。

其實，無論哪一個改編者，都不可能完全將魯迅所言的「《阿 Q 正傳》的本意」充分表達出來。然而，也許正是不同時代的包括改編者在內的眾多讀者都不約而同地被《阿 Q 正傳》所吸引，卻又都不能窮盡它的意蘊，才形成了「說不盡的阿 Q」這一現象。這恐怕也是《阿 Q 正傳》作爲經典的應有特徵。別林斯基曾盛讚普希金：「普希金不是隨生命之消失而停留在原有的水平線上，而是要在社會的自覺中繼續發展下去的那些永遠活著的和運動著的現象之一。每一個時代都要對這些現象發表自己的見解，不管這個時代理解得多麼正確，總要留給下一代說些什麼新的、更正確的，並且任何一個時代都不會把這一切話都說完。」〔註29〕從很大程度上，《阿 Q 正傳》的改編當作如是觀。

〔註27〕 魯迅：《致沈西苓》，《魯迅全集》第 14 卷，人民文學出版社 2005 年版，第 119 頁。

〔註28〕 夏衍：《夏衍論創作》，上海文藝出版社 1982 年版，第 384 頁。

〔註29〕 轉引自吳遠邁《外國文學名著導讀·自序》，吉林人民出版社 1998 年版，第 2 頁。

三

改編本的藝術水準在形式上和內容上是否達到甚至超越原著，並以此給觀眾帶來新的審美享受，得到觀眾的認可，這只是從一般的意義上來講，《阿 Q 正傳》作爲經典名著在改編時面臨的難題。作爲單個的經典文本，《阿 Q 正傳》還有其特殊性，它不是典型的敘事小說，而是帶有鮮明雜感特徵的小說。正如有些研究者所認識的那樣：幾乎魯迅所有的小說中，都可以找到由於作者啓蒙主義功利思想影響而造成的雜文筆法及其對小說作爲完整敘事藝術的影響。魯迅也意識到了這一點。他在《吶喊》自序中說：「這樣說來，我的小說和藝術的距離之遠，也就可想而知了。」〔註30〕

而《阿 Q 正傳》之所以是受雜文筆法影響最明顯的一篇，還和其創作動機及其創作過程有關。魯迅的《阿 Q 正傳》，原本是應當年孫伏園主持的《晨報》副刊「開心話」欄目的約稿而創作的。所謂「開心話」者，正不必是嚴肅的小說，而可以是幽默的雜感。所以《阿 Q 正傳》第一章幾乎都是雜感筆法而難稱爲小說。據魯迅後來回憶：「（第一章）因爲要切『開心話』這題目，就胡亂加上些不必有的滑稽，其實在全篇裏也是不相稱的……第一章登出之後，便『苦』字臨頭了，每七天必須做一篇……然而終於又一章。但是，似乎漸漸認眞起來了；伏園也覺得很不『開心』，所以，從第二章起，便移在『新文藝』欄裏。」〔註31〕從這些話語裏，我們可以感到魯迅創作心態的變化，感到他由滑稽到認眞、由幽默到啓蒙的混雜交替。可以說，隨著每周一章的寫作，使魯迅的思考和情感逐漸滲入到作品之中，使《阿 Q 正傳》逐漸背離了開心、滑稽、幽默的原意，成爲一篇揭示國民劣根性，反映時代精神和作者獨特生命體驗的小說。

名著改編最常見的方式之所以是將小說改編成戲劇或影視，其中的原因不是由於文學名著中小說居多，而是由於小說和戲劇或影視之間在屬性上最爲接近：它們都屬於敘事性藝術。可以說，一部小說敘事性愈強，情節愈曲折，愈具有傳奇色彩，它就和戲劇或影視愈具有更多的共性，改編的時候就更容易些。魯迅小說中一貫具有的理性的、功利的啓蒙意識和《阿 Q 正傳》

〔註30〕 魯迅：《吶喊〈自序〉》，《魯迅全集》第 1 卷，人民文學出版社 2005 年版，第 442 頁。

〔註31〕 魯迅：《〈阿 Q 正傳〉的成因》，《魯迅全集》第 3 卷，人民文學出版社 2005 年版，第 396～397 頁。

雜感式的寫作動機，使這篇小說中具有大量的非小說、非敘事因素。這些因素與以激烈的戲劇衝突、個性化的語言動作為特徵的劇本有著不相容性，從而也造成了這篇小說難以改編的癥結。

首先，阿 Q 這個藝術形象，帶有雜感中類型形象的特徵。作為小說中的人物，它卻與魯迅雜文中的「西崽相」、「落水狗」、「掛著鈴鐺的頭羊」是血脈相通的類型。儘管阿 Q 性格具有卑怯、油滑、愚昧的一面，也會牽動起我們的同情之心，但其經典性卻不在於這種審美方面的情感意義，而在於它是「精神勝利法」的載體。當我們提到阿 Q 時，馬上想到的是「精神勝利法」，引起的是自我的警省和理智的思考，而非情感的共鳴和審美的愉悅。這和提到西方寓言中的「酸葡萄」和中國寓言中的「東施效顰」帶給人的感覺是類似的。而真正小說中的典型人物，給人的第一感覺應首先是審美的、情感的，而非什麼生活的理性的啓示。

從很大意義上來講，阿 Q 形象所揭示的是所有人在失敗時都會有的自欺自慰心態，具有抽象性和普遍性，多共性而少個性。正如王曉明所言：「《阿 Q 正傳》當然是魯迅小說創作的一座豐碑……對阿 Q 精神的刻畫當然顯示了作者獨特的眼力和才情。就對國民性的批判而言，至今大概也沒有誰能夠超過他。但是，一部文學作品的價值，除了體現在寓意的是否深刻上之外，還有一個更重要的方面，就是看它是否獨特，是否表達了作者最獨特的人生體驗……可是，那孕育《阿 Q 正傳》的情感的母親、那促使魯迅去刻畫阿 Q 的啓蒙意識，卻不是魯迅獨有的東西。它是那個時代、甚至一直到今天的知識分子共同擁有的一種情感，是時代變遷賦予幾代中國知識分子的最基本的精神品質。」〔註32〕

事實上，如果我們把精神勝利法這種人類的共性心理從阿 Q 身上抽去以後，阿 Q 便幾乎成了一個毫無意義的符號。據此可知阿 Q 在性格上差不多是平面的，而不是個性豐滿的。而在戲劇舞臺上，靠的是高度個性化的人物語言和動作來推動情節、演述故事、吸引觀眾從而取得藝術成功。老舍在談自己的劇作體會時就深有感觸地說：「假如《龍鬚溝》劇本也有可取之處，那就必是因為它創造出了幾個人物——每人有每個人的性格、模樣、思想、生活……而專憑几個人物支持著全劇。沒有那幾個人就沒有那齣戲。」〔註33〕

〔註32〕 王曉明：《雙駕馬車的傾覆——論魯迅的小說創作》，《王曉明自選集》，廣西師範大學出版社 1997 年版，第 27 頁。

〔註33〕 老舍：《〈龍鬚溝〉的人物》，《文藝報》1951 年第 3 卷第 9 期。

這樣，怎樣在編劇中既體現出阿 Q 的深刻思想意義又使他充滿獨特個性，便成為改編者應首先解決的問題。

對《阿 Q 正傳》進行劇本改編面臨的第二個問題是怎樣對情節、細節進行戲劇化改造。戲劇演出由於舞臺時空有限，決定了它的敘事不能像小說那樣靈活、從容、詳盡，它通過表演事件中矛盾最集中、衝突最激烈、最能揭示事件本質的方面來反映生活。這使戲劇往往情節集中、懸念不斷，富於傳奇性。戲劇的這個特點也是其增強舞臺效果、吸引觀眾所需要的。而在《阿 Q 正傳》之中，儘管單個場景和細節可能是獨特的、深刻的、精彩的（如阿 Q 聲言：『我們先前──比你闊多了』；如阿 Q 和小 D 打架相持時各進退三步的場面；如阿 Q 畫圓圈的場面）。然而這些言行在小說中都指向了精神勝利法，這就導致了這些事件都是一種「失敗─自欺自慰」模式而不可避免地帶上了雷同化的毛病。這種雷同化的事件羅列，在某種意義上起到的是論說文中論據的作用和說明文中的實例作用，它們只是為了論證某個問題或說明某種現象。這也是雜感筆法在小說中的體現 。同時，由於小說中所敘事件的這種特性，事件之間缺乏一種嚴密的情節聯繫，相反，有一種邏輯聯繫：日常生活中自欺（第一章、第二章）──戀愛中自欺（第四章）──生計中自欺（第五章）──革命中自欺（第八章）──被殺中自欺（第九章）。這是一種層遞性的邏輯關係。這使小說整體上缺乏情節勾連而呈情節淡化特色。這一特色早為眾多研究者所注意，周作人說《阿 Q 正傳》在藝術上是「幼稚的」〔註34〕。成仿吾認為「它描寫雖佳，而結構極壞。〔註35〕」李長之肯定《阿 Q 正傳》是一種完整的藝術品，但又說這只是由於作者在描寫上的「從容」。他說：「因為『從容』，所以那似乎潦草而漫無結構的缺點，是可以全然抵償，一筆勾銷了。」〔註36〕有研究者談得更具體：「《阿 Q 正傳》的藝術形式特徵，我以為在於它的悲憤與幽默情感的表現與交織，雜感樣式的小說結構，白描的人物方法。作品的特點，自然不能加以機械割裂它們，相互之間是緊密聯繫的，作品的整個藝術形式是渾然一體的。」〔註37〕

〔註34〕 轉引自萬中義《〈阿 Q 正傳〉研究史稿》，青海人民出版社 1986 年版，第 153 頁。

〔註35〕 轉引自萬中義《〈阿 Q 正傳〉研究史稿》，青海人民出版社 1986 年版，第 154 頁。

〔註36〕 李長之：《魯迅批判》，北京出版社 2003 年版，第 66 頁。

〔註37〕 轉引自萬中義《〈阿 Q 正傳〉研究史稿》，青海人民出版社 1986 年版，第 155 頁。

　　《阿Q正傳》的雜文式筆法所造成的小說情節淡化、雷同化，給劇本改編者帶來了極大困難。為了在戲劇中克服情節雷同化的弊病，改編者必須對原著中事例進行取捨和改造，然而，就原著中每個細節和場景來講，都和精神勝利法密切相關，改動了這些內容，必然會影響使小說具有經典意義的精神勝利法的呈現。如果增加原著的內容，構造新的故事情節，設置懸念，編製小說的戲劇性，又會淹沒原著散文化情節本身所承載的思想力量——對在日常化生活中國民所顯示的普遍麻木、自欺、冷漠的批判力量。

　　改編的第三個難度在於小說中潛藏著的魯迅獨特的情感體驗。這種情感在《阿Q正傳》中不是附著在阿Q形象上，而主要是附著在阿Q所生活的社會環境中。如果說阿Q形象帶給人的多是理智的反思的話，那麼，阿Q周圍的環境引起的才是讀者情感上的震撼。前者使小說深刻，後者使小說感人，兩者的奇妙結合，使《阿Q正傳》成了一篇經典性作品。我們在讀《阿Q正傳》時，會明顯地感到文中的社會環境描寫所包含的魯迅特有的孤獨心態和悲愴情感，感受到人間大冷漠、大悲涼。這種在魯迅小說、散文及散文詩中一貫的情感，來自魯迅獨特的生命體驗，是其許多獨有的文學意象的內核。《阿Q正傳》中那些未莊人對阿Q時敬時戲、時畏時欺的微妙變化，那種阿Q在遊街示眾時為吳媽發豪言壯語而吳媽卻似乎一向並沒有看見他卻只出神地看著士兵背上的洋炮的場面，那螞蟻般的人叢中看客豺狼一般的嗥叫和又凶又怯如兩顆鬼火一般的眼睛，都使小說籠罩著一種巨大的悲涼氣氛。如果說阿Q身上的精神勝利法更多的體現著魯迅怒其不爭的一面的話，冷酷的社會環境更多的體現著魯迅哀其不幸的另一面。這種主要人物和主導情感分離的現象與一般名著中兩者一致的現象是不同的，這是作者啓蒙意識和雜感式寫作初衷給小說帶來的影響。

　　小說中主要形象與作者最為深沉感人的獨特情感的偏離，使改編者在對小說進行改編時面臨著既要重點表現阿Q又要重點表現社會環境的矛盾。劇本偏重或忽略任何一方面，都可能偏離原著的精神實質；如果兩者兼重，又可能導致劇本臃腫、頭緒繁雜，破壞劇本的有機統一。

　　當然，對《阿Q正傳》改編史及其改編困境的分析，並非意在貶低或抹殺《阿Q正傳》眾多改編本的成就和歷史意義。也並不是說像《阿Q正傳》這樣的作品就絕對不能產生可與之相媲美的改編本，這旨在說明改編經典作品是一種巨大的挑戰。客觀的講，即使是一個十分失敗的改編本，在它的影響範圍內，也是對原著的一次宣傳，會引起更多的人去進一步閱讀原著。這當然對經典名

著的普及和傳承、大眾文化素養的提升都是很有益的。況且，無論改編是成功還是失敗，對於後來的改編者也都具有借鑒意義。例如陳白塵的《阿 Q 正傳》之所以相對成功，與對前人改編經驗教訓的自覺吸取也是分不開的。

《阿 Q 正傳》的改編史給予我們的啟示意義在於：名著改編怎樣才能取得成功。對於名著改編者來講，必須心存敬畏——敬畏經典、敬畏觀眾。當然，敬畏經典並不是要把經典神聖化，認為它絕對不可逾越，而是首先應以一種謙虛、嚴肅的態度來理解經典，以期能最大限度地逼近原著，獲得原著精髓。正如羅伯特・麥基所言：「要改編的話，首先反覆閱讀原作，不要記筆記，直到你覺得已經融彙於它的精神之中。不要作出選擇或行動計劃，直到你跟作品世界中的人物打成一片，讀懂了他們的面孔，聞到了他們的科隆香水味。」〔註 38〕這是改編者能夠吸納原著藝術精髓、傳達原著精神的重要前提。反之，若以一種浮躁、功利的心態去理解原著，就會造成對原著片面狹隘的闡釋，勢必難創作出高品位的厚重的改編作品來。所謂敬畏觀眾，也並非是說通過惡俗化的改編來迎合或遷就一部分人的庸俗心理，而應注意多數觀眾的接受習慣、審美情趣，注意到名著是在向更通俗、更大眾的藝術形式轉化。同時還應意識到，大多數的觀眾雖然不一定有較高的藝術創造才能，但通過長期的欣賞比較，還是會分辨出作品價值之高下的。淺薄的改編本是難以有更多觀眾和長久生命的。

心存敬畏是一種對經典、對觀眾負責的態度，然而僅僅如此，容易造成改編者在原著之前固步自封。改編中更可貴、更關鍵的是能夠在原著之上有所突破、有所創新。這種創新應既是藝術上的，也應是內容上的；既應源於原著，又應高於原著。它應有改編者自己獨有的生命體驗和靈魂。如果一個改編本擁有這種創新，它就擁有了改編成功最根本的因素，它就可能獲得長久的藝術魅力，甚至可能脫離原著成為獨立的經典。說到底，名著改編要想真正取得成功，改編者的藝術素養、精神境界相對於原著作者必須有所超越，至少能夠與之並駕齊驅。這當然不是一件輕易的事情。

（原載《魯迅研究月刊》2004 年第 9 期，本文與原小平合作，收入本書
時有增改）

〔註 38〕（美）羅伯特・麥基：《故事——材質、結構、風格和銀幕劇作的原理》，中國電影出版社 2001 年版，第 431 頁。